北京物资学院青年博士精品学术专著出版资助项目

北京物资学院青年科研基金（项目号：2022XJQN33）

近代在华外商经营管理思想研究

JINDAI ZAIHUA WAISHANG JINGYING GUANLI SIXIANG YANJIU

杨 扬 著

首都经济贸易大学出版社
Capital University of Economics and Business Press
·北 京·

图书在版编目(CIP)数据

近代在华外商经营管理思想研究 / 杨扬著. —北京:首都经济贸易大学出版社, 2023. 1

ISBN 978-7-5638-3459-4

Ⅰ. ①近… Ⅱ. ①杨… Ⅲ. ①外资公司-企业经营管理-思想史-研究-中国-近代 Ⅳ. ①F279. 295

中国版本图书馆 CIP 数据核字(2022)第 228789 号

近代在华外商经营管理思想研究

JINDAI ZAI HUA WAISHANG JINGYING GUANLI SIXIANG YANJIU

杨 扬 著

责任编辑 胡 兰

封面设计 风得信 · 阿东 FondesyDesign

出版发行 首都经济贸易大学出版社

地　　址 北京市朝阳区红庙 (邮编 100026)

电　　话 (010)65976483 65065761 65071505(传真)

网　　址 http://www. sjmcb. com

E-mail publish@ cueb. edu. cn

经　　销 全国新华书店

照　　排 北京砚祥志远激光照排技术有限公司

印　　刷 北京九州迅驰传媒文化有限公司

成品尺寸 170 毫米×240 毫米 1/16

字　　数 226 千字

印　　张 14. 25

版　　次 2023 年 1 月第 1 版 2023 年 1 月第 1 次印刷

书　　号 ISBN 978-7-5638-3459-4

定　　价 55. 00 元

图书印装若有质量问题,本社负责调换

前　言

19世纪中叶西方势力开始侵入，中国经济逐步纳入世界资本体系，外商在华投资的扩张和深入加快了中国传统商业的近代化进程，外商的经营管理思想更对中国传统经商理念做出了深刻改造，也在无形中影响着中国商业文化的走向。本书着力从“经营”和“管理”两个方向对近代在华外商的商业思想进行归纳，以英美烟公司、美孚石油、汇丰银行、内外棉株式会社四家典型外商为主要案例，梳理它们在华经济活动中展现出的经营销售思想、制度建设思想和公共关系思想，并以与之相对应的思想的渗透机制为辅助，深刻剖析上述思想对近代中国商业社会变革的影响。为了更好地呈现近代外商在我国从事商业经营活动的内容，本书从如下三个方面逐一分析。

第一，在企业经营方面，外商通过产品建设思想、定价思想和营销思想的传导，重塑了近代复杂社会环境中中国居民以消费为主的商业观念。这些思想以最直接的方式冲击着普通民众对现代化工业产品的认知程度，于无形中影响着居民的消费偏好，这是外商在华经营思想渗透的“消费路径”。

第二，在企业管理方面，本书以制度建设思想中的人力资源管理思想和现代化管理思想为中心，以金融思想对商业运作的辅助为延伸，描绘了近代中国商业制度逐步完善的坎坷道路。政府为了迎合市场需求而做出制度调整，进而形成了集中西思想于一体的近代中国公司制，从思维形态上变革了近代中国的商业思想，这是外商在华管理思想渗透的“制度变迁路径”。

第三，本书以公共关系思想中的合资思想、福利思想和危机公关思想，作为处理“企业与顶层”及“企业与企业”之间的关系的指南，找到了近代中国商业在社会中新的定位。中国传统的士农工商阶层论与西方社会“以资本为先”的逻辑实现了由冲突到融合再到创新的转变，商业从业者的社会地位得到了前所未有的认可，这是外商在华管理思想渗透的“商业关系变迁路径”。

在研究方法方面，为了更深入地研究已有史料，本书运用了同类型比较、异类型对比、相关型参考、古今借鉴和辅助案例等方法进行全面分析，并加入模型化解读的现代经济学方法，进行更理性严谨的剖析。

以史为鉴，近代社会中脱节的企业制度和发展的必然要求是当时中国企业状况的一体两面，在复杂的社会形势下，企业借助外界力量在屈辱和自强并存的发展路径上不断完善自身，最终吸收、凝聚了外国商业文化的思想精髓，并根据自身实际发展的需要进行了创新，这是智慧的结晶，给现代企业的经营和管理提供了经验借鉴和警示。

目　录

第一章 绪论

第一节 写作的缘起

19 世纪中叶西方势力开始侵入、五口通商始，中国经济逐步纳入世界资本体系中，开始了由传统农业向近代工商业的社会转型。社会形态的转变和政治文明的更替都归结于其最基础、最本质的经济关系的变革，而这一系列物质经济的变化无不聚焦于近代中国社会中出现的新的经济个体——外商。作为新经济形态和新生产力的载体，外商最初以强势掠夺的姿态与中国本土商业文化进行着对抗，经过了文化、制度和意识形态的彼此借鉴与融合，最终被具有包容性、学习性和改良性的新的中国商业文化形态取代，并通过企业经营管理思想的渗透与传承实现了其生命力在中国市场的延续。因此，近代在华外商是中国近代早期商业构成中不可或缺的重要组成部分，它既充当着帝国主义侵华战场上经济掠夺的排头兵，又代表着引领近代中国商业化改造的先进力量。作为起着转折枢纽作用的经济个体，外商带动并裹挟着近代中国卷入了世界经济，通过先进生产力和经营管理思想的双维度输入，使近代中国民族企业经历了从“利权外溢”到“实业救国”的观念转变，激发了近代中国的产业革命精神。

对于正处于近代商业思想发轫之际的本土企业，几经思想和制度的探究与反思，逐步认识了“商业”的巨大能量，并进一步研求精进，发展成一套具有中国特色的商业文化，从而“商”的概念被赋予了新的意义。在经历了“冲击-反应”运作机理的不断冲刷后，中国传统商业的经营思维趋同于现代化商业模式，迈出了近代中国商业文化变迁的重要一步。纵观历史，无论是外国企业的本土化，还是本土企业的现代化，其客观世界中经济环境的变化背后都昭示、蕴含着意识形态和价值理念等主观世界的变革与发展。在螺旋式进步的历史中，思想流转与经济社会的变迁映射出生产关系与生产力的内在逻辑，它们必然交相呼应，在促进和磨合中共同重塑近代中国的商业文明框架。

一、基本概念

（一）“商业”概念的转变

自从外商入华以来，近代中国社会对“商业”一词便有了全新的解读，它不仅被定义为一个更广泛的范畴，也在社会性质上发生了本质的转变。五口通商之初，工业品以最直接的形式涌入中国市场，而近代经济的复杂分工和专业技能也以附带的形式填充了中国传统经济所不曾涉猎的领域。外国企业成为银行业、保险业、交通业等领域中最早在近代中国开荒试水的先行者。自此，近代中国社会中“商业”的位置也从传统小农经济为主体下的边缘化地位过渡到了重要的经济命脉。外商对华投资的逐步扩大让传统的农业社会感受到了先进生产力的强大力量，具有开创性、变革性的大土地所有者、乡绅门阀成为第一批与现代工业转型接轨的阶层。与此变革相呼应，本土商业经营思想也发生着重塑转型，中国传统商业中的官商二重结构逐步扩展为“官-中商-外商”式的三重结构。传统社会定义的商贾阶层亦随同外国商业思想的涌入和商业伦理的变迁，逐步从先前的官民二元结构中分离出来，成为一个独立的阶层。在这一演变的过程中，外国商业思想与中国本土文化的融合不容忽视，它向内催生出产品建设思想、定价思想、制度建设思想，向外扩展出公共关系思想，是近代商业在时代变革和文化融合中逐步凝结出的璀璨的思想精华。本书的重点，即通过总结和归纳经营管理思想，解读近代中国商业概念发生转变的背后机理。

由此，近代中国商业思想的发展演变可以看作早期近代化的重要特征，它与政治文明、文化冲突、社会进步一起被看作影响国家发展的内在动力。同时，在中国这个商业缺位的传统农耕社会，商业化变迁显得更为重要。当然，历史并非单因子影响的，商业文化变迁既非单一从自发孕育到变化、发展的演绎过程，也非受单方面外生力量牵制、引导和诱发的，而是各种因素之间的复杂关系共同作用的结果。早期，很多外商具有多重角色，其中之一就是政治代理，由商业领域开始，从行业和地域两个维度推进，最终扩展到社会乃至文化层面。究其原因，具有资本主义属性的利己主义和资本逻辑成为推动商业化理念扩张的原动力，而从重商思想衍生出来的利益最大化诉求，最终影响到商业伦理的重新构架，倒逼民族企业加速完成了近代化改造。由制度建设思想和公共关系思想渗透而出的制度变迁路径和商业关系变迁路径，成为近代外商对华投资思潮所产生的“接受-融合-重建”的反应性成果。

（二）经营管理思想与其传播路径

近代在华外商的经营管理思想涵盖的内容非常广泛，也非常具体。首先，在任何一个企业中都存在两个维度的生产活动，即产品的生产和生产关系的生产，这里也是一样。笔者认为，企业的经营思想集中在产品的生产环节，其核心在于对产品的建设；而管理思想则侧重于生产关系的生产方面，其重点在于对关系的建设。具体而言，企业在产品生产、产品再生产及与之直接相关的商品流通方面所凝聚的思想均可归为经营思想。近代企业的经营项目较现代企业相对单一，本书重点研究产品、价格及企业销售活动中的智慧凝练。近代社会的管理思想则相对复杂，它包含企业生产活动中所有与生产关系的生产直接相关的思想结晶，这不仅受到企业制度的影响，更被多变的社会形态所限制。在本书中，我们主要关注人才管理、制度管理和外事管理三个重要部分。其中：人才管理是企业管理的根本；企业制度的重建是对人才管理的制度化升级，金融制度化则是对企业经营和管理的辅助；外事管理主要指公共关系的处理，包括企业与政府的关系以及企业与企业的关系，属于对生产关系的再生产或对其内涵的延伸。

基于以上假设，本书在企业经营方面主要围绕产品建设思想、定价思想、营销思想一一展开；在企业管理方面，以人事管理思想和现代化管理思想作为企业内部生产关系建设的主要考察对象，以税收思想、合资思想、福利思想及危机公关思想分别作为企业与政府及企业与企业之间关系建设的考察要点。

近代中国特殊的社会性质和中西间彼此冲突的文化传统，使得在华外商在经营管理上表现出一定的特殊性，同时也增加了这一内容的研究价值。本书在“产品生产-生产关系的生产”这个二维框架下，对上述思想一一对应的传播机制进行归纳，得出外商在华经营管理思想渗透的三条途径。具体而言，在产品生产和流通过程中凝聚的智慧结晶通过产品（商品）来传递，表现为消费路径；在生产关系的生产过程中汇聚的思想精髓通过生产关系（社会关系）来传播，在制度建设思想的框架下表现为制度变迁路径；在公共关系思想的框架下表现为商业关系变迁路径。此外，以金融思想及金融（银行）业的发展作为近代资本主义萌芽的外在表现，对其在中国商业社会近代化进程中的辅助作用进行了论述。一个从经营管理思想出发，以思想的传播渗透为媒介，并以商业社会变迁为结果的逻辑框架由此形成，贯穿全书。

（三）相关概念界定

本书题为《近代在华外商经营管理思想研究》，这对研究的时限、范围、主体、内容等已经给出了限定。

首先，关于研究时限，“近代”是指研究的时间范围是从1840年鸦片战争到1937年抗日战争爆发。以此为研究时限的原因在于：第一，此时段既是中国商业模式变迁的活跃期，也是近代商业雏形奠定的伊始；第二，国门被迫打开后，中外商业文化的巨大落差使得外国企业在此时段的对华经营管理思想渗透最为强烈；第三，由于第一次世界大战的爆发和中国国内的动荡，外商在华经管思想的传播已于抗日战争前夕接近尾声。近代政治、经济、军事形势逐渐趋于复杂，中国亦一度掀起“反帝热潮”，直至外国企业在1937年前后或迁回母国或转入战备状态，在华经营活动锐减。所以，将研究的时间锁定在1840—1937年，能更有针对性地展开对该段经济思想史的考察。

其次，关于地域选择，“在华”的设置规定了本书需要观测的地理范围包括中国内地、香港及澳门地区，排除了非在华经营管理活动的内容，可以更好地聚焦外商通过经营管理活动对中国产生的影响、冲击及反馈。据此，外商在中国以外地区的发展状况并不在本书的研究范围内。

再次，关于研究主体，在此需要特别说明一下。本书选择以“外商”而不是“外资”为题的原因在于，本书的研究时段涉及19世纪末《马关条约》签订以前的史实。在此之前，外国资本不被允许直接对华投资，即并不存在“外资”的提法。以“外商”为题，考察对象既可以涵盖19世纪中叶五口通商以来的商品倾销活动，也在定义上满足了《马关条约》签订后外商对华资本输出的“外资”活动。从定义范围来看，更加全面。虽然本书大部分篇章讨论的都是西方商业团体在华经营管理活动，但是本书以“外商”而非“西商”为题，是因为近代时期，对华投资的主体除了欧美等国，还有日本，本书部分章节中也出现了日本企业在华经营管理内容，故而以“外商”为题也更加准确。具体而言，本书通过聚焦四家代表性外商，即美孚石油、英美烟公司（British American Tobacco Company，简称 B. A. T）、汇丰银行、内外棉株式会社，梳理它们在实际经营管理中体现出的思想内涵及外延，拓宽经济思想史在这一领域内的研究成果。在充分挖掘史料的基础上，从经营销售思想、制度建设思想、公共关系思想三大方面入手，对近代外商在华投资的经济思想加以解构性解读，在前人基础上进一步揭示近代外商对华投资所引起的中国商业文化的变迁。最终通过梳理这一时期外商经营管理思想的主要脉络，考察企业行为对中国社会商业经营活动的影响，实现现代商业文化对自身历史进程的回顾，帮助现代企业了解历史的一般发展规律，为其未来发展走向提供更丰富的历史借鉴。

最后，必须注意的是，从本书的研究内容来看，“经营管理思想”的重点既有对经营和管理的界定，又有对思想的梳理和抽象。其中对经营和管理范畴的界定，前文已有论述，这里只侧重讨论“思想”的含义。在近代商业领域，经营思想和管理思想的本质首先是人类智慧的集合，它不一定涵盖一整套已经成形的理论论述，但在其外在表现上必然能找到支配个体行为的一般规律。这个规律，或者说这种普遍的行为模式背后的指导核心，即思想所在。体现在商业领域，它可以是对经济策略的使用，也可以是对生产技术的研发或推广。而经济思想的目的性，也必然源于对客观世界的认识，且应用于改变客观世界。

在“社会存在决定社会意识”的分析框架下，近代中国社会首先受到了来自资本主义国家的物质冲击。它们通过战舰、机器、自由雇佣模式和新型组织结构等变革了中国居民的物质生活，同时也将战舰制造的方法、机器使用的细则、人事管理的办法、制度设立的规程等存在于物质背后的智慧传递进来，胁迫着近代中国做出适应物质生活转变的革新。这就是说，通过客观世界的转变引发对主观世界的重新审视，复将主观世界转变的精髓应用于对物质生活的改造，形成真正意义上的革新。而对于思想史的研究而言，“材料”作为以文字为载体的史料，记载着上述革新过程的开端、转折点和结果，作为历史的见证，它事无巨细地描画了物质世界改变的全部过程，却隐藏了主观世界在其中的作用。笔者的工作，就是要从中寻找并提炼起到主导或串联作用的思想内涵，以梳理物质世界改变过程中思想转变的过程和含义。具体而言，要在吸收和总结前人工作的同时，对专题性的材料进行归纳和分类，将史料中关于近代在华外商经营管理的活动进行梳理和简化，并将其背后的思想整理成对现代经济活动有借鉴意义的文本。

二、本书意义

（一）理论意义

在当前的中国近代史和经济思想史的研究中，早期现代化的研究备受瞩目，研究成果不断涌现。一方面，由于中国幅员辽阔，各地区间自然、地理、人文环境及历史基础各不相同，而区别显著的商业文化致使社会经济出现明显的区域不均衡。如果不对其历史成因进行考察，就很难揭示整个近代中国经济发展的进程和商业变迁的轨迹。另一方面，从文化层面入手研究外商在中国商业变革中饰演的角色，有利于通过历史和现实的有机联系，完整揭示出社会经济文化变迁的脉络，从而更好地为我国经济协调发展提供历史借鉴和支持。对上述问题的研究有望展现我国近代商业文明的发展历程；此外，中国各地区的经济发展不平衡与文化差异，是现代商业文化发展初始阶段的一部分，而中国传统商业文化与现代商业文化存在着一些共性问题；因此，将学术价值与现实意义结合起来开展研究，可为当前中国商业环境升级换代贡献力量。

近代以来，特别是《马关条约》签订前后，外国企业在华建立分支机构形成风潮，各资本主义国家争先恐后在华设立工厂、寻找代理商、寻求垄断市场，西方思潮也随即席卷渗透中国。外国工商企业进入中国以后，商品经济日益发展，启蒙思潮日益活跃，其经济理论、组织机构和管理理念成为中国近代商业文化变迁无法绕过的领域。中国现有企业文化的溯源和经济伦理的来由，皆可溯及近代外国企业的入华。今天，虽然中国经济总量占据世界1/4，但对外投资遇到的文化冲突和伦理桎梏，仍旧需要以历史之镜指导未来的发展走向。由此而论，探究近代外商对华投资，可以了解中国经济思想的转变过程，站在历史的接驳点，以更加多元的视角审视近代中国社会艰难与曲折的转型。

在理论上，近代外商对华的经营思想渗透可以视作中国早期近代化的重要组成。从唯物史观出发，经济作为基础，一方面在实现现代化进程中起着决定性作用，另一方面衔接起社会、文化、政治等多元因素，多层次地推动了近代商业的变革，进而迂回地实现商业现代化。韦伯认为“直接支配人类行为的是利益，而不是理念。但是，透过理念创造出来的世界图像，经常如铁轨上的转辙器一样，规定了轨道的方向，在这个轨道上利益的动力推进着前行”①。无论从唯物史观的宏观层面还是从韦伯的微观层面，近代商业思想的变迁路径都直接或间接地影响着中国经济社会发展的道路。其中，外商对华的投资行为作为商业变迁路径的第一环，具有非凡的意义。在现实层面，外商对华投资作为最早也是最直接地深入近代中国社会内部的力量，如何带动国内民族资本发生发展，对近代中国社会、大众的改造程度如何，以及其内在演变逻辑和思想演进的历程等，无疑具有重要的学术价值。

（二）现实意义

现代商业化的基本理论及近代工业化历程昭示着工业化是现代商业化形成的主要动力。西方商业文明崛起的动因源于18世纪中叶的欧洲工业革命，技术革新打破了社会生产力长期停滞的局面，纺织、机械、制造等新兴工业迅速发展，造成了资本主义国家的商品堆积，推动了西方商业文明的发展，同时也迫使消费成为近代西方商业文化的重要组成部分。西方国家城市的发展大多数建立在以消费为基础的理论之上，而在企业构架方面也形成了具有突破性质的公司制度。这些客观事实都是近代西方领先于世界的因素。而对中国商业环境的影响，目前相当部分的学者认为近代沿海城市兴起是中国走向近代化的开端，中国城市的崛起也主要依靠工业化。② 然而在地域广阔的中国，外来商业文化的侵入也造成了区域间的发展不均衡。与沿海地区相比，

① 马克斯·韦伯：《新教伦理与资本主义精神》，于晓、陈维纲译，生活·读书·新知三联书店，1987，第17页。

② 李运华：《中国城市近代化和近代中国城市化之命脉》，天津城市科学研究会、天津社会科学院历史研究所《城市史研究》第七辑，天津教育出版社，1992，第3页。

外来商业文化对西部地区的渗透较为薄弱，内陆地区受西方商业文化的影响比东南开埠地区晚了半个世纪之久。这种差异是如何磨平的？近代西方商业文明的渗透基本可以总结为三种路径：①消费路径。作为最基层也是最根本的方式，消费路径润物细无声地改造了近代普通民众对现代化工业品的认可度，广大消费者不但感受到了大规模商品带来的生活便利，也认识到了商品带来的效率提升，商业化步骤就是按照消费品先口岸后内陆的顺序逐步改造了中国民众的消费偏好。②商业关系变迁路径。它是中国现代化特有产物，传统的士农工商阶层论阻碍了西方商业文化在中国社会的传播，资本主义国家对中国内地市场的垂涎与中国当政者对西方先进生产力的渴求一拍即合，以支持外来商业活动为手段、推动发展中国近代化工业为目的，先后创立了具有中国特色的“官督商办”“官商合营”等企业形式。商业从业者的社会地位得到了前所未有的认可。③制度变迁路径。作为现代商业文明挑战中国本土商业文化的原点，公司制成为企业组织形式的基本形态，在这种制度中，权利与义务对等，情感不再是从事商业活动的纽带。“利”字当头的思想使彼时传统文化中羞于言利的本土价值观产生了翻天覆地的变化，血缘式、家族式的传统商业团体在西方财团的对照下，显得实力不足。传承千年的商业习惯及其路径依赖的特点，是使本土商业气息在众多新型企业制度管理中得以留存的唯一原因。

近代西方商业文明对中国本土商业文化影响巨大，外国商业文化在华的发展与中国本土文化相结合，催生出一套符合当时社会背景和历史事实的经营思想。本书从众多经济史文献中梳理总结了一套近代思想史观点，通过经济学的语言对各种经营思想进行了系统性总结。在近代外国企业在华商业活动中，制度建设思想、产品建设思想、定价思想、渠道建设思想、公共关系思想，以及竞争思想是主要的经营思想。作为辩证的统一体，其中各部分内容会有所重叠，但是笔者将尽可能地加以区分。一方面，梳理近代外国企业在华投资的经营管理思想是对近代特殊环境下产生的中国最早融合性经营思想的总结；另一方面，对近代经营管理思想的详细梳理，有望对今天企业界从业者提供参考借鉴价值，从历史中寻求中国现代经营管理中遇到问题的最初表现形式和解决办法。

综上所述，本书致力于以新视角对近代中国商业文化背景进行重新总结，期望能够对现代经营活动提供资料的补充和借鉴。笔者总结了近代外商经营活动对中国商业文化影响的两个维度、六种思想、三条路径，它们成为本书的主要线索和基本框架。近代出现的公司制在今天或许已经陈旧过时、竞争定价策略亦不再新鲜，但是对现代企业管理经营的研究者和中国未来商业文化发展的开拓者来说，总结其思想来源、思想意义和思想借鉴，对了解现代企业经营活动的本源和预测未来发展却至关重要。本书在总结近代西方企业在华经营管理思想的同时，还对中国近代商业变迁路径做了系统性区分和归纳，并以经济学的视角和范式进行了模型推演，这在先前的研究中并不多见。

第二节 研究思路和方法

一、内容框架

本书以近代在华外商经营管理活动的“三类思想”和“三条路径”为主要线索，围绕“四家公司”展开讨论。具体而言，“三类思想”是本书研究的主要内容，指外商向中国本土企业输出的非物质财富，包含了三大类别：经营销售思想、制度建设思想和公共关系思想。“三条路径”是指与“三类思想”相对应的传导机制，即消费路径、制度变迁路径，以及商业关系变迁路径。“四家公司”是指本书进行案例分析的媒介和标的，指英美烟公司、美孚石油、汇丰银行、内外棉株式会社四家具有代表性且可考据的外商企业。最后，围绕上述主线从时间维度和学科维度双重方向展开讨论，运用同类型比较、异类型对比、相关型参考、古今借鉴和辅助案例分析等方法，考察外商在华经营管理思想对中国的多层次渗透。

本书架构具体如图 1-1 所示。

第一部分：研究背景。所述内容为第一章、第二章。此部分内容陈述本书的写作意图、行文框架、理论支撑、文献基础，以及本书的意义及不足之处。需要了解的历史背景、社会人文形态以及政治外交状况在这部分都有所提及，为本书立论提供理论和现实的背景介绍，起到导引解读作用。

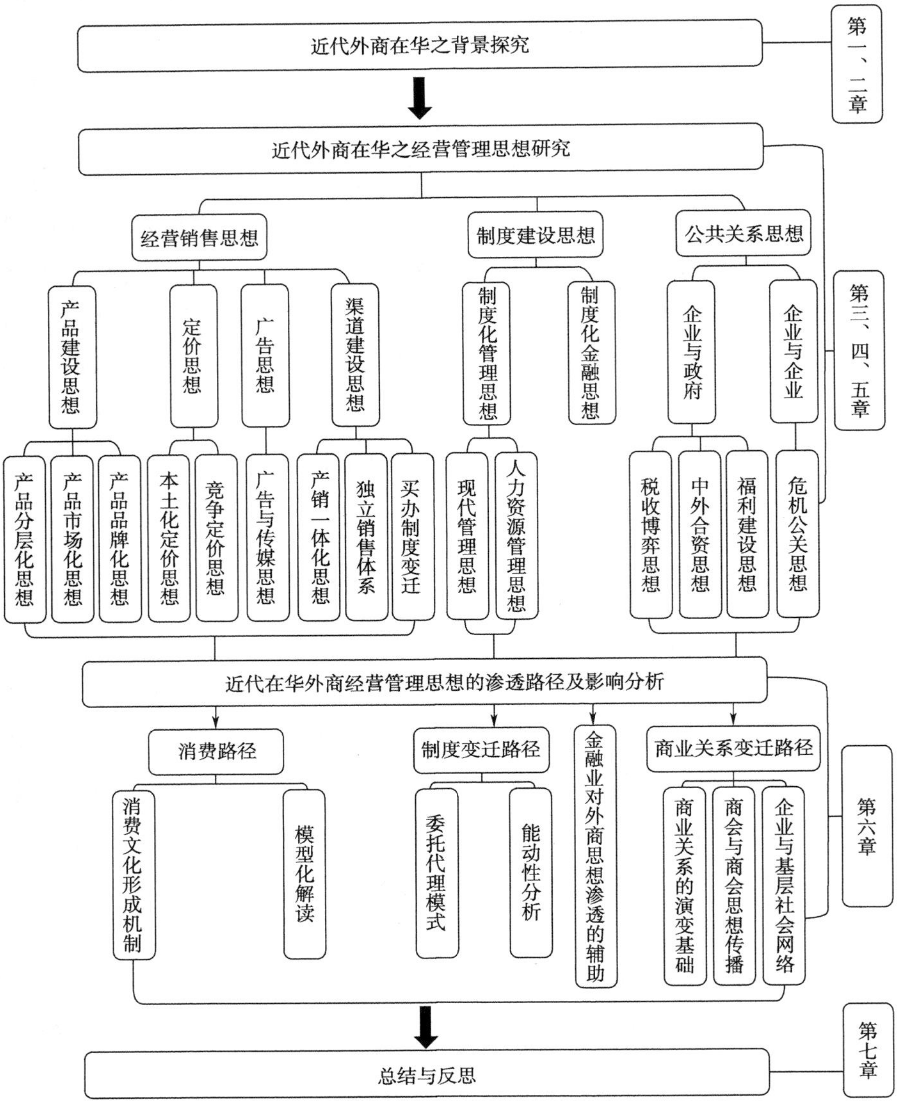

图 1-1　本书结构及逻辑框架

第二部分：外商思想论述。涵盖内容主要是外商经营管理思想的论述，包含第三章、第四章、第五章。此部分内容主要将近代经营管理思想进行概括和整理，并延伸到中国本土经营思想与外国经营思想的对比与总结。从经济个体的微观经营到整体布局，分别包括了企业的经营销售思想、制度建设思想以及公共关系思想，依次展开为产品建设思想、定价思想、渠道建设思想、广告思想、制度化管理思想、制度化金融思想，以及税收博弈思想、中外合资思想、福利建设思想、危机公关思想，共计三类十项。为了更深入地分析和了解外商的经营状态，本书特别加入了企业案例作为辅助论述，其中英美烟公司、美孚石油、汇丰银行、内外棉株式会社为主要研究对象，将南洋兄弟、亚细亚火油公司、德士谷石油公司、电车公司和电光公司等作为对比或辅助例子，对近代外商经营思想进行了案例化阐述。案例主要与通商口岸的商业文化传播、内地产业园区建设的内容相关，一是因为商业文化的最初起点是上述区域，二是因为可供参考材料相比之下较为充足。

第三部分：经管思想的渗透途径研究。所述内容主要集中在第六章。此部分内容总体分析了近代外国企业在华投资对中国本土商业文化的影响路径。通过与上文一一对应的方式论述经营销售思想、制度建设思想以及公共关系思想分别在近代中国渗透的内在机理，归纳出对应的消费路径、商业关系变迁路径和制度变迁路径。将外来商业文化对我国本土商业起到的作用进行了总结和梳理。

第四部分：总结与反思。近代外国势力对华入侵对我国的经济体系造成了何种伤害？当年外国企业对华商业渗透又带来了何种机会？我们应当以什么样的姿态面对？这一部分进行了总结与反思。

二、研究方法

（一）研究窗口：短期与长期相结合

如同“研究的对象是问题而不是断代史”① 的思想，本书考察传统农业社会向商业社会转变的历史渊源，回答社会转变的时间、内容、媒介、方式和过程等主要问题，以跨时间段而不是某一朝代为视角，排除了朝代更替在表面上对社会形态的划分，能更有效地从本质出发突出社会经济关系的转变

① 阿克顿名言“study problem not periods”。阿克顿全名约翰·爱默里克·爱德华·达尔伯格-阿克顿（John Emerich Edward Dalberg-Acton），英国剑桥大学历史系教授，历史学家、理论政治家。

过程。具体而言，本书以《南京条约》的签订到抗战爆发为时间轴，考察了外商对华投资这一“外生源”对中国近代经济社会变迁、商业文化改造的重要意义。在推动中国近代商业文化变迁的社会背景分析中，本书主要从外商对华投资的角度展开，探究中国传统的经济思维是通过“外因诱发内因、内因驱动外因”的辩证逻辑而逐步发展的，并进一步阐述传统的儒学伦理社会在近代中国商业发展路径及思想启蒙的双重影响下发生的转变。此外，近代商业思想在不同子时期存在着很大的差异，可归结出各自的、以某一思想为主导的主题。例如，从“洋务运动”到“棉铁主义”，直到外资撤出中国；再如，以最初普遍影响到中国近代商业社会的金融业入华为起点，以新中国成立外国资本退出中国市场为终点。以总体时间段和子时间段相结合的方式进行研究，更加辩证、完整地揭示了近代外资对华商业环境影响的全部过程，有利于做出客观公正的评价。

（二）研究视角：宏观与微观相结合

本书以本土商业环境的变化为研究对象，以外资企业为研究出发点，通过宏观与微观相结合的视角对变化过程做全面梳理，努力揭示西方思想影响和渗透的细节、过程和趋势。其中，本土商业环境的变化，并不是指单一的对中国企业的改造，也不是仅指外商本土化带来的额外红利，而是指在复杂历史条件下东西方文化彼此接纳、吸收、融合的结果。这种融合降低了社会信用成本、提高了商业经营效率，并广泛地被中国民众所接受。此外，在西方先进的管理制度和法律制度将中国传统商业引入到“制度化、系统化、法制化”的现代化企业发展路径中，生产技术的作用同样不可忽略。在考察四家代表性企业时，势必以外部环境的必然要求和内部企业的制度完善为双重视角进行阐述，并配合企业的背景材料，辅助理解。

（三）研究工具：多学科对比与辅助

外商对华投资影响中国商业社会的研究不光有其学理价值，且有时代意义。本书以近代外商经营管理思想对我国传统商业近代化改造为切入点，分别从生产销售渠道建立、公共关系维持、社会公共品提供、企业营销等方面展开论述，结合乡土、家族观念，行业组织结构，习惯等传统特征，通过案例分析的方法一一陈述西方商业文化在中国的渗透。同时，在近代化前后的比较中，进一步揭示政策化差异和文化差异所带来的商业环境的差异。本书通过对近代化初期的企业和近代化后期做案例对比，以时间差凸显出外商在华投资对近代民族资本的带动作用。此外，本书还梳理了在华外企的档案、资料及各区域地方志，系统深入地整理了相关史料，为甲午战争后到新中国成立期间中国商业文化变迁的史证做好补充工作，为更多学者的研究提供便利。在研究方法方面，本书选择了多元化的研究工具，以经济思想史的研究方法为主，以论证和证据为辅，兼以统计学、管理学等研究方法，力求做出全面、综合、可信的研究分析。

三、创新与不足

经济活动是人类最基本的活动，经济思想与具体的社会实践活动息息相关，社会实践活动亦与当时的时代背景密不可分，时代的衔接与更替往往遵循必然的内在逻辑。本书在内容上的创新之处有以下几点。

第一，在研究对象方面，站在时代更替的接驳点上考察具有特殊性的历史时期，关注特定的社会活动，并以经济关系为研究对象将近代外商在华经营活动进行剖析和解读，使研究主体具有学科交叉性和更高可信度，也同时遵循唯物史观的基本观点，以经济学的思维框架，对史料进行梳理和归纳，总结和分析近代外资企业对中国商业环境带来的多方面影响，努力完成对近代商业环境变迁的还原。

第二，本书用以划分经营和管理范畴的概念取自马克思对于产品生产和生产关系生产的论述，结合唯物史观中“社会存在决定社会意识”的理论，建立了与指定思想直接对应的渗透途径，并将其应用在经济思想史的研究上，在交叉学科的研究方法上具有一定创新性。

第三，研究框架方面，本书以研究经营管理思想为主，以研究外商企业个案为辅，以企业经营思想中的产品思想、定价思想、营销思想和企业管理思想中的制度化建设思想以及公共关系思想为研究内容，分而总之，将英美烟公司、美孚石油、汇丰银行和内外棉株式会社等有代表性企业的案例作为详实的史料补充，结构上突破了按照时间顺序的事件堆叠，以事件推进的逻辑和时间维度双重线索共同推进本书的整体架构，有一定的创新性。

第四，在分析方法上，本书采取静态与动态分析相结合的考察办法，通过对中国社会“瓦解-重建-再瓦解-再重建”的构架设定，将中国商业变迁过程分为三条路径，分别加以总结，发现外商经营活动对我国商业文化的各方面都具有渗透作用。此外，在分析外商在华经营管理的思想主张及西化思潮变迁的原因之后，将静态描述与动态考察相结合，揭示近代商业环境变迁的全貌，有一定的创新性。

第五，本书运用比较研究的方法，一是联系在华外商与中国本土企业的经营思想，比较企业文化之间的差异，揭示其相互之间的影响与联系；二是基于对中西近代以来经济思想的把握，将西方重商主义与中国近代重商思潮进行整体比较，将外商在华投资对这一思潮的影响机制做全面梳理；三是对企业个体进行比较，一方面比较同行业内外国企业间的扶持和竞争，另一方面比较同行业内外国企业与中国企业的经营差别和借鉴意义，建立起中西经济思想史在同一领域内的联系，具有一定创新性。

第六，在研究资料方面，本书认真梳理了已刊资料，并收集到未刊原始材料和原版外文企业史文书，加强了对已有研究中历史材料的运用，完善夯实了近代企业史方向的资料，具有一定的创新性，也为后续研究提供了便利。

本书关于近代中国商业文化的研究存在以下不足：首先，笔者所阅读的文献多为内地已出版书籍，这样就有可能因为翻译偏差造成部分信息损失。其次，在近代商业社会中，与其说企业是经济实体，不如说企业是社会实体，外商对近代社会的影响绝不局限在经营管理领域，而应是文化、习惯、伦理等多方面的再培养，但是由于学科领域不同和研究内容具有针对性，在写作过程中对这段史实缺少多维度的解析，导致部分论述存在不足和纰漏。最后，本书的主体内容为外商在华的经营管理思想，其内涵丰富，涉猎范围极广，即便多维度分析也不可能将其全貌呈现出来。这一方面是由于文献资料的匮乏，另一方面则限于笔者的学识，希望在后续的研究中尽力弥补，充实完善。

第三节　资料整理与研究评述

在中国近代经济的研究中，近代外国企业在华投资这一领域下的思想史研究相对薄弱，但经济史领域的研究成果还是相当丰硕的。关于近代商业研究的文献主要分为国内、国外两部分。国内的文献主要以时间段的划分而区分开来，每个时间段的研究重点有所变化。20世纪初，迫于外国列强对中国市场的商业压榨，近代学者特别关注劳工问题，也形成了一批以此为研究重点的历史材料。新中国成立后，资本属性问题为此时的研究重点，很多区分买办资本、官僚资本以及民族资本的文献多数都出自这个时期。改革开放初期，各领域的学者对近代经济思想史和商业思想史又重新重视起来，研究成果也在这之后又丰富起来。国外的文献则以问题导向性为主导思想，更具有现代化研究范式的色彩，研究和论述的问题比较明晰，研究的时代分界感也不强，主要根据不同的研究对象分类，从文献参考角度看，这便于获取有用信息。近些年，关于近代商业变迁的文献又逐步增多，其中不乏大量学位论文。笔者认为，一方面，随着中国经济实力不断提升，对外投资力度不断加大，商业投资与商业文化变迁之间的机制成为研究的新视角；另一方面，国学热也促使很多人文专业专家研究中国传统文化的近代变迁路径，这无疑为本书的研究提供了支撑。

一、国内经济史相关文献

从20世纪二三十年代开始，中国学者研究近代企业问题已有近100年历史了。这些研究大致可以分为三个部分，每一部分的研究关注点都有所不同，但是可以看出彼此取长补短，有所继承。国内关于近代外国企业在华经营活动的文献主要可分为劳工问题研究、企业资本性质研究和近代商业社会变迁与企业制度研究。

（一）劳工问题研究

1949年前对企业经营的研究有不少专注于劳工问题调查，大部分民间研究部门所做的调查已经有规范的学术形式存在。陶孟和在1927年到1930年主持的社会调查中，对塘沽手工业工人、华北纺织工业状况，以及北平手工艺工人的生计收入做了详细记载①，其中多处涉及在华外国企业为中国员工所提供的生活待遇、工资收入以及工作时间。朱邦兴和顾准等合编的《上海产业与上海职工》全面调查了作为第一批通商口岸开埠的在沪工人的生活状态。专注于近代劳工问题的研究不仅在经济史范畴下有所涉猎，在社会学领域中也对这个时期的工人状态做了详细调查。费孝通的《昆厂劳工》就对农民出身的本地工人生活做了详细刻画，对社会转型中的中国工人的工作动机与效率、工厂内部秩序以及日常生产生活状态的描述都甚为详尽。

1949 年前的劳工问题研究有两个充满张力的学术方向。一种是由左翼学者完成的，他们关注劳工问题，特别重视企业对工人的剥削、压榨乃至超经济强制现象；另一些学者则关注如何完成中国的工业化改革，如何将传统的农民改造成具有工业技能的工人。② 作为社会学家的费孝通和谷春帆都认识到社会转型过程中农民转变成工人的意义所在。对于劳工问题，虽然研究的问题相似，但是学术立场和研究方法却有差异。1949 年前的研究倾向于前者，而对后者的研究在改革开放之后得到了更多呼应。③

（二）企业资本性质研究

关于企业性质的研究开始于 1949 年后，在政府的支持下，学界整理出了大量有关近代企业的档案资料。关于洋务运动期间设立的洋务企业、外国企业在华投资的资本属性的研究成为当时的研究热点。大多数学者认为，中国近代企业的最终失败原因在于中国政治腐败和帝国主义侵略。毋庸置疑，此时资料编选受到意识形态的约束，但是资料的完整性和正确性并未受到严重影响。

在资料整理中，最前端的要数陈真、姚洛合编的《中国近代工业史资料》（共四辑），孙毓棠和汪敬虞合编的《中国近代工业史资料》（共二辑）。张仲礼和陈曾年对近代几个重要的外国在华企业的研究成为领域内的标志性成果。

---

① 李文海主编：《民国时期社会调查丛编·城市（劳工）生活卷》，福建教育出版社，2005。

② 高超群：《中国近代企业史的研究范式及其转型》，《清华大学学报》（哲学社会科学版）2015 年第 6 期。

③ 田彤：《民国时期劳资关系史研究的回顾与思考》，《历史研究》2011 年第 1 期。

张仲礼对企业研究的贡献主要有《长江沿江城市与中国近代化》《东南沿海城市与中国近代化》，他以城市群落为研究对象，对近代长三角地区、东南沿海口岸的近代化过程做了详细梳理。张仲礼的著作主要倾向于中国近代化进程的论述，是本书的主要参考书目。汪敬虞编著的《近代中外经济关系史论集》《十九世纪西方资本主义对中国的经济侵略》是对近代中国经济的宏观性著述，也是金融业统计资料的主要来源。《外国资本在近代中国的金融活动》对近代经济金融领域的贡献也颇为瞩目。汪敬虞还编写了关于研究近代买办的《唐廷枢研究》等著作，为分析买办阶级形成发展提供了典型案例。陈曾年编写了《近代上海金融中心的形成和发展》《太古集团在旧中国》以及编译了《怡和洋行 1842—1895 在华活动概述》，主要论述了上海金融中心的发展过程，以及洋行在甲午战争前在华贸易中的作用。吴承明编著的《帝国主义在旧中国的投资》较全面地记述了帝国主义如何阻滞了旧中国生产力的发展。陈翰笙于 1933—1934 年调查了山东、河南的六个典型村，著有《帝国主义工业资本与中国农民》一书。张雁琛所著的《日本利用所谓“合办事业”侵华的历史》记述了当时日本对华侵略的政治经济效应。至于微观企业角度的研究，张小欣的《跨国公司与口岸社会》主要论述了美孚石油、德士谷石油两家美资石油公司在中国投资建厂的经济活动。张国辉的《晚清钱庄和票号的研究》对票号与近代外资银行的分工合作、利益共生机制做了详细梳理，对近代本土银行业务困境也做了客观评述。姜建清编写了《近代中国外商银行史》，他对近代以来到新中国成立之前中国出现过的银行做了统计研究，对汇兑、存款等业务内容做了搜集整理工作。

（三）近代商业社会变迁与企业制度

关于近代外来商业文化对我国影响的研究，公司制度面研究所占比重大，且研究也较为靠近当前，不少研究还运用了现代经济学手段。学术界有关近代商业、商会、民族资产阶级和经济政策的研究，也属近代商业变迁问题的重要研究领域，它与外商经营管理思想密切相关。华中师范大学在此领域中较占优势，以章开沅、马敏和朱英为代表的研究团队推出了一系列重要成果。章开沅的《中国近代民族资产阶级研究》，马敏的《商人精神的嬗变：近代中国商人观念研究》，朱英的《近代中国商人与社会》《晚清经济政策与改革措施》，就近代商业社会、商人精神和商业政策做了全面的梳理和总结。从20世纪80年代开始，企业史研究涌现出了丰硕的成果，研究者大量使用企业档案，对许多重要企业开展个案研究。中国社会科学院经济研究所和上海社会科学院经济研究所引领了新型研究风格。虞和平的《商会与中国早期现代化》《中国现代化历程》，对中国近代商业现代化问题做了研究。这个时期的研究者开始大规模地利用企业档案，随着国内高校经济史、经济思想史学科的兴起，很多硕士、博士论文也专注于近代外国企业在华投资的个案研究中。复旦大学王强的论文《近代外国在华企业本土化研究》，通过对一手资料的整理，再现了英美烟公司与政府、本土竞争者在经营活动中的关系处理。西北大学线文的论文《晚清重商思想研究》，则对晚清重商主义的发生做了全面解读。这些著作、论文的研究手段主要是史料梳理。这些前人扎实的资料整理、深入的研究考量使近些年来近代外国企业研究有了突飞猛进的发展。现代学者研究视野不再拘泥于断代史，而是跳出年代束缚，以更为宏观的视角考察企业变迁的整体形态。

与此同时，由于学科化差异，在中国近代企业史研究中，也隐约出现了研究方法和关注问题不同的学术团体。其中一类以社会科学院为代表，他们在研究方法上与前辈研究者一脉相承，侧重历史学方法，重视史料挖掘，也比较关注企业状态与宏观经济和政治环境的关系。中国社会科学院杜恂诚的《民族主义与旧中国政府（1840—1937）》是典型代表。上海社会科学院更重视经济史规范分析，在挖掘历史资料的同时更偏向于企业制度和内部结构的研究。另一类团体则是高校，他们更注重以经济学方式解释近代经济史问题，以模型和线性回归方法解读近代商业状态，以计量的方式评估企业的效益，而科研成果也多以学术论文的形式发表于国内外重要期刊上。

二、国外经济史相关文献

（一）中国近代企业发展的起源探究

国外有关近代外国在华企业的研究主要集中于政治社会和思想文化方面。费正清的《剑桥中国史》从考察亚洲腹地开始，以北京的视角观察当时的商业环境；费维凯作为费正清的合作者，在其《中国早期工业化：盛宣怀

（1844—1916）和官督商办企业》中，围绕官督商办的体制研究，将其置于近代中国经济现代化进程中，从工业化的视角详细阐述中国早期工业化发展的经济成就与弊端，通过对比中国、日本、西方的发展经验，提出了一系列富有启示意义的论点。小科布尔的《上海资本家与民国政府》和《江浙财阀与民国政府》，均基于当时的金融、工业、商业发展状况，系统地论述了国民政府时期的经济政策、经济思想，并结合中国最先进地区的资本主义发展情况和资产阶级发展状态，来探讨外国商业集团与民国政府间的矛盾。白吉尔的《中国资产阶级的黄金时代（1911—1937）》对近代中国资产阶级给予了深入的研究，提出了城市精英阶层和资产阶级的区别，着重分析了中国资产阶级发展的黄金十年的历史成因以及与外来商业文化的相关作用。

在外商经营管理整理的文献中，费勒窝的《怡和洋行》整理了剑桥大学相关洋行档案，梳理了当时外商洋行在华发展的状况。《中国大企业——烟草工业中的中外竞争》揭露了英美烟公司与中国的南洋兄弟烟草公司在中国市场的竞争过程。吴翎君的《美孚石油公司在中国》一书，从美孚石油对近代中外关系尤其是中美关系的影响的角度做了系统研究。郝延平的《19 世纪中国的买办：东西方的桥梁》详细论述了买办制度的形成过程以及对中西方贸易的作用，《中国近代商业革命》一书则论述了 19 世纪中国沿海贸易的发生发展，以及当时初入中国的外商资本对中国商业环境的影响。邓嗣禹和费正清合著的《中国对西方的反应》提出“冲击-反应”模式，虽然书中的观点具有严重的“欧洲中心论”倾向，但是对于中国近代商业文化的变迁还是有一定的说服力。艾伦和多尼索思合著的《在远东经济发展中的西方企业——中国和日本》一书，强调了近代外商对华投资对旧中国经济发展的贡献。关于近代商业伦理的研究有余英时的《中国近世伦理与商人精神》。美国德恩伯格的《1840—1949 年外国人在中国经济发展中的作用》一文全面评价了旧中国外资的作用，承认了外资对华有消极影响的同时也论述了外资对中国发展的贡献。以上研究主要集中在两个方面：一是以外商为考察对象，着重强调外国企业进入中国后的本土化改造；二是限于一手资料的缺乏，重视研究中国本土关系网络与现代企业管理制度的融合，而缺少对普通民众日常生活影响的叙述。无论研究范式如何，研究者都意识到与西方商业文化不同，中国人不重视产权界定和缺乏契约意识。外国商人初入中国时，中国政府表现出对经济的干预过多，尤其是国有经济和垄断的形成多因为国家干预。外国企业在攫取经济利益的同时，也不断改造着中国市场，逐步推动了中国的工业化改造，对中国本土企业的崛起有带动作用。

（二）管理模式变迁和社会关系网络的研究

高家龙的企业史研究近年来产生了很大影响，其影响甚至扩展到了社会学领域，开辟了新的经济史研究视角。近年来国内研究者开始模仿研究。①《大公司与关系网》将四家外国公司和两家中国公司在经营框架上划分为三类——西方管理层级结构、日本管理层级结构和中国社会关系网络。社会学家韩格里（Hamilton）则在主编的论文集《东亚与东南亚的商业关系网与经济发展》中对关系网加以解读，认为“血缘和地缘在中国扮演了类似于法律制度和个人主义在西方所扮演的角色”，在中国，最终约束企业经营的是血缘和地缘纽带而非法律，或者说法律并非第一优先级。黄绍伦和雷丁对这一想法进行了实地调研，发现“中国私人工业的显著特征是企业家很强但管理很弱”②。这种“家长式的管理”与西方法律主导的个人主义完全不同，造成了外国商人在华建厂的文化阻隔，改造中国传统劳动者和外包销售事务给华人买办的实践找到了理论基础。回应马克斯·韦伯提出的资本主义精神，韩格里发现，东亚或者东南亚的华人企业迅速扩张但并没有出现韦伯所提及的资本主义精神，而更多的是“家长式管理、私人机会特性”，就解决了资本主义特质所能解决的问题。而雷丁提出的“非正式的跨组织联合模式”③ 就足以应对西方专业化、官僚化以及中立化的模式。无论是韩格里和雷丁的理论研究，还是高家龙的企业经营角度研究，对社会关系网络的研究逐步成为研究近代外国资本在华经营模式发展变迁的路径之一。此后，在中文和英文文献中，都出现了不少关于社会关系网络的研究④，此处不再赘述。

---

① 皇甫秋实：《“网络”视野中的中国企业史研究评述》，《史林》2010 年第 1 期。

② 黄绍伦：《移民企业家——香港的上海工业家》，张秀莉译，李培德校，上海古籍出版社，2003，第 154 页。

③ 戈登·雷丁：《华人资本主义精神》，谢婉莹译，格致出版社，2009，第 10 页。

④ Morris L. Bian，“Interpreting Enterprise，State，and Society：A Critical Review of the Literature in Modern Chinese Business History，1978-2008，” *Frontiers of History in China* 6，no. 3（2011）：423-462.

三、经济思想史及相关文献

经济思想史方面的工具类图书是支撑本书结构的骨架，其中包括近代中国各阶层对外商在华投资，进行经营管理活动的态度和认识。这部分图书主要包括赵丰田的《晚清五十年经济思想史》，介绍了西方传教士和海外留学知识分子对晚清经济思想变动的作用，并认为他们是晚清经济思想的三大来源之一，此书肯定了晚清经济思想的发展契机来源于海外的假说，在当时打破了闭口不谈外来文化的局面。夏炎德的《中国近百年经济思想》研究了1840—1940年以来的经济思想，对西方经济思想传入中国的文化路径做了归纳总结，认为严复翻译的《原富》是近代中国经济思想变迁的开始，并就民国时期的梁启超、孙中山的经济思想做了初步梳理，但不足之处是全书涵盖的思想史人物太少，没能全面覆盖近代中国的经济思想发展状况。在这之后，中国经济思想史研究停滞了一段时间，这段时间的研究偏向于资本属性研究，多是批判性色彩的读物，这部分材料在上文中有所提及，但在经济思想领域并没有多少贡献。直到20世纪八九十年代，北京大学赵靖的著作《中国经济思想史通论》和《中国经济思想史通论续》对近代商业启蒙思想的重要人物做了梳理补充，不仅如此，在研究方法上还在中国近代经济思想史的分期问题上实现了新的突破，将常用的“三分法”“四分法”改为“两分法”，同时对历史人物的经济思想做出了新的评价，在具体的经济观点上有了创新。在此之后，中国经济思想研究的薄弱状态也逐步被扭转和重视起来。胡寄窗的《中国近代思想史大纲》、马伯煌的《中国近代经济思想史》、叶世昌的《中国经济思想简史》等，虽各有侧重，但作者都认识到近代中国商业环境变迁是近代化的一个重要研究范畴。近些年来，经济思想史相关的著作主要有钟祥财的《20世纪中国经济思想述论》，对20世纪中国经济思想的发展做了扼要的梳理和评论，在框架结构上，把经济思想分别纳入目标导向、学理范式、体制模式等理论模块。

在专题性讨论方面，较早的成果有《近代史研究所集刊》收录的王尔敏的《商战观念与重商思想》以及李顺妍的《晚清的重商主义》。王尔敏的著作以商战观念作为重商思想的典型形态加以研究，为后来有关商战思想的研究奠定了基础；之后《中国近代之工商致富论与商贸体制之西化》对其第一部著作未涉猎的体制变迁问题做了补充，可视为近代商业变迁的较为全面的解读。郑学益的《走向世界的历史足迹：中国近代对外开放思想研究》对近代开放思想的历史渊源以及当时有识之士的思想做了详尽整理。在经济思想领域里涉及的近代商业问题研究的专题成果还有很多。万培安的《中国近代经济思想史纲》，周建波的《洋务运动与中国早期现代化思想》，以及姚家华的《中国经济思想简史》，从不同的侧重点对近代中国商业思想、经济思想的发生发展做了更多的研究，也为本书的思想史梳理提供了导引作用。

在学位论文方面，对近代商业思想研究成果较为丰硕。刘永安的《早期维新派重商思想研究》（湖南师范大学，2004）对近代中国传统农业思想的转折和发展到重商思想脉络进行了详细梳理。孙智君的《民国时期产业经济思想研究》（武汉大学，2006）对近代中国产业经济的发展原因以及发展状态做了思想史汇总。王奎的《清末商部农工商部与社会经济转型研究》（华中师范大学，2006）对商业发展对制度的要求就体系问题做了深入探讨。李昊的《清末民初实业救国思潮研究》（陕西师范大学，2010）就中国民族工商业对外来商业文化的抵制活动产生的救国思潮做了全面的梳理。梁永康的《"西学东渐"与晚清经济思想的近代化：1860—1911》（江西师范大学，2010）对近代西方文化对中国传统文化的冲击做了阶段性解读。张鹏的《中国近代产业经济思想》（山西财经大学，2011）对近代本土产业发展做了较为全面的总结。

可以看出，目前学界对于近代中国经济思潮及相关经济思想的发展状况在不同领域有不同程度的研究和关注。专著方面，1949 年前和 20 世纪 80 年代以后的研究较为丰富，多是对长时期的思想性总结，涵盖范围较广、跨越时间较长。但是研究近代经济思想的文献在近几年略显式微，相较于经济史领域的成果稍显匮乏。2000 年以后对近代经济思想的研究表现为明显的区块性，硕士、博士论文也成为此时期研究近代商业的主要形式，关于近代产业发展状况、政府职能转变，或是近代化思潮的分类型研究越来越多。总体来看，无论是专著还是论文，对于经济思想的研究仍然偏历史、偏史料，而轻理论、轻跨界。当然，这也是学科特点导致的，经济思想史虽属于理论经济学，但是研究对象并非经济现象，而是前人留下的经济史料。这就使研读史料成为最重要的科研手段，当然也正是因为脱离了与现实经济的联系，在中国经济发展最快的几十年中反倒缺少思想史的文献著作，这可能算是对这种现象的一个解释。

在整理资料的过程中，笔者发现一些哲学、社会学相关材料也涉及近代社会制度形成以及外国商业与中国传统商业文化比较等内容，这也为本书写作提供了新思路。这部分著作也算在思想史文献部分，是因为在本书撰写的过程中很难将社会学领域的文献排除在外而单独研究中国近代商业文化思想。儒释道曾长期在中国居于主流思想体系地位，近代受到了西方文明的冲击。对于中国商业文化的研究和思考兴起于马克斯·韦伯的《新教伦理与资本主义精神》，他在这本书里论述了宗教理性程度与经济现代化之间的相关关系，认为资本主义精神的理性水平高于儒家文化，因此中国近代社会科技的衰败是欠缺理性化"经济训练"的结果。对此，余英时提出了异议，指出中国儒家有自己对"彼岸"世界形而上学的追求，儒家的经济伦理同样强调人伦日用与敬业精神，同样存在类似于新教"天职"观念的责任感，在理性化层面中西文化并无差异，因此这并不能解释近代中国商业落后的原因。① 中国商业文化形成的究竟一直以来是学界争论的话题。在商业文化领域的研究中，韦森细分了亚文化圈对商业氛围的影响②，赵向阳等一批青年学者以大数据调查的方式对中国文化多元化问题也做了类似的解读③。这些关于中国近代商业文化的研究对笔者探究近代外来商业经营文化具有提纲挈领的意义。

除了近代经济史、经济思想史、社会史研究著作外，外商企业专题性质的研究也是很好的文献来源，各地区编写的地方志和其他文史资料给本书研究提供了帮助，如张学舜的《亚细亚火油公司在天津》、广东档案馆存档的

① 余英时：《儒家伦理与商人精神》，广西师范大学出版社，2004。

② 韦森：《个人主义与社群主义——东西方社会秩序历史演进路径差异的文化原因》，《复旦学报》2003 年第 5 期。

③ 赵向阳、李海、孙川：《中国区域文化地图："大一统"抑或"多元化"》，《管理世界》2015 年第 2 期。

《美孚石油公司官洲分公司档案》。上海社会科学院经济研究所编写的《英美烟公司在华企业资料汇编》详细整理了近代英美烟公司在华投资的商业活动，日本经营史研究所编写的《稿本三井物产株式会社百年史》以及高村直助的《近代日本棉业与中国》对日本在华商业投资行为提供了研究素材。毛里斯、柯立斯的《中华民国史资料丛稿：汇丰——香港上海银行》对近代银行业业务范围确立发展提供了典型性案例。另外，《日本东亚同文书院整理》对近代外国企业对华投资也有不少记录。

可以看出，涉及清末民初关于商业伦理、商业变迁的研究已有相当多的积累，在若干问题的研究上已奠定了良好的基础。但由于不同领域有不同的切入角度和关注点，因此对近代商业思想的分析显得相当分散，水平亦有很大差别，以外国商业经营管理思想为基础的讨论就更不多见。借助于前人的研究成果，笔者努力将研究聚焦在以下三个方面。

首先，已有研究多以微观企业为对象，多注重资本性质、金融活动，或是买办制度等方面的内容，缺少外国资本输入对中国传统商业经营模式和商业文化的影响。在近代商业社会中，与其说企业是经济实体，不如说企业是社会实体，外商的影响绝不仅局限在经济领域，而是对文化、生活习惯、社会伦理等各方面的再培养，由此可见，把近代外资企业看作中国近代化发展的一个动因，纳入近代文化形成的考量范围内很有必要。

其次，就研究目的来看，近代外资企业对华投资的经营管理思想研究较为薄弱。如前所述，前人关于近代外国企业的研究多集中于论述经济的侵略性，即使最近的研究也多考察外国企业的本土化改造，很少有研究能站在本土角度考察中国商业经营模式的贡献，但本土商业文化的改造和变迁是近代外资进入中国以来不可避免的事实，所以站在本土商业文化的变迁角度考察这些企业与中国商业文明和社会的关系，有助于深化对外资企业的认识。

最后，学者考察外国商业文化对本土的影响多集中在 20 世纪以前，对明清时期的商业伦理探究尤为多见，其涵盖范围也较为笼统，关于甲午战争后外商对华商业的近代化影响研究较少。甲午战争后，外国资本对华商业环境的影响趋于成形，对民众生活方式的影响也逐渐完成，商业环境开始与世界接轨。近代外商对华投资带来的商业环境变化是中国逐步融入世界的过渡，亦是近代经济发展起跑的原点，研究以该段时间样本为标的，填补了前人在该领域的研究空缺，丰富了相关的研究成果。

从以上三方面分析来看，清末民初的近代商业思想相当丰富，又相当复杂。目前，虽然有一批成果对其进行了不同领域、不同维度的解读，但是从外国商业经营模式角度展开的研究还没有见到，这就留出一个机会让我们从全新的角度去了解那段历史。由此可知，对此问题还有进一步研究的必要。

第二章　近代外商在华之背景探究

第一节　外商在华初建的文化冲突

在近代之前，中国从先秦时期荀子、商鞅的管制式商业启蒙，经汉王朝文景之治以及唐宋两代的商业盛世，到明清短期的资本主义萌芽，其固有的商业文化已经形成。但这里的“商业”却有别于外国资本主义的“商业”，商业文化的基本形态更是大不相同，主要体现在中国商业文化的封建性和本土性。第一，中国固有的商业文化是在封建社会小农经济的基础上产生的，在这一商业环境中的“经商”个体在早期都承担着生产者的角色，因而不是资本主义属性下通过买卖交易赚取盈利的纯粹“商人”，这里体现出中国本土商业文化的封建性。第二，儒家文化深刻影响着中国古代的商业活动。自汉朝开始的“罢黜百家，独尊儒术”，并没有在短时间内将儒学推广到社会生产生活的每一处，而是经过了魏晋隋唐与佛教和道教之间的激烈竞争后，才逐步占据了社会伦理的基础地位。[①] 在经商甚至经商以外的生产活动中，儒家文化突出“怀柔”思想，这在商业领域中往往表现为“利他”或“共利”。西方商业文化则直接点明效用最大化是其经营活动的最终目的，在这一思想指导下产生了利己主义，这正好与中国商业文化相冲突。各自的文化体系对商业的解读不同，家族经济和契约经济在其根源上的矛盾与冲突将不可避免。

基于中国商业文化的封建性和本土性，外国企业最初进入中国时，即便姿态强势、发展迅速，仍受到了来自文化冲突的钳制，并在融合过程中经历了中国传统文化的价值选择，在文化传统主义、文化折中主义和文化虚无主义之间展开了博弈。

在离市民生产生活最近的消费文化层面，经过传统农业经济跨越千年的发展，固有观念和固有规定对新消费文化的发展起到了一定的制约。在古代中国，民众希望平均分配有限的劳动成果，“等贵贱、均贫富”表达了均分财富的要求。很长一段时期内，“不患寡而患不均”的思想一直默默地影响着中

① 郝继涛：《唐至清（鸦片战争以前）的商业经营管理思想》，博士学位论文，北京大学经济学院，2004。

国社会的发展，这种思想与西方社会以效率为核心的分配思想存在着本质的不同。在消费结构方面，农业社会的属性决定了近代以前中国消费模式的单一性。之所以形成将花销集中于食物等生活必需品的思想或生活习惯，一方面是因为产品种类的匮乏，另一方面是因为居民生活需要的单一。当近代外商将丰富新颖的产品带入国人视野之时，过去相对简单的消费结构在消费品不断升级的过程中便成了促进和抑制的共同体，这就是近代外来工商业产品涌现而产生的结果。

另外，在“天朝物产丰盈，无所不有”的思想下，外国的商品文化和资本主义生产方式被打上了“妨碍风水、有伤风化、夺民之利、天怒人怨、亡国灭种”的标签。这个时期，“盖以西法为可行者不过二三人，以西法为不可行、不必行者几乎盈廷皆是”① 是国人对外商思想接受程度的概括。随着半殖民地半封建社会性质的加深，随着新奇产品和服务的不断刺激，国人由最初的排斥、拒绝、厌恶、抨击，到好奇、试用、浅尝，再到仰慕、崇敬、仿效，开始了由原本“存天理，灭人欲”的宋明理学向西方“理性社会”中反对封建禁欲、注重人生享乐的消费思想过渡。转变的发生非一日之功，其中，最直接的媒介就是丰富新颖的外国商品和与之相对应的外商文化，并通过在华建厂的方式使国人深入参与到时代的变革中。

在宗教方面，中西之间亦存在着根本的文化冲突。西方传教士概以对全世界人民的“精神征服”和“精神救赎”为己任，故对异教徒始终存在着使其皈依基督教的想法。相反，中国儒生对非华夏文化的“夷狄”则更多地采取了“修文德以来之”和“礼闻来学，不闻往教”的方式。② 往往需要他人先表达“向学”的愿望，而后才鼓励教诲之。若“夷狄”本身无“变夏”的愿望，中国儒生便没有了努力使其“变夏”的责任。因此，西方宗教文化带有更多的侵略性，即更热衷于使对方改变固有的思想。自然地，防御性和进攻性的中、西宗教文化差异，使得国内缺乏的西化宗教思想随着外国资本主义在中国的强力进入而迅速在中国生根，以此为根基，派生出竞争思想、定

① 郭嵩焘：《与友人论仿行西法》，收入《养知书屋遗集》，光绪十八年刊本，第6页。
② 罗志田：《传教士与近代中西文化竞争》，《历史研究》1996年第6期。

价思想、制度管理思想，以及危机公关思想等，都不可避免地印上了西方向外扩张的“外在超越”的思想烙印。而此时的中国商业文化还保持在历史悠久的“内在超越”思想体系下，其商业思想也多为符合传统儒家伦理道德标准的分配思想、货币思想等。从文化传统来看，中西商业的碰撞冲突是必然的。

第二节　外商在华经营的历史经验

每个国家和民族都有自己的过去、现在和未来。只有了解了昨天，才能更好地认识自己的今天和明天。国际贸易往来是中西经营管理碰撞的前提。中国同西方的贸易古已有之，但是与近代有着本质的差别。中国古代向来以“天朝上国”自居，对外贸易多有政治色彩，对外贸易模式在很长一段时间里是以朝贡体系为依托的。这一贸易模式是统治者权威塑造的需要，并没能发展经济的目的，贸易价值平等、经营管理思想交融更是无从谈起。不过历史具有连续性，研究近代在华外商的经营管理思想，有必要了解一下中国古代的对外贸易情况和中国古代经营管理思想。

一、中外贸易思想的历史演进

贸易往来作为经营管理思想的前战，中国历史上经历了太多的往复和不确定。最终催生出的近代商业经营思想虽然是鸦片战争这一外生冲击反馈的结果，但是也不能忽略本土商业文化逐步启蒙和发展的事实。追溯历史，外国商业团体在古代中国虽然没有形成系统的商业经营活动，但是类似于商品交易的贸易雏形已初现端倪。古代中国生产力发展水平长期居于世界前列，丝绸、茶叶、陶瓷等是风靡全球的奢侈品。西汉王朝建立后，张骞作为中国历史上走向世界的第一人，开辟了中西陆路交通，汉朝使者和商旅得以前往西域各国进行政治和贸易活动，大批中国丝绸源源不断地运往中亚、西亚及欧洲，外国的葡萄、香料、名马也大量输入中国，形成历史上有名的丝绸之路。唐朝几代统治者对外国商业文化和商业贸易都持有积极的态度，唐太宗为了使中外贸易更为顺畅，努力改变时人对外国商人的轻视态度，提出“朕独爱之如一”，才能使“种落皆依朕如父母”①。唐朝还在长安设立鸿胪寺，专门招待各国使节和宾客。开元年间，在广州设置中国历史上第一个海关机构“市舶使”，通过加强管理以促进海外贸易的发展。明朝初期也保持着对外贸易比较积极的态度。明成祖即位后，继续实行对待外国商业的怀柔政策：“诸番国遣使来朝，一皆遇之以诚……以怀远人。”他已经意识到在海外树立声望、享有盛誉有助于维持国家的统一和安定。郑和七次下西洋虽说是政治外交活动，但是也给商业贸易带来了积极影响。在古代的中西交流中，对外贸易占有相当大比重。但是中国古代自给自足的封建经济优势明显，并且经济发展水平也强于邻近国家，自然容易滋生“天朝上国”的自大思想。因此，近代以前的中国与外国交流，经济领域一直居于比较次要的地位，从属于政治外交，对外关系处理也多是偏重认可他国为藩国或附属国，并没有太多考虑与其交往的经济意义。

明朝中叶以后，城市工商业出现了较为繁荣的局面，在江南某些地区有了资本主义萌芽，商业各部门间也有了明显的进步。封建社会内部商品经济的逐步成熟，不仅要求扩大国内商品流通范围，而且要求进一步对外开放。这就造成了在中国国内以自然经济为依托的社会，与以商品经济为发展路径、以国际化初期竞争无序为本质的近代商业冲突。商品经济的发展在逐步瓦解自然经济的同时，中外交流的密切所带来的冲突的增加也让封建统治者产生了强烈的不安，因此，明王朝在公元16世纪关闭了中国对外开放的大门，并颁布了封关禁海令。也正是这种贸易压迫，使得对外开放思想逐步由官方转回到民间，由统治阶级转移到士大夫阶层。他们认为封关禁是行不通的，“华夷同体，有无相通，实理势之所必然。中国与夷，各擅土产，故贸易难绝。利之所在，人必趋之”②。开放贸易不但对老百姓有益，对政府财政收入也大有裨益，“其利不独在民，而且在官也”③，既可以“足供御用”又可以“节充军饷”④。不仅如此，有识之士还提出实行海禁可能造成的政治后果，“海

① 司马光：《资治通鉴》卷一百九十八，中华书局，1956，第182页。
② 唐枢：《复胡梅林论处王直》，见《明经世文编》卷二百七十。
③ 陈子贞奏文，见《明万历实录》卷二百六十二。
④ 林富奏文，见顾炎武《天下郡国利病书》卷一百二十《海外诸番》，第16页。

禁严绝，人民倡乱”“绝商贾之利，启寇盗之端”① 这些观点，都是15—16世纪中国民众在闭关政策下对扩大外贸交流和开拓国外市场的诉求，可以看出明中叶之后民间已经认识到贸易是政府维持大国外交的经济手段，中国社会渴望开展商业活动。这表明中国古代对外贸易思想向近代过渡的趋向已初露端倪了。

也就是在16世纪前后，地理大发现促进了西欧资本主义发展的进程。它们的手工业和科技水平逐渐超越了中国。清朝初期，康熙皇帝对中西贸易文化交流态度是比较积极的，除了欣赏外国先进的天文历法等科学工具以外，对中西贸易也较为积极乐观。但是一者清朝初建，二者康熙后期要求发展海外贸易的新兴资本主义势力与封建统治者出现矛盾，加上反清复明的势力一直在海外发展，作为少数民族入主中国的康熙帝最终封关禁海。换言之，原作为对西方文化、贸易持开放态度的康熙皇帝，到头来还是关闭了中国对外开放的大门。

到了鸦片战争中国彻底结束了长期以来的闭关锁国状态，被动地纳入世界经济体系。在几十年里，中国的商业文化发生了翻天覆地的变化，而外国在华的经营管理思想则在这场变迁中起了重要的推动作用。它的影响范围之广、作用时间之长、渗透力度之大，对近现代中国的商业发展都有着奠基的意义。

二、我国古代管理思想的历史演进

中国传统商业经营思想古已有之，随着农业经济与商品经济的渐次发展，与之相适应的传统经济思想亦不断丰富，然而都不足以超脱传统文化的束缚。春秋时，管仲就提出“以其所有，易其所无，市贱鬻贵”②。计然也提出了“积著之理”“旱则资舟，水则资车”③。被称为“治生”之祖的白圭实行“人弃我取，人取我与”的经商原则，每年在丝绸和谷物之间贮售，赚得盆满钵盈。受制于剩余产品的匮乏和市场规模，先秦时期的经济思想多维持在解

① 许孚远：《疏通海禁疏》，见《明经世文编》卷四百。

② 左丘明：《国语·齐语》，上海师范大学古籍整理研究所点校，上海古籍出版社，1998，第32页。

③ 司马迁：《史记·货殖列传》，中华书局，2011，第186页。

读供求关系的层面。经济发展带来的物质生活用品增加，市场交易繁荣促使货币思想日渐成熟，范蠡提出“无息币”的理念，使“货币欲其行如流水”，指出货币应当循环周转起来才能创造财富。宏观政策方面，汉代桑弘羊提倡的“盐铁论”是最早的中国版国家管控经济体系，而同时期司马迁则主张“不与民争利”，被称为中国经济自由主义的原始版本。到了唐代，刘晏和韩愈提出改革盐法，开放食盐流通。宋代欧阳修继承了前人的思想，在主张进一步开放商业领域的同时，提出了“兴利广”的思想，主张废除盐、茶专卖制度，国家应与民众调配好获利机会和获利范围，不应一家独大，垄断市场。商业政策在历朝不断破冰的同时，也推动着商业经营伦理的发展。然而从中国传统经营伦理可以看出，在近代西方商业经营思想传播的初期，儒家伦理确实成了中西方商业伦理难以对接的障碍。传统经济思想领域中多是以“内在超越”① 为根基延展出来的分配思想、货币思想等，目的也主要是以缓解社会矛盾为己任，即使与商业贸易有关的“积著论”“平准论”等物价思想，也是以维护市场稳定为前提的。“君子羞言利”一直以来是中国商业经营思想的主旋律。而西方商业文明发展出的契约精神、商品思想、制度化管理思想等“外在超越”文化环境下的扩张型经营思想，在近代外商资本注入中国才有了长足发展。

三、外商经营思想的演变

（一）外商经营思想的结构化演变

近代以来，外国企业在中国的经营发展过程逐步影响了中国民众的生活方式、本土的商业环境以及商业结构，外商对华投资带来的变革既是结构方面的又是功能方面的。从结构来看，公司制度的引入是近代中国商业经营思想变迁的原点，这种以“委托–代理”为模板的经营方式移植到中国商业社会的初期略显水土不服。“官督商办”“官商合营”等形式的公司并没有完全脱离旧时的合伙经营的痕迹，权利与义务的不对等导致公司经营的监督、制约等方面出现风险敞口。随着民族资本的崛起，中国绅商阶层才得以逐步掌握

① 余英时：《儒家伦理与商人精神》，广西师范大学出版社，2004，第 18 页。

“公司”这一先进组织形式的运作要领。19世纪40年代到20世纪初，受外国商业资本的影响，中国市场结构、金融商业、贸易模式、航运往来均变化广泛且迅速。外国资本最早进入的领域是中国航运业和丝织业。随着外商对华投资的日益深化，中国商业市场也呈现出与以往不同的态势，市场上，从能源类产品到日常生活消费品大多充斥着外国商货，从工厂到银行，各领域无一不渗透着外国资本。这个时期在华建立分支机构的外资企业，无论是企业规模、市场调研、经营方略，还是与政治、社会以及消费者的关系处理方面，都体现出鲜明的现代企业特征，在商业活动中对中国社会的影响也前所未有。挖掘近代外资企业在华投资的经营过程，不仅有助于比较全面地还原外资企业对中国社会的普遍影响，也便于了解当时民族企业发展受外资企业影响的普遍状况，更有利于进一步深化对近现代企业发展的特性把控。

（二）外商经营思想的功能化演变

从功能方面来讲，外商最初来到中国，最看重的是庞大的市场容量，然而迥然不同的商业环境和完全陌生的商业伦理是外国商人对华投资的第一重障碍。如何克服语言、生活习惯、文化禁忌等方面的障碍，完成商业交流，成为外商在中国开埠后需要解决的首要难题。只有打破这种信息不对称的状态，外国商品才能顺利进入中国市场。买办阶层在需求端以分销商的角色出现在近代商业活动中，他们走街串巷，充分发挥“渠道疏通”的能力，最初以赚取佣金的方式将外国商品运送到社会最基层的民众手中。[①] 统一化的工业制成品、丰富的日常消费品逐步融入普通民众的生活中，配合广告宣传思想的指导，商业运作模式潜移默化影响了中国民众的生活方式。中国商业文明的近代化改造也随着普通消费品的大规模流通延伸到普通民众的生活方式中去了，香皂、煤油灯已经成为民众日常生活不可或缺的一部分，自来水、电灯极大提升了普通民众生活的便利性。随着外商在华的发展，外国工业品也逐步从日用品扩展到公共交通、服务领域，市场也由东南沿海深入中国内陆。存汇款的社会资源融通模式逐步走入寻常百姓家，石油能源产品的不断输入

---

① 郝延平：《十九世纪的中国买办：东西间桥梁》，李荣昌、沈祖炜、杜恂诚译，上海社会科学院出版社，1988，第37页。

让运输工具从人力变成公交，广告宣传使普通民众开阔了眼界。标准化的商品体系、统一的市场价格、无差异的服务质量逐步被大众接受并习惯。从经济生活方面来看，对于广大民众来说，丰富了生活资料，也改造了生活方式。

第三节　外商在华经营的制度障碍

近代中国长期闭关锁国的政策导致外国商人对传统中国社会缺乏必要了解，中国商人对西方商业文明也缺少认识。鸦片战争之后，《南京条约》签订，从旧时的“广州制度”到“五口通商”，外国商业制成品大规模流入中国市场。生活在口岸的中国民众成为最早接触和习惯现代化生活的群体并逐步成为新式城市居民。在商业模式方面，附股企业、分散化投资也逐步完善起来。在思想方面，中国政府对商业的态度也逐步从“轻商”“抑商”转变为“利商”“兴商”。外国资本的进入触发了一系列转变，推动和改造着经济社会近代化进程。在产品推广方面，外国在华企业（分行）的分销渠道基本建立，产品思想、渠道建设思想也伴随着外商对华投资的扩张进入中国商业思潮中。《马关条约》之后，商业经营步入工业化升级阶段，外资工厂纷纷在通商口岸建立。与此同时，中国出现的“利权外溢”、财政赤字等问题对传统商业经营模式也提出更高要求。社会各阶层爱国人士掀起实业救国的浪潮，李鸿章、张之洞等官员兴办企业，张謇、徐福等士绅阶层纷纷加入实业救国的队伍，唐廷枢、郑观应等绅商也拿出巨资转投民族资本产业①，一时间官督商办、民办企业如雨后春笋，纷纷在通商口岸地区建立起来②。可以说，商业的发展与国家命运此时已紧紧联系起来，家族式的中国传统商业结构逐步适应改造为入股合伙的责任制商业模式，种种这些商业环境的变迁可视为最初的近代化改造。公司制思想、制度化思想成为满足民族资本发展的诉求而被广大实业家认可接受。

在外国资本大举进入中国的过程中，除了广州原有的“行商”具备与外

---

① 马敏：《官商之间：社会剧变中的近代绅商》，天津人民出版社，1995，第6页。

② 郝延平：《中国近代商业革命》，陈潮、陈任译，上海人民出版社，1991，第38页。

商交易的经验，多数中国商人未经训练就草草上阵，形成了开埠以来最早的一批商业中介——买办。如果说买办制度是外商入华进行商业活动的偶然，那么将代理结构模式植入中国商业则是通过这一偶然机制实现利润最大化的必然要求。19 世纪 60 年代，为了更好地掌控市场，外商纷纷以代理商模式替代买办制度，使商业结构更趋同于西方委托代理制。不可否认，近代中国封建体制拖延了商业化改造，外来的经济力量迫使经济伦理在短时期内适应西方思潮，朝廷与民众信息的断裂也恰好为商业思潮的涌入提供了客观条件，由于传统与现代的脱节、中国与西方的差异，公共关系思想为外资顺利攫取利润提供了可能。外商通过本土关系网与西方管理等级体系相融合的方式，在中国市场配合着极力推行的制度建设思想，有效地控制在华企业的运作成本、营销战略和执行效率。① 外商在华投资建厂对中国传统社会的影响经过近半个世纪的打磨，已经逐步形成了一套适合中国国情的标准化商业范式。对内，制度化思想在华的传播发展使外资企业和华资企业在经营过程中更加高效，促进了公司治理、机构搭建、人才储备等模式的本土化改革，极大地挖掘了商业潜能；对外，公共关系思想的发展在渠道建设以及官员沟通，方面为外资在华顺利运营提供了便利。制度性法令的出台标志着近代中国商业模式走向成熟，商部的设立、商会的形成，以及民国时期颁布的新《公司法》，标志着近代中国商业社会文明在历史上的一大进步。② 近代后期，民族资本产业逐步兴起，民族资本家也不断涌现，在与西方商业资本的博弈中，中国近代商业伦理得以重新定义，企业竞争思想也由此催生。民族资本产业由从前的迷茫挨打，到后来可以掌握自己的命运，外商对华投资在客观上起到了带动作用。中国精英阶层已经逐渐总结出了面向世界的国际化行为准则。如果说第一代绅商属于创榛辟莽、脱胎转型的一代，那民国成立之后的工业资本一代已成为名副其实的实业家了。③ 对近代中国市场融入国际资本市场有着深

---

① 高家龙：《大公司与关系网——中国境内的西方、日本和华商大企业》，程麟荪译，上海社会科学院出版社，2002，第 47 页。

② 马寅初：《新公司法和官僚资本——在中央大学学生自治会上的讲演》，载《马寅初全集》，浙江人民出版社，1999，第 27 页。

③ 马敏：《官商之间：社会剧变中的近代绅商》，天津人民出版社，1995，第 4 页。

远意义还有传播思想。外国资本对中国近代社会的影响，无论是商业社会的行为准则、商业伦理，还是对中国民众消费习惯的改造，都是基于复杂的民族习惯、悠久的历史遗风。近代中国商业伦理有了较为明显的调整和变化，有外国资本对中国近代商业伦理的影响，也有外国资本进入中国之后的自身本土化改造。近代外资入华对于中国近代化改造有着推动作用，同时对中国近代商业变迁也起到相当大的作用。

第四节　外商在华发展的利益驱动

近代以前，中国社会已经出现以“堂会”或“公司”为名的经济组织，不同于一般的外国企业，它们不完全以经济利益为诉求，也并不体现现代企业制度和经营管理特征。它们要么属于社会性质的“堂会”，从事与经济活动无关的组织行为；要么是合伙性质的“公司”，如贸易“公司”、华侨“公司”等，从事与经济相关的活动但是缺少现代企业的组织构架和治理结构；要么是介于两者之间的混合型“公司”。[①] 直至鸦片战争之后，真正意义上的企业才效仿西方国家的模型在中华大地上生根发芽。“大分流”后，西方资本主义国家面临着大规模的生产过剩，必须寻求未开发市场来消化掉它们疯狂资本积累背后的大量商品囤积。但是，以非现代化工业经济为基础的旧时中国社会，在生产力水平相对落后的条件下无法满足西方资本主义国家的这一诉求。在中国，以小农经济和家庭手工业为主导的社会经济结构经年稳固，而西方国家的现代产业仍旧处于缓慢成长阶段，它们的经济力量还不足以在短时间内完全打开中国市场。[②] 清政府的干预加上小农经济的自然反抗，使得资本主义国家不得不转变对华策略，把对中国的贸易输出战略随即转变成更加直接的资本输出，掀开了外商在华建厂的序幕。

资本向来具备逐利性[③]，《马关条约》签订后，外国商业资本财团被允许在通商口岸建行设厂，庞大的市场需求带来的巨额利润，以及土地投资收益

① 张忠民：《艰难的变迁：近代中国公司制度研究》，上海社会科学院出版社，2002，第 53 页。
② 汪敬虞：《十九世纪西方资本主义对中国的经济侵略》，人民出版社，1983，第 46 页。
③ 马克思：《资本论》第一卷，人民出版社，2004，第 116 页。

率在19世纪的不断下跌，使得贸易利润率远远大于土地所得利润。[①] 利润率不断提升的同时，人口数量也在不断增长，专门化的现代工业模式引导过剩劳动力流入商业系统。[②] 在内外因共同刺激下，外国在华投资额也逐年攀高，主要资本主义国家争先恐后在华设立分支机构，企图垄断市场。外国企业进入中国以后，其组织机构和管理理念势必与中国市场中的乡土、家族观念以及行业组织、习惯等传统发生碰撞，为了使中国民众更快地适应西方的组织机构、经营管理、原料和生产等要求，现代化的人力管理思想为均衡中国员工与外国投资者的利益分配，提高劳动生产率等方面提供了指导。旧时中国由“拿摩温”[③] 招募劳动力供给工厂劳动所需，这种间接方式存在着劳动者收入剥削、劳动技能短缺、滋生贿金等弊病。外国公司管理等级体系的确立，完成了劳动力供给体系的模式化改造，劳资双方选择成本大幅下降，同时公司对员工的直接控制权上移，劳动力选择权从“乡党”固化模式中解脱出来。受外国人力资源管理思想的影响，公司得以直接培养工人所需的技能，同时及时获得工人反馈变得可能，此种方式也为后期中国民族企业发展提供了借鉴。

与此同时，清政府“诸法合体，民刑不分”的律例框架，缺乏对企业设立的规定，客观上给外商利用漏洞在华建厂提供了机会。得益于此，鸦片战争前后通商口岸附近出现了中国最早的企业，它们是由外商开办和经营并在中国境内设立分支机构的私人公司或称封闭公司，也是最早的可以被效仿的企业的雏形，如英国的怡和商行（Jardine Matheson & Co.）和美国的旗昌商行（Russel & Co.）。[④] 但是，这些企业往往有失正规，它们多数通过在母国或在香港注册来达到合法的目的，并且实行与母国一致的有限责任的经营办法。与其母国公司不同的是，为了经营模式的简化、治理结构的单一，这些企业往往将经理人和投资人合而为一；更有甚者，有些企业既没有完成注册也没有领取营业执照就已经在华开展业务，甚至还发展出可观的规模，旗昌轮船

① 张仲礼：《中国绅士的收入》，费成康、王寅通译，上海社会科学院出版社，2001，第66页。

② 何炳棣：《1368—1953中国人口研究》，上海古籍出版社，1989，第32页。

③ 拿摩温，是number one的旧时音译，现译为“工头”。

④ 张忠民：《艰难的变迁：近代中国公司制度研究》，上海社会科学院出版社，2002，第103页。

公司就是这样。[①] 虽然有不少学者质疑旗昌轮船公司的合法性，但不可否认，它将“股份公司”和股票募集资金的形式带到了中国人面前，也将与传统经济截然不同的新会计制度带入企业的经营管理中。[②] 这不仅使中国人认识了社会募集资金的优势，还在一定程度上改变了中国人经营建厂对资金来源的传统的习惯性的思考。

显而易见，外商的成功得益于中国本土的资金支持。五口通商初期，大部分外商均面临资金短缺的困难，它们得到母国公司的支持少之又少[③]，另一方面，在华投资建厂的规模和内容无不受到清政府的干预和民间自然经济的排挤[④]，这就为“华人附股”模式的进行提供了有力支持。需要指出的是，此时这些外商表面上将一部分经济权利交回到了中国人手中，实际上却把持着企业的全部控制权，私下里继续对中国经济进行掠夺。但是，不可否认的是，这让中国本土商人首次近距离接触到了相对规范的企业制度和经营管理办法，也让第一批中国本土实业家有了学习实践的机会。可以看出，真正将外商的企业制度和财产管理办法引入国内的，不是看起来裹挟着更高级生产力的外国资本，而是处于相对弱势却渴望进步的国内资本。在此阶段，这种混合着中西股份的组织形式虽然缺少规范的企业章程，但依照外商在华建立公司的一贯办法，治理结构也算是相对完备，不仅有董事会、股东会、职业经理等重要设置，还在内部管理、会计制度以及收益分配上逐步走向成熟。也正是这部分华商通过持股外资的形式实践了外来商业制度，使接下来本土企业的顺利开展有了前提保障，也在历史变革的后期为买办资本乃至民族资本的发展提供了技术层面的支撑。[⑤] 随着华人附股的推进，越来越多的华商掌握了企业运行的基本办法，他们越来越多地想要自己开张办厂，但在复杂的社会环境下却举步维艰，这迫使中国近代民族企业不得不走一条相对迂回的道路。

---

① 张忠民：《艰难的变迁：近代中国公司制度研究》，上海社会科学院出版社，2002，第 102 页。

② 刘广京：《英美航运势力在华的竞争（1862—1874）》，上海社会科学院出版社，1988，第 8 页。

③ 张忠民：《艰难的变迁：近代中国公司制度研究》，上海社会科学院出版社，2002，第 119 页。

④《马克思恩格斯全集》第十二卷，人民出版社，1963；《马克思恩格斯全集》第二十五卷，人民出版社，2001，第 175、584 页。

⑤ 汪敬虞：《十九世纪西方资本主义对中国的经济侵略》，人民出版社，1983，第 83 页。

第三章　近代外商在华之经营销售思想

第一节 外商在华经营之产品建设思想

近代中国的早期，并不存在严格意义上“商品”的概念，但仅对于产品而言，其数量、规模和流通范围都较之古代有了突破性的发展。从产品过渡到商品自发的生产、分配、交换、消费，本应是推动中国经济发展的内在动力，却因为中国资本主义萌芽受到政府和传统文化的限制而发展缓慢。在内在发展动力不足的情况下，外国商业文化的强力进入成为推动中国资本升级的主要动力，而借助外力进行社会形态升级的代价便是中国被卷入了半殖民地半封建社会的深渊。[①] 鸦片战争以后，小商品生产者与区域内消费者的格局，亦即交换局限在狭小的范围内，逐步被打破，尤其是在通商口岸地区，外国商业“资本家-买办-消费者”的新式格局开始建立并迅速站稳脚跟。在这一消费系统逐步成熟的过程中，外国商业资本带来的大规模生产时刻要求着本土市场的升级，表现为产品的市场化和区域间屏障被逐步打破。随之而来的产品流通要求、商品附加值等商业思维在中国产品市场中迅速蔓延，也带来了中国商品市场的建立和迅速扩张。[②]

一、产品分层化思想

从历史发展的必然规律来看，外商进入中国市场的步骤具有前瞻性和规划性。早在鸦片战争前，外商已经通过港脚商人[③]对华走私鸦片，以非正规渠道对中国内地商业市场摸底。广州十三行作为中外贸易唯一的几个合法通商点之一，并不能满足西方大规模商业往来的需求。在外来商品的冲击与带有保护主义的闭关锁国政策的双重作用下，商品互通在当时已成为外国贸易的客观要求，同时也成为中国民众对外来产品的强烈需求。鸦片战争中国战败，被迫打开国门，国家主权和外交话语权都遭受到前所未有的挑战。《马关条

---

① 汪戎：《论近代中国的商品运动》，《思想战线》1985 年第 3 期。

② 吴承明：《我国半殖民地半封建的国内市场》，《历史研究》1984 年第 2 期。

③ 港脚商人，英文为 country merchant，指在广州贸易时期与英国和印度从事商业交易活动的散商。

约》和《望厦条约》的签订使得外国资本逐步进入中国市场。从“广州十三行”贸易到“五口通商”再到“百口通商”，外国商业活动由最初的消费品出口转变为在华设厂经营。中国市场也在不知不觉中从产品消化腹地升级为产销一体式商业圈。逐渐地，外国资本对中国的经济掠夺不再只是商业利润的差额，中国成为外国商品的经济腹地，也同时成为外来商品的原材料产地。但“中国生产、中国经销”这一模式在很长一段时间里都没能引起国人的重视。“致财之源，生财之大，舍此开禁一法，更无良图”①，认为外国商品可以带来国家财政收入，殊不知“先民有言，防微杜渐，涓涓不息，将成江河……”②。外国商业在中国的经营运作是有步骤的，无论是当时的社会客观条件所致，还是外国商业财团的谋划所致，在中国形成的商业布局和商业形态无不昭示着近代外商的成功“战绩”。

（一）产品入华的渐次顺序

从外国商业活动的时间顺序来看，最早进驻中国的是船舶航运业。早在鸦片战争以前，外国企业就凭借船舶制造优势包揽了中国海上航运业，来往于香港与各欧洲口岸之间。“帝国主义是其经济侵略最重要之工具，厥为交通机关之获得，而航运则为交通机关之主要者。”③ 帝国主义的入侵与航运业有着极为密切的关系，因此对于弱国之航权，必威逼其政府以获取商业流通的主宰权。外商一方面需要借助航运的力量将本国的大量商品输送至中国，另一方面也看到了支配商品流转在商品销售上的巨大便利，随后通过《南京条约》《天津条约》《烟台条约》《马关条约》的签订先后攫取了我国沿海、沿江、内河的航运主权，为之后外国商品在华倾销铺平了道路。外商在航运业的最初发展中，“他们开始以各种形式的补助金去刺激本国商船的创造。他们有时采取造船补助金的形式，或按比例对其航运里数而给予补助金，或政府直接对航运业进行补助”④。可以看到，外国企业为了扩张航路运输上的优势，

① 慕天颜：《请开海禁疏》，《皇朝经世文编》卷二六。

② 蓝鼎元：《粤彝论》，载《鹿洲全集》，厦门大学出版社，1995。

③ 蔡可成：《航运之发展与航权收回之必要》，《交通杂志》1933 年第 1 卷第 5 期。

④ 聂宝璋、朱荫贵：《中国近代航运史资料（1895—1927）》第二辑，中国社会科学出版社，2002，第 26 页。

对当时的外国商船提供相应的补助金以此来刺激其在华通航。

借助于航运业在中国的扩张式发展，外国工业产成品在五口通商一开埠就迅速涌入中国市场。开埠伊始，外国资本家对中国市场容量和中国市民消费习惯尚不熟悉，按以往的经验，认为出口石英钟、钢琴这些利润附加值最大的产品必然能获取巨额利润，梦想着以“巧夺化之巧，足以广闻见之精”①的西洋商品倾销中国。然而，呢绒、羽毛织品、钟表、玻璃、燕窝等商品输入②并没有想象的那么顺利，中国民众没有像西方资本家想象的那么富有，原先以进贡方式出口给中国的奢侈品也并非普通民众的消费水平所能负担。开埠初期贸易额并没有大幅度增加，一方面是民族主义情绪起作用，另一方面也是由于输入的外国商品与中国民众消费能力的不匹配所造成。调整产品布局后，外国棉纱、棉布、肥皂、香烟等家庭常用商品逐步占据中国市场，其实用、耐用、方便等属性获得了中国市民的争相追捧，并逐步对中国产品造成挤出效应。例如，物美价廉的外国棉纱对当时中国本土制纱产业造成了巨大冲击。

当然，后来中国本土企业逐渐认识到差距，便开始从国外进口缫丝机、织布机提升自身生产技术，与外国产品竞争，一时间“西洋之长技，尽成中国之长技”③。这恰如钟天伟所指出的，“诚以机器纺织羊毛，则毡罽不能入口矣；以机器纺织麻枲，则羽纱不能畅销矣；精化学则肥皂、香水、品靛、洋烛不难制也；明格致则强水、橡皮、火油、水泥无不得法也；勤种植则葡萄、酿酒、萝卜、制糖、雪茄、卷烟、加非代茶均可蕃植也；善畜牧则牛羊、乳酥、龙虾、黄鲔莫非洋人之食料也；精工作则洋针、洋伞、织带、旗边足堵洋货之喧夺也”④。王韬也说，“今诚能通商于泰西各国，自握其利权……收西商之利，而复为我所有，而中国日见其富矣”⑤。在随后的商品发展中，中国生产的“洋货”也逐步扩大，并表现出与外国商品争利的趋势。

---

① 容闳：《西学东渐记》，岳麓书社，1985，第111页。
② 管同：《因寄轩文集》卷二，管同死于道光十一年。
③ 魏源：《道光洋艘征抚记上》，载中华书局编辑部《魏源集》上册，中华书局，1983。
④ 钟天纬：《挽回中国工商生计利权论（二）》，载《钥足集·外篇》。
⑤ 王韬：《弢园文景外编》卷一〇，《代上广州府冯太守书》。

随着外国商品的大肆流通和外国工业制度的不断渗透，工商服务业配套设施建设也逐步丰富起来。《马关条约》签订后，外国资本被允许在华投资设厂，外商投资模式也得以升级。公共设施建设在通商口岸地区率先出现，法资自来水公司、英资自来火公司纷纷建立起来，“地火皆由铁管通至马路，于是各戏馆及酒楼、茶肆俱可接点。其灯每盏有玻罩，或倒悬，或直竖，或向壁上横穿，各随其便。人行其间，真如入不夜城也”①，民众生活水平大幅度提升。不仅如此，公共交通事业也有快速发展，公共交通工具在通商口岸地区普及，中国民众出行便利程度得以大幅改善。近代以前，中国处于典型的“步行城市”时代，城市空间和人口规模比较小，交通运输主要靠人力和畜力，人们出行除了步行以外，主要靠轿子、骡马、舟楫等。随着中国城市社会的发展和转型，以上海为代表的通商口岸陆续开埠，人口数量不断激增，城市覆盖面积也逐步扩大。②

此外，最早进入中国市场的航运业为外国商品提供了销售渠道的便利，而后在消费品在华扩张的几年里，为了配合商品活动和工业部门的发展，金融业也逐渐从最初的洋行业务中独立出来，形成了押汇、贷款、投资等一系列活动的集合体。起初外国银行经营的业务包括“自身买卖汇票和充当供求双方汇票买卖经济人”③，后来拓展到贴现、押汇等融资业务活动④。在各方因素的推动下，近代时期的外商银行业务不仅包括了普通民众的存取款业务，“西国钞票为便民者，则以有一万之银，始发一万之票，无丝毫折扣也”，还扩展到发行货币、代理关税等业务，“外国现银均存诸银行为根柢，而出钞票以为凭券，省汇兑之烦，则其利皆归国”⑤。中国近代的服务业就是这样伴随着商品经济的发展一点点发展壮大起来的。从商品自国外进入国内的先后顺序和市民的消费偏好看，似乎“先服务、后实体、再服务”的方式在中国非常奏效。短短几十年里，外国商业文化从通商口岸地区扩张到中国内地，在

① 周武、吴桂龙：《上海通史·晚清社会》，上海人民出版社，1999，第167页。

② 邹依：《旧上海人口变迁研究》，上海人民出版社，1980，第15页。

③ 汪敬虞：《外国资本在近代中国的金融活动》，人民出版社，1999，第17页。

④ 《一九一八麦加利银行营业成绩》，《银行周报》1919年9月16日第3版。

⑤ 钟天纬：《中国铁路如何取道为便论》，载《刖足集·外篇》。

广度和深度上均有了质的突破。

（二）产品销售的层次划分

以外国商品在华销售的层次来看，外商已将诸多现代企业经营手段应用其中。当然，这种策略在不正当竞争的市场环境下，尤其是近代外商在华经销的几十年里，有很强的经济掠夺色彩。西洋舶来商品在进入中国之初就涂上了资本主义强势掠夺的底色，从鸦片战争前的鸦片贸易到甲午战争后的资本侵入，都不能否认以政治手段获取经济垄断地位的事实。19 世纪末，《马关条约》的签订允许外商在华建立自己的厂房，由此搭建起外资与华资在无差异的商业环境中"公平"竞争的平台。为了加速对中国经济的掠夺，外国企业将库存商品划分为多个层次，并通过包装、质量、价格、销售地点的不同将商品层次逐个区分开来，制定出一套属于商品环境下的阶层划分。英美烟公司的在华销售就是典型。上海美商茂生洋行（American Trading Co.）的小美女牌卷烟是香烟输入我国的开始，不久后三炮台、绞盘牌、蜜露牌三种香烟相继输入我国，而这些香烟的最初消费者是外国人，中国人购买者甚少。① 上海美商老晋隆（Mustard & Co.）则是最早将英美烟公司推广到中国消费市场中去的。很快地，为了满足中国市场的需求，红锡包、仙女牌、双马牌、第一牌等进口香烟纷纷进入中国市场。不同层次的商品同时被打入中国市场后，迅速地满足了同一时期不同人群的不同需求，填补了每一社会阶层对不同商品的需要，也迎合了传统阶层间界限划分的心理需要。在这个过程中，外商产品网也逐步扩张，在适应本地文化的同时满足各方需求。例如，在俱乐部夜总会销售的哈德门香烟，即使没有优惠折扣，消费者也会如数买单。在剧场电影院门口销售得最多的香烟是五支装的称人牌、鲨鱼牌香烟，既满足了剧场内少抽烟的良好"公民形象"，又满足了烟民们的不时之需。而在码头货栈蹲点叫卖的红锡包也同样有其固定的客源，针对货运工人而设计的香烟虽然比传统水烟和土烟价格略高，但是便携性是土烟没法比拟的。② 外

---

① 赵晋卿：《英美烟公司与中国卷烟市场》，载全国政协文史委员会编《文史资料存稿选编（经济）》（下），中国文史出版社，2002，第 57 页。

② 上海社会科学院经济研究所编：《英美烟公司在华企业资料汇编》，中华书局，1983，第 428 页。

国商品不单在不同收入层次人群市场加以区分，在不同区域布局上也下足了功夫，英美烟公司为了扩大市场，从而扩充自己的生产线，1914 年在东北市场推出白刀牌香烟，1915 年在广州推出大头针牌和大山牌香烟。① 英美烟公司在各地都有着较好的销售业绩，各种分支小品牌烟的出现为市场占有率提升贡献不小。产品布局、商品分层的思想对中国传统经营单一商品的小企业具有极大的借鉴意义。

二、产品市场化思想

我国是传统农业国家，外商在华经营影响最为显著的也是本土农业产品。外国商品先天就带有市场化属性，统一的质量、鲜明的商标和整齐的包装，然而外国企业在华经营销售过程中也免不了与中国本土产品打交道，如何将中国本土商品纳入商业体系中，成为外商想要持续在华经商必须解决的问题。

鸦片战争之后通商口岸的设立，近代交通运输工具、通信设施的普及，近代工业在华发展和城市化水平提升等一系列因素，促进了国内商业的迅速发展，农产品的商品化也有了很大提高，农产品的收购市场显得尤为兴盛。然而农产品具有季节性、分散性等特性，这就在产销之间出现了许多时间和空间上的不可控因素，使得农商关系在利益分配上倾斜严重。因此，在农产品的收购流通领域中，商人是强势群体，农民是弱势群体。在近代历史条件下，外国商人集体的介入使这种状况变得异常复杂，为了获取本土原材料，降低生产成本，大批农产品生产者也卷入了这场商业战争中。而原材料的收购市场最早成为推动中国农产品商业化的契机。

（一）产品商业化思想

外国商业团体对中国大规模销售产品的同时，也必将大规模从中国本土收购能源、盐、烟叶等农副产品资源，作为其工业生产的原料。出于工业品的标准化要求，抑或本土农产品的出口创收愿望，中国农产品的市场化、商品化发展在当时可谓迫在眉睫，加之资本利益驱动，本土农产品自然而然地

① 中国科学院上海经济研究所、上海社会科学院经济研究所编：《南洋兄弟烟草公司史料》，上海人民出版社，1958，第 440 页。

走上了商业化、一体化路径。

在商业全球化的刺激下，中国农村中本来在本地区内流通的农产品，开始向通商口岸流动，甚至是向国外输出，且输出的精细程度和数量也不断增加，促进了农产品的商品化程度的提高。在外国产品升级的带动下，华北等地甚至出现了经济作物专业化产区，而这些产品大多供给外国企业作为原材料，在国际标准的要求下，我国农产品无论是质还是量，都有很大幅度的提高。“盖西国于商民，皆官为之调剂翼助，故其利薄而用无不足。我皆听商民之自为，而时且遏抑剥损之，故上下交失其利。今一反其道而行之，务使利权归我，而国不强民不富者，未之有也”①，可以看到，产品市场化促进商品流通自由化，在市场的自行调配下，民间商业网络活跃起来，民众也在此期间富裕起来。

20 世纪初，我国农产品商品化的发展很快，不但品种大量增加，而且产量也大幅度增长。除了传统的丝、茶以外，豆类、棉花、烟草、猪鬃等农产品也迅速发展起来。1894 年到 1919 年这 25 年间，我国各大农产品产量大增，其中大豆从 1 989. 4 万担增加到 5 738. 5 万担，棉花从 340. 8 万担增加到 790 万担，粮食从 372. 5 亿斤增加到 526. 8 亿斤。各农产品平均增长量均为两倍左右。② 农产品的大规模增加，反映了中国农业对外国企业的原材料需求的满足，也在一定程度上促成了中国农产品商品化的发展趋势，地处偏远的村户式生产快速纳入商品流通领域，成为国内市场中主要流通的场所之一，也使农产品更广泛地在市场上流通。

毋庸置疑，经济作物的商品化在近代中国是最早影响到农村自然经济市场的触角，而随着西方商业资本对华的渗透，受到影响的农产品也不光局限于经济作物，传统粮食作物也受到波及。一方面，经济作物专业产区的农民为了追求较高的效益，放弃了粮食作物的种植，其日常所需的粮食也由自己生产转而从外地进口。20 世纪 30 年代山东省海阳县为了种植花生大面积的土地放弃了原本种植的小麦，在一份县志中就有“本县所产粮食每不敷用，历

① 王韬：《弢园尺牍》卷七《代上苏抚李宫保书》，朝华出版社，2017，第 48 页。

② 吴承明：《中国资本主义的发展述略》，载中华书局编辑部编《中华学术论文集》，中华书局，1981，第 313 页。

年均仰给于东北及邻县之输入”①。另一方面，农民迫于粮食作物的产出不足也主动尝试粮食细耕作细加工，农民为了维持生活不得不进行的“粜精籴粗”越来越普遍和频繁，这就促使小米、小麦、高粱等农产品的产量、商品率在不同程度上有所提高。直隶省平乡、高邑、正定、盐山等地在提高了粮食作物商品化之后都有一定数量的商品粮投入市场。可以看到，本土产品的商业化转型并非仅仅是西方强加给中国社会的商业包袱，刺激了本土消费市场后由内生传导出来的对产品商品化本身的需求也在本土生产部门中迅速显现出来了。

洋务派理论的奠基人冯桂凤在看到外国商业化优越性后，提出作为农业大国的中国也要利用商业化模式增加国家财富。“然由今日观之，则茶桑又并为富国之大原也”是对我国传统农业大国地位的认同，“庶而求富，莫若推广稻田”②，也是对利用外商文化求富路径的探索。可以看出，晚清有识之士已经认识到农产品商业化的必要性，是增加国家财富的手段。这种观点在晚清得到了普遍的认同。

王韬在《臆谈》中提出的“开财之端”就论述了农业对国家富强的重要性，“皆非尚西法不为功”，虽然对农本思想没有做出针对性的分析，但是可以看出他对借助外国商业文化繁荣中国经济的态度是肯定的。陶煦在《租核》一书中明确提出了“培本”的观点，他认为学习西方，建造铁路等先进工具是当务之急，然而此“非本所在”，然而“本何在？曰：在农。试言之，农有余财，则日用服物之所资，人人趋于市集，而市集之工贾利也。市集有余财，则输转于都会，而都会之工贾利也”。薛福成则从另外一个角度论述了商业化对中国农业发展的重要性，他提出“仓廪不实，不知礼节，衣食不足，不知荣辱，自然之势也”，以中国传统思想支持农业的商业化“使地无闲旷，则产之者日益丰，而其价日益廉，即出口之货日益多，不特于税务有裨，亦为民兴利之一大端也”③。薛福成认为，农业商业化可以解决农产品产量问题，从而扩大国家财富，通过这一手段可以使国家日益富强。

① 许檀：《明清时期山东商品经济的发展》，中央民族大学出版社，2000，第25页。
② 龚自珍：《龚自珍全集》，上海人民出版社，1975，第7页。
③ 薛福成：《筹洋刍议》，朝华出版社，2017，第32页。

发展经济作物的生产也是发展对外通商的需要，这是中国农业发展的另一个作用。郑观应提出：“宜令地方官，广劝农民于山谷闲地种桑、茶，勤加经理。其缫丝、制茶之法，尤须刻意推求，如有胜于寻常者，优加奖赏。务使野无旷土农不失时，则出数愈多其价可减酌为销售，用广招徕，将不特国课可增，而民财亦可阜矣！况中国东南各省多种棉花，西北广牧牲畜，若用机器以制造洋布、羽毛、呢绒等物，则一夫可抵百夫之力，又省往返运费，其价较外洋倍贱而获利倍丰。”甲午战争前他提出了“决胜于商战”① 的口号。晚清有识之士从不同角度对农产品商业化进行了论述，究其根源也是寻求民族昌盛、国家富强的路径。而外国企业在华经营带入的一系列商业化思想也激发了中国人的进一步思考。

外国企业在中国的商业运营，确实有对中国商业市场的掠夺，在商品倾销中获取利益的一面，然而在经济利益的刺激下，我国农产品的产业结构为了适应商业的发展也做出了调整，客观地推动了我国农产品市场的近代化转型。

（二）商品流通思想

外国企业入华以后非常重视原材料的采购，这就对商品流通提出了要求，商品流通对商业发展的重要性毋庸置疑，早在近代初期，我国改革者就有“混全国为一经济单位”② 的构想，无奈我国商业并无力自发实现。外国资本逐步进入中国，纷纷设立厂房，商品流通才逐步得以发展。作为传统农业国家，农产品成为近代商品流通的主要货物，交易双方是中国农户和外国企业，而并非中国商人和外国企业。究其原因也不难理解，一方面是因为最初来华的外国企业，有相当部分与农产品有极其密切的关系，缫丝业、纺织业、烟草业等都是近代外国资本在华投资的重资产领域；另一方面，外国企业大规模生产对原材料的需求很大，并非国内作坊可比，因此也成为近代商品流通的重要推动力。在外商的带动下，民族企业在这些领域也开始了早期的涉足，虽然民族企业在当时的生产规模无法和外国工商企业相抗衡，但是在彼此斡

① 郑观应：《盛世危言·商战上》，载夏东元编《郑观应集》，上海人民出版社，1982，第8页。

② 廖仲恺：《中国实业的现状及产业落后的原因》，载广东省社会科学院历史研究所编《廖仲恺集》，中华书局，2011，第47页。

旋寻求市场机遇的较量中，中国本土农产品的流通业却无心插柳地逐步发展起来。1902 年，英美烟公司开始在华设置产销机构，试图减少原材料海外运输成本，在收购烟叶的同时也改造着产销地的商品流通网络，英美烟公司在辖下的几大原材料基地推广种植美种烟叶。到 1935 年前后，仅英美烟公司收购的烟叶就占了生产总量的 60%。① 由于烟草种植成本高，农民出售烟草时对重量、等级、价格和付款手续一无所知，无法使他们的产品得到公道的价格。② 在前期农产品与外国企业的绑定阶段，企业具有更强的议价权，剥削中国农民是在所难免的。与此同时，随着生产基地的建立，外国企业造就出一个可以供给本土企业发展的原材料产地，在商业思维的渗透驱使下，后期农户也逐步认识到具备价格优势的好处。从另一个角度看，农产品流通渠道的扩张对本土工商业有促进作用。也有学者认为，大面积的垄断烟草业对当地农民的产销收入有一定的帮助，英美烟公司在华收购烟草的前几年正逢自然灾害，与其他农作物产销收益比较，英美烟公司辖下的烟草种植农民获得的收益更高。③ 农民收益好坏暂且不论，客观事实是可以看到英美烟公司的原材料产品布局已经扩展到中国内陆，它将产和销有机地结合起来，自己则从单纯的卖方蜕变出来，成为外商在华掠夺的平台搭建者，疏通流通渠道，用中国的材料赚中国的钱。

自给自足的传统农业向商品市场化的现代农业转型，成为发展近代经济的客观要求，在纳入国际金融资本体系的过程中，市场经济机制加速了自然农业产成品体系的分解，传统农产品向往更高层次、更细化的深度加工。也正是外国资本对中国的商业思维渗透和本土市场的积极探求，在清末实行新政时期，商品性农业的发展出现了向带有资本主义农场企业色彩的新式农垦殖公司转变的趋势，这些农垦殖公司引进西方先进农业机械从事生产，并传播了先进的农业生产技术，为外国商品前端加工提供原材料，俨然推动了中国近代农业产品的规范化、标准化，这对整个社会经济的发

① 李景文：《桐油买办义瑞行的经营始末》，载中国人民政治协商会议全国委员会文史资料研究委员会编《文史资料选辑》第二十五辑，文史资料出版社，1962，第 7 页。

② 陈翰笙：《产业资本与中国农民》，上海别发洋行，1939，第 39 页。

③ 马若孟：《中国农民经济》，江苏人民出版社，2002，第 62 页。

展产生了一定的积极作用。①

三、产品品牌化思想

品牌的概念在世界历史上源远流长。“品牌”一词，最早是用来区分不同生产者的代号，源于古斯堪的纳维亚语 brand，意为打上烙印，最早的运用是在牲畜身上留下的代表所有者的标志。② 远古时期，工匠们就在自己所制作的器皿上留下标记，以示创作权。随着生产力的发展，市场上商品交换日益频繁，人们开始用文字或图形标记特定的商品，用来加深顾客对某些产品的印象。第一次工业革命后，商品数量和种类都有了空前的规模，产品的特定识别有了更高的要求。不同生产厂商生产的产品质量差距巨大，生产优质商品的商家也脱颖而出，受到大家青睐。因此，把独特的标志附加到商品包装上，成为顾客和商家共同维护、监督产品质量的一种手段，也在西方商业文化中沉淀下来，成为商品最不可或缺的标志。

（一）中西品牌思想的异同

品牌是商品的最直接象征。研究近代外商在华经营活动不能不谈及商品的这一最基本特质。15 世纪中叶，德国人古登堡（Gutenberg）发明了金属活字印刷术，虽然我国也有更早的印刷技术产生，但是用于商标领域的这才是首次。这一技术进步为商标的同一性提供了基本保证。之后的几百年时间里，品牌形象逐步在欧洲各国建立起来，其中，发展最为顺利的英国在 1666 年的《伦敦报》开设了广告专栏，大众媒体的引入为品牌形象的建立提供了传播途径，民众才开始真正注意到品牌传播这件事情。③ 18 世纪中期，品牌设计和广告水平有了新的提高。在欧洲，一批广告画家时常在各周刊上刊登各种广告插图作品。这一时期，广告文案设计有了很大提升。广告呈现出欣欣向荣的景象，广告代理行业也因此成为大众媒体业的一大分支。英国作为最早完成工业革命的国家，商业经营活动的经历成为最早向外扩散的文化形式，随着 19 世纪末美国的崛起，这股势头也最终影响了美国的商业经营活动，助力

① 严亚明：《晚清企业制度思想与实践的历史考察》，博士学位论文，华中师范大学，2003。
② 孙大刚、周丽婷、刘付：《品牌形象设计》，山东教育出版社，2012，第 1 页。
③ 陈培爱：《中外广告史：站在当代视角的全面回顾》，中国物价出版社，2001，第 207 页。

其成为最繁忙的经济中心。同时期，发展得如火如荼的西方商品品牌文化也借助于鸦片战争后五口通商的机会，进入了中国市场。

中国的品牌发展不及西方成熟度高，但是我国的品牌产生的历史更为悠久。早在公元8世纪，有一种叫作“水印暗纹”的标记就已经在民间生产的纸张中大量使用。[①] 随着经济发展水平的提高，这一技巧在行业作坊、商铺等普遍使用。行业内竞争日益激烈，这就使水印条纹的复杂程度越来越高，也逐步开始将商品名称、商号名称做成水印拓在包装纸上，和西方品牌出现的目的一样，也是为了与其他家商品相区别。到了宋代，山东济南一针铺，制作出了与近代品牌识别度相当的标志，它以白兔标记刻做模板，方便大量印刷，并在商铺前台标记“认门前白兔为记”。每张商标下方还有一段广告文字：“收买上等钢铁，造功夫细针。不误宅院使用，转卖兴贩，别有加饶，谓记白。”[②] 在一个较小标记内包括了店铺名称、经营范围、商品质量等说明，极具标识效果。可以看出，中国早期也出现过类似于近代西方的产品品牌，同样也担负了品牌的使命。明代之后，标记特定产品的思想越来越成熟，产品品牌也多以店名商号为象征，但是多为口口相传的店铺名号，注重商铺的口碑好坏，并没有将品牌与商品的联系靠挂起来。这在《如梦录·街市纪》中可见一斑。[③]

（二）西方品牌思想的引入

西方的商品进入了我国市场后，除了一些老字号商铺可以苦苦维持外，与外国商品存在竞争的行业品牌基本被清盘。但该过程却不是一蹴而就的，体现出中国民众对外国商品态度上的转变：由开始的排斥、拒绝逐渐转变为接受和喜爱。西方品牌及其观念意识进入中国后，与工业产品的大规模倾销相辅相成，同步发展。

1. 外国品牌观念在中国的建立

甲午战争之后，一系列不平等条约的签署，或直接或间接地规定了列强在中国拥有的特权。借助于此，外国公司逐渐控制了中国的贸易活动。中国

① 陈培爱：《中外广告史：站在当代视角的全面回顾》，中国物价出版社，2001，第207页。
② 蔡贱、王爱民：《中华人文知识全书》，海湖出版社，2012，第54页。
③ 孔宪易校注：《如梦录》，中州古籍出版社，1984，第34页。

的自然经济解体后，外国商品开始大规模地流入中国，先是在通商口岸迅速蔓延，之后逐步渗透到内陆地区。迅速地，棉纱、棉布、鸦片和煤油成为近代中国进口的四大商品，而各种消费品如药品、烟酒、针线、火柴、肥皂也以润物细无声的方式渗透和影响着中国民众的生活。以自行车为例，这是中国此前没有的商品，这种舶来品一到中国就带有浓厚的商品品牌特性，从1910年的“赛儿比”，1920年的“捷克”“三枪”，到后来的“飞马”“老虎”品牌，大街小巷很轻易地就能看到它们。甚至谁家买了什么品牌的自行车都成为茶余饭后的谈资，而中国本土企业根本无法涉足。

外国企业在中国开展商业活动推销本国工业品，起初就具备垄断地位。这些企业品牌鲜明，强势进入市场的同时就搭建起了品牌与产品的联系，让民众迅速记住品牌的同时了解了产品的特征。第一次世界大战期间，美孚石油、法国液化气公司、英美烟公司都具有极其鲜明的品牌形象。在登陆中国市场的很短一段时期内，就以口碑相传的产品质量和先进的销售管理体系迅速占领了中国市场。而中国的老字号企业，口碑声望多与店铺老东家挂钩，分店数量要控制在一定范围内，以免商品质量得不到保证。具备先进大规模生产力的外国商品则无此种担忧，细化的分工制度使产品质量在商品生产部门和产品监督部门的保证下完全达标。产品形象的塑造也由专门的品牌策划部门运作。品牌在全国内统一标准，即统一形象。当然，在外国商品进入中国经销的过程中，外商也考虑到了中国文化对品牌力的支撑。品牌名称是产品最为直接的形象体现，为了赢得中国民众的好感，外商在各方面树立自己的品牌形象。以美孚石油为例，标准石油公司（Standard）在中国开展贸易后不久，就采用了一个中国人容易辨识的名字——美孚。“美孚”可以理解为美丽而深孚众望的意思，“美”又有美国的意思，代表着这家公司由美国人创立，也有“美好”的意思，而“孚”有“诚信”之意，又与中国字“美”“福”同音，让民众自然而然对其产生好感。这样的例子还有很多，不光是商品制造业，服务业也非常注重品牌建立，金融业、交通运输业、冶炼业几乎同时进驻中国市场，也几乎同时开展品牌传播，如汇丰银行、吉祥香烟等。

综上，西方品牌及其观念正是借助于中国对外贸易开展而传入中国，西方工业化商品的倾销、市场垄断状态的出现，以及资本、技术引入等客观条件，都推进了中国社会品牌意识的树立和培育，这一切自然也促进了近代中国民族品牌的形成和品牌意识的升华。

2. 品牌注册制度

近代中国的商标法律制度本不健全，在西方国家的要求下，通商条约中出现了最早关于商标的条款。1902 年《中英续订商约》第七款规定“由南北洋大臣在其各管辖境内，建立牌号注册局，所派归海关管理，及呈明注册”。1902 年《中美商约》第七款规定，“美国人民之商标，在中国所设立之注册局所，由中国官员查察后，缴纳公道规费，并遵守所定公平章程，中国政府允禁冒用”。此后，又有日本、葡萄牙等国分别知会清政府要求签订品牌保护相关规定。① 1904 年，清政府颁行《商标注册试办章程》，这是中国历史上第一部成文商标法，中国商标自此有了法律保障。

商标注册多是由外国企业提出的，是一种产权保护的延伸，这也源于资本主义国家对私人财产的保护。中国政府在颁布了第一部商标章程之后，外国企业在华的销售经营活动越发畅快。1923 年，北洋政府颁布了《商标法》及《商标法施行细则》，较为系统地规定了商标注册和商标管理的内容，于 1931 年开始实施，同时出版了我国第一本商标管理刊物《商标公报》（如图 3-1 所示）；然而彼时中国企业对注册商标并没有足够的认识，甚至认为商标注册不尽其用。1904—1923 年，在华注册总商标数为 25 900 件，几乎皆属外国品牌。这里，或许因为清末商标法是专门针对外国商品所设立的缘故，中国本土品牌并没有收录于法律保护之列。但是，1928—1934 年，在华注册商标共计 24 747 件，华商仍然占少部分，有 7 778 件，占总数的 30%。② 可以看出，即便是商标注册制度完全对内开放后，中国企业也没有主动寻求法律的保护。此外，近代中国企业对品牌的理解还只是停留在名称、辨识度、质量保证的水平上，并没有深刻地考虑品牌价值的问题。

（三）品牌的附加价值思想

除了品牌本身的建设，外商还极为重视品牌忠实度的培养，并为此推出

① 周作斌、刘凡、周子雯：《知识产权基本理论研究》，企业管理出版社，1997，第 7 页。

② 白光：《商标理论与实务》，企业管理出版社，1997，第 8 页。

了各色赠品来维持与中国消费者的联系，增进商业凝聚力。英美烟公司为了区别自身香烟的进口地位，在香烟包装内附赠了产品品牌宣传卡，其中包括实用功能手册以显示与其他品牌的不同；为了提升品牌在民众心目中的形象，英美烟公司还将火柴作为赠品赠送给消费者，这些火柴盒上都印有英美烟公司的统一标识，可在消费者每次使用产品或交朋会友之时借以加深对英美烟公司产品和品牌的印象。如此种种办法是外商在中国市场最常使用的手段。

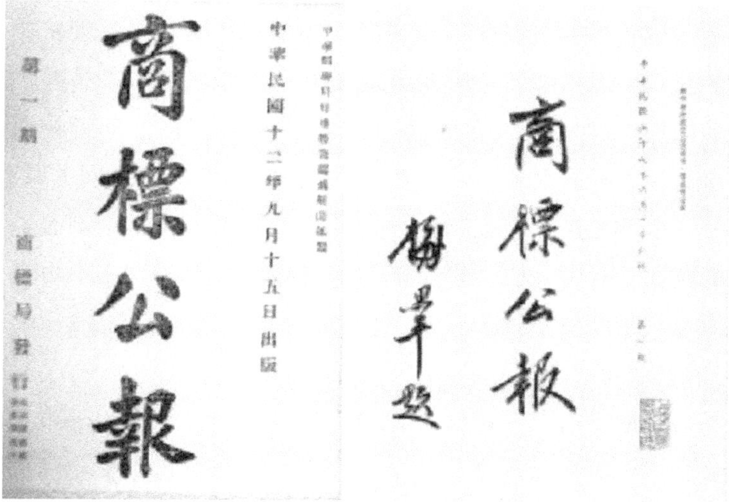

图 3-1　近代商标图例

注：左图为北洋政府"大总统"黎元洪为《商标公报》题词，右图为北洋政府第一期《商标公报》。

19 世纪末 20 世纪初，我国民族产业进入萌发时期，很多业绩较好的民族企业也开始创立自己的品牌形象，将品牌和产品打包设计，并且在《申报》《新闻报》等大报投入巨资做广告。第一次世界大战期间，也就是资本主义在华发展的黄金十年，美丽牌香烟、三星牌牙膏等成为规模不可小觑的民族品牌，认识到品牌效益的好处，加上民众对民族产业的支持，一时间民族产业取得了长足的进步。清朝实业家黄楚九认识到品牌的重要性，提出了"一分本钱、配上九分广告"的品牌销售理念。[①] 尝到品牌附加价值的同时，中国商

① 毛祖棠：《百年浙商》，贵州人民出版社，2012，第 126 页。

人也在民族企业大放异彩的品牌效应中获得巨额利润。

不仅如此，中国企业家还认识到，品牌作为代名词，指向的应是商品本身，而非商号或其控股家族。近代品牌现象的出现不光使商品可以拥有更广阔的市场、更广大的消费受众，更重要的是接纳了一种非血缘文化合作的存在。劳动者作为产品的生产者，同时也服务着企业的所有者，这样的职能划分有效地将代表产品的“品牌”与代表控股方（企业所有者）的“品牌所有者”区分开来，这在中国尚属首次。但不可否认的是，接纳品牌思想，也意味着潜在地接纳了一种全新的商业观念。在中国传统的自然经济中，品牌即是老字号的招牌，而招牌即是家族的载体，脱离了家族的“品牌”便不再是过去意义上的那个“品牌”。而《商标法》的规定促使劳动者在意识上割裂了与企业所有者之间的联系，转而建立了产品自身与品牌之间的联系。这时，公司的所有者依然是整个企业利益分配的最大受益方，但是割裂了与员工间直接关系的企业所有者，已不再是员工的直接服务对象，亦不再是企业真正意义上的所有者，产品才是。

（四）品牌的推广思想

强势品牌的形成需要一定的文化力。当一个品牌开拓国外市场时，文化力尤为重要，不仅需要母国文化的支撑，更需要目标市场文化的借用，形成独特的品牌文化以消除与国外消费者的文化隔阂。① 西方早在19世纪中后叶开拓海外市场时，就开始使用品牌文化建构策略，使西方品牌在其成长期就积累了厚重的文化力，并成为西方品牌至今在国际市场具有强势生命力的文化本源。鸦片战争后，西方国家在科技硬实力的支撑下，将其文化中强势的色彩大肆渲染。西方财团、企业主们抓住中国消费者的心理，主动选择代表母国文化的符号与语言，建构具有强势文化扩张力的品牌推广活动，以塑造品牌文化的核心内涵。

西方品牌推广惯用的手段就是文化符号，其最为主要的标志就是图案符号与文字符号。在描绘图案符号的过程中，还强调包括商品实物图案、标志

① 庞菊爱：《中国近代西方商品品牌文化建构策略——以〈申报〉跨文化广告为研究样本》，《新闻界》2013年第22期。

图案、包装图案、人物图案在内的各种与代表西方生活生产场景相关的情景样式。各种有品牌意义的图案是西方工业文明的成果，也就理所当然地负载品牌价值的关键要素。当牙膏、口香糖、洋酒、机器、汽车等富有西方文化色彩的标志、包装图案与再现西方世界的情景图案通过广告如潮水般涌向受众时，无疑会使从农耕文明中走出来的见惯了散装商品的中国民众内心产生巨大震撼。这些品牌中最早的形象多是以西方人物图案为标志的，如JOHNNIE WALKER的穿燕尾服、手执文明杖的绅士，邓禄浦戴礼帽的大胡子老人，仁丹的八字胡医学博士。人物在广告中经常被塑造成能带来福祉的救世主形象。几乎每则西方品牌广告文本里都有拉丁文字的身影，或是标题，或是商品品名，或是广告主的名称。即使上述广告文本要素都不是拉丁文字，受众还可以从商品的包装图案上找到拉丁文字。有些广告通篇都采用拉丁文字，如1923年《申报》上刊登的“INTERNATIONAL CORRESPONDENCE SCHOOL”的系列广告，通篇拉丁文字强烈地将商品与“实力、专业”的品牌形象相联系。

经过西方品牌理念的不断冲击，在近代中国民众的心目中，西方的生活俨然是文明的、先进的。这也恰到好处地与广告中强化“卫生”“健康”等特色的商品联系起来，更深一步构建西方品牌“文明”的内涵。卫生是文明的重要表征。西方品牌通过广告掀起了一股卫生狂潮。家用器具领域，有倡导“今欲使房屋中洁净而无烟尘之污秽，唯有装用煤气灶”① 的煤气灶广告，洁具广告强调“何欲保持康健，当先注重卫生……必与不洁之物断绝关系，而建设新式之浴室”②。在日用品广告中，具有健康理念的话语也频频出现。正是通过广告对卫生话语、健康话语的张扬，西方品牌获得了文明生活方式、进步生活理念的意指。外国企业在品牌推广的过程中还注意塑造“来自西方”的文化形象，如维才脱干酪广告的“为荷兰国佳品”③，蓝牌白兰地广告的“今从法国名厂运到”④ 等，刻意地将高品质与其母国联系起来。

① 《申报》1916年3月2日。
② 《申报》1923年4月10日。
③ 《申报》1911年4月1日。
④ 《申报》1919年3月1日。

为了增进品牌战略在华的渗透力度，外国品牌还不失时机地借用中国的文化元素来构建其产品广告文本，达到丰富品牌的本土文化内涵，跨越中国消费者的文化隔阂的目的。本土化策略体现了近代西方品牌在开拓海外市场时的睿智。诗词谚语朗朗上口、广泛传播，西方品牌广告对其借用做得很巧妙。矮克发胶卷广告以“人过留名、雁过留声”① 为题，司旦达浴室磁件广告以“何当共剪西窗烛，却话巴山夜雨时”② 为题。英美烟公司推出的大前门香烟广告则把诗词的借用演绎到了极致：“作文时节神昏昏，眼暗心疲欲断魂。借问名烟何处有，书童笑指大前门。”③ 灵活借用脍炙人口的《清明》，不仅巧妙传递了大前门烟“提神醒脑”的功效，而且把杏花村酒替换成大前门烟，暗指“名烟”身份，加上广告画面中文人与书童问答的情景和硕大无朋的大前门香烟实物图案，让受众笑而领悟，品牌信息也随之“潜”入受众的心智。通过上述本土化技巧，西方品牌被涂抹上了一层中国色彩，实现了品牌文化的丰盈。

通过上述各种手段，西方品牌实现了将代表强势文化的列强经济思维植入中国商品市场的目的。一个个来自西方社会的，畅销于世的，代表质量、地位、身份与文明的商品品牌神话般地通过广告走进了近代中国市民的生活。而西方品牌也由此被注入了西方文化，被烙上了西方文明的印记，奠定了以西方文化为核心的品牌文化内涵。④ 通过观察近代西方商品在海外扩张的品牌策略可以发现，外商注重根据社会形态和经济形势的变化而灵活变动。但不管如何变化，近代西方列强的文化软实力背景是不会变的，外商在近代经营活动中“西方文化为体，本土文化为用”的核心不会变，中西文化融会贯通的品牌思维不会变，打破消费者文化隔阂的意图不会变，获取最大化利益的目的不会变。

---

① 《申报》1928 年 3 月 10 日。

② 《申报》1928 年 5 月 25 日。

③ 《申报》1923 年 4 月 10 日。

④ 庞菊爱：《中国近代西方商品品牌文化建构策略——以〈申报〉跨文化广告为研究样本》，《新闻界》2013 年第 22 期。

第二节　外商在华经营之定价思想

以往的对中国近代社会的价格结构研究主要分为两种观点：一些学者认为半殖民地半封建社会条件下，近代中国市场的商品价格深受国际市场价格结构的影响，并以此为根据研究中国的近代化发展问题；另一些学者在研究了中国产业结构后思考到，近代中国商品价格制定的根本出发点是民众的消费能力，围绕着消费能力研究才是近代中国商品价格水平的最根本体现。① 中国是传统农业大国，有不少理论研究支持了工业品价格波动取决于农业部门的发展状态，这种理论虽然侧面支撑了第二种观点，但是价格的长远制定的根源还有待商榷。毕竟近代中国社会不比任何成熟的范例式社会形态，物价的制定首先要满足外国企业家攫取经济利益的欲望，其次是符合中国民众的普遍承受能力，最后考虑的才是政府的宏观调控力度。

一、外国企业的定价策略

（一）低价策略

以低廉定价来抢占市场，打击中国本土的产品竞争者是外商的一贯伎俩。中国居民收入普遍偏低，在购买商品时也更倾向于物美价廉，外国商人抓住中国消费者的这一特点定制了低价策略，成功地打开了市场。不可否认，低价策略的起点是西方的生产力优势，“西人入口之熟货，以件计，以匹计，以瓶计，以盒计，以尺寸铢两、数目多寡计；而中国出口之生货，皆以箱计，以石计，以包计，以百斤千斤万斤计，取值至贱，获利至微”②，但是外商基于这一起点而对中国市场进行的掠夺，却不完全是先进生产力可以解释的。直观地说，在相当长的一段时间内，“简单粗暴”的低价策略使众多同行业的中竞争对手彻底退出，商品市场趋于单一化和垄断化，弱化了技术革新的内在动力。外商一方面凭借母国政府在华享有的“片面最惠国”待遇，利用税

① 谢亮：《试论近代中国的商品价格结构变动及其市场发展之近代化命题——以华北市场“粮棉”价格为例》，《中国经济史研究》2012 第 2 期。

② 陈炽：《续富国策·器用工之说》。

收优势压低物价；另一方面，外国企业在雄厚的本国金融财团支撑下，在低价竞争中有着比中国企业更充足的资金周转空间和流动性供给。价格战对于中国企业来说几乎毫无胜算。

19 世纪六七十年代，外国企业开始在华大量推广价格低廉且实用的生活用品。鸦片战争后各项条约带来的税收优势，使得棉纱、棉布行业基本被外来商品占领。据当时的报刊记载，原色布料在 1870 年时价格为 1.48 两，到了 1880 年就降到了 1.15 两，到了 1891 年仅为 0.98 两。① 外国商品的进入彻底搅乱了中国市场，很多棉纱企业就此倒闭或转作他业。与此类似，棉布行业也遭受同样的降价威胁，1886 年进口粗布价格为 0.83 分，而此时中国的粗布价格为 1.28 分，这样大的价格差别势必将中国棉布市场拱手让于外国企业。棉布、棉纱行业的价格冲击多是由生产力因素导致的，中国本土市场长期以来的自给自足型家庭作坊生产方式的定价原则主要是以生产投入为导向的，并没有太多地参与到跨地域的市场竞争中去。在这种状态下，西方先进生产力强行介入的直接后果就是中国企业难以维持生产，价格体系彻底崩溃。在丝织品盛行的苏松地区，也因为洋布的廉价导致“耕织之人甚少”②，广州地区更是出现了“洋布盛而土机衰”的现象。原来“女布遍于县市，自西洋以风、火、水、牛运机成本，舶至贱售，女工几停其半”③。洋布制造成本低廉、产量大，最终呈现在市场上的表现便是价格下跌，在一份外国企业向母国的报告中提道“外国棉纱使用已经比之中国棉纱合算”。

如果说棉布、棉纱市场是大规模机械化劳动带来的竞争优势造成的必然结果，那么在华销售的香烟定价则是赤裸裸地利用大资本倾销抢占市场的典型。外商进入中国市场后，就采取杀价竞销的手段，以少量的暂时性牺牲击溃对手，在竞争对手因无力竞争而退出市场后，外商便利用垄断地位再肆意提高价格，攫取巨额利润。英美烟公司最大的华资竞争对手是南洋兄弟烟草公司，自 1905 年南洋兄弟烟草公司成立之日起，英美烟公司就对其发起了多次价格战，并迫使南洋兄弟烟草公司两次退出市场。“为阻止南洋的扩展，英

① 李必樟：《上海近代贸易经济发展概况》，上海社会科学院出版社，1993，第 79 页。
② 徐鼒：《未灰斋文集》卷三，第 4 页。
③ 《顺德县志》卷三，咸丰三年刊，第 45 页。

美烟公司在南京等大埠，煽动小贩，买贵卖贱，暗中津贴”①，为了阻止华资烟草销售，英美烟公司就是利用这种方式将旗下的“红印”“黄金”两款产品不计成本地低价销售，打入华商香烟市场，非到华烟绝迹不休。在华烟完全招架不住而退出市场后，再全面提价，将先前因降价导致的损失全部捞回。外商采取薄利多销、倾销等手段诱惑中国消费者，给中国民族经济造成了沉重打击。

薄利多销、竞争定价的策略本是一种合理的市场竞争手段，本意也只是以合理的价格寻求自身的消费群体，从而获取固定的消费市场。但是近代中国民族资本的生产力水平与经过工业化洗礼的西方有着明显差距，在同一平台竞争原本就存在巨大劣势，无异于以卵击石。不仅如此，在软实力方面，西方企业大多具备丰富的商业技能，借助于大资本的力量，一来到中国就将本土竞争企业打得溃不成军。

（二）互补定价策略

近代外商在华定价策略种类繁多，除了采用低价策略击溃本土竞争企业以外，外商还要想办法让自己的商品更好地流入到市场中去。互补定价策略作为另一重要定价策略，一直以来就是最好用也是最有效的方式。“互补定价”也是一种捆绑销售模式，用于互补品，即互相配套才能被使用的产品。互补定价策略是指企业以低价销售主要产品或赠送主要产品，而以较高的价格销售配套产品，配套产品往往为易耗品，使用频率较高，从而实现利润最大化。近代外国企业在华经营活动中，著名的美孚石油就利用这种定价方式销售煤油。在这之前，中国民众晚上点灯常用的是土制油灯，不单光线暗淡，还有较大的气味。美孚石油提供的煤油灯有效地解决了这两大问题，在价格方面还较为便宜，短期来看比传统油灯使用成本低廉很多。美孚石油为搭配本公司煤油专制了一款煤油灯，并刻上“请用美孚煤油”字样，每买两斤煤油就赠送精美油灯一盏，一时间销量大增。② 在重庆推销煤油的美孚石油公

① 中国科学院上海经济研究所、上海社会科学院经济研究所：《南洋兄弟烟草公司史料》，上海人民出版社，1958，第66页。

② 《粤海关十年报告（1882—1901）》，载广州市地方志编纂委员会办公室、广州海关志编纂委员会编译《近代广州口岸经济社会概况——粤海关报告汇集》，暨南大学出版社，1995，第857页。

司，不但以赠送或者低价的方式赠送油灯，还在当地专门开设灯具商店，各色灯具琳琅满目，民众争相购买，一下打开了重庆的消费市场。只要一户人家有一盏油灯，也就保证了一户用油量，从根本上打开煤油在中国的销路。亚细亚火油公司也采取了互补定价策略，虽然没有像美孚石油一样大规模地将煤油和煤油灯捆绑销售，但亚细亚火油公司特意收购了中国的火油灯厂，用于专门生产配套的“白礼氏”洋烛。①

互补定价策略以一种非常新颖的方式一来到中国就取得了成功。外国企业总是能抓住中国民众的消费心理，以非常低廉的价格或赠送的方式将商品的核心部件转移到消费者手中，在其体验到好处后再将搭配使用的物品逐步卖给客户，这样定价的好处就是让民众感到每一次的消费额度都不高，企业以微利多次的方式赚取利润。互补定价策略在其后续经营过程中还有一系列优势，一方面，企业可以和客户维持长期的买卖关系，方便后续商品的持续性销售；另一方面，企业还可以搭配其他销售策略再次赚取利润，如打包销售、折扣销售等。

（三）竞拍定价策略及其他定价策略

拍卖是近代外商常用的一种营销方式，一般是由拍卖行受洋行的委托，用公开叫卖方式，引导买方投价，标定货物种类、规格、数量等。上海的《申报》创刊开始，拍卖广告就几乎天天与读者见面，少则两三则，多则十几则，拍卖的东西有洋布、洋酒、日用百货、工艺品，也有五金钢铁、轮船、房屋地产等等，范围相当广泛。② 例如，1912 年 1 月 6 日《申报》拍卖启事：“礼拜二拍卖准于 21 日 10 点钟在本行（锐和洋行）拍卖兵用随身罐头 2 500 只以及铁箱、风琴、火炉、雪茄烟、打字机器……”这种定价方式在当时比较流行，多是价格较为昂贵的奢侈品或定制类商品，买主也多是上流阶层。报刊拍卖广告如图 3-2 所示。

除此之外，折扣定价策略也非常流行，外商根据销售对象、成交数量、交易时间、交付条件等状况的不同，给予买家不同的价格折扣，以此来赚取

① 薛顺生、娄承浩编著：《老上海工业旧址遗迹》，同济大学出版社，2004，第 72 页。
② 郭立珍：《近代外商在华价格策略及其现代启示》，《江苏商论》2009 年第 4 期。

更多的利益。这种定价策略针对的客户是批发商或者分销商，拥有大批量商品购买能力的受众。英美烟公司在俱乐部推销货品就是采用这种策略，“在我们给予 5%的折扣以后，我公司牌号香烟的销量已达到各俱乐部香烟销售总额的 80%”。

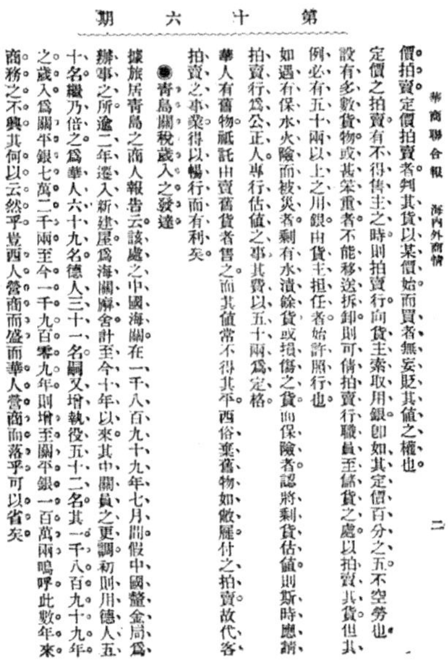
第十六期　華商聯合報　海內外商情　二

價拍賣定價拍賣者判其貨以某價始而買者無妄貶其値之權也
定價之拍賣有不得售主之時則拍賣行向貨主索取用銀即如其定價百分之五不空勞也設有多數貨物或甚笨重者不能移送拆卸則可倩拍賣行職員至儲貨之處以拍賣其貨但其例必有五十兩以上之用銀由貨主担任者始許照行也
如遇有保水火險而被災者剩有水漬餘貨或損傷之貨而保險者認將剩貨估値則斯時應請拍賣行爲公正人專行估値之事其費以五十兩爲定格
華人有舊物祇託由賣舊貨者售之而其値常不得其平西俗棄舊物如敝屣付之拍賣故代客拍賣之事棠得以暢行而有利矣

●青島關稅歲入之發達
據旅居青島之商人報告云該處之中國海關在一千八百九十九年七月間假中國釐金局爲辦事之所逾二年遷入新建屋爲海關廨舍計至今十年以來其中關員之更調初則用德人五十名繼乃倍之爲華人六十九名德人三十一名嗣又增執役五十二名其一千八百九十九年之歲入爲關平銀七萬二千兩至今一千九百零九年則增至關平銀一百萬兩嗚呼此數年來商務之不興其何以云然乎豈西人營商而盛而華人營商而落乎可以省矣

图 3-2　拍卖广告样刊

资料来源：《华商联合报》1909 年第 16 期，第 65 页。

灵活多变的价格策略使近代中国商业市场出现了现代市场经济的气息，但是西方先发的商业文明与中国落后的市场机制并没有同步发挥效用，滞后的商业市场意识导致当时的民族资本只能被外国企业的各种商业策略牵着鼻子走。

二、外国企业的竞争定价

外商在中国运用定价策略除了需要考虑中国市场偏好和市场物价水平以外，因与中国企业存在强烈竞争关系，为争取更大的市场占有率，外商会极力让中国企业或是降低市场占有量，或是直接退出市场。近代在华外国公司资本充足、技术先进，低价竞争之后又不失时机地以提价等方式赚回价格战期间的损失，中国企业深受其害。下面我们来介绍一下当时外国公司的竞争定价手段以及外国公司之间迅速达成联盟的机制是怎么样的，中国企业为什么在外商竞争定价的策略面前表现得不堪一击。

（一）英美烟公司的竞争定价

近代中国社会财富匮乏，外商想要打开中国市场的不败利器就是降价。英美烟公司进入中国的时代正值自然经济向市场经济过渡期，社会购买力弱，价格成了吸引消费者的重要因素。英美烟公司为了抢占市场，不惜亏本出售，将大哈德门的售价从每箱 250 元降到 200 元，双飞鹰从每箱 140 元降到 100 元，零销十只装的哈德门每包批发价只售 4 分，十只装的双飞鹰每包 2 分。过去英美烟公司不大重视低级烟，但看见福新烟公司的低级烟无敌牌香烟销路较好，立刻生产黄金牌香烟，以降价、放款、赠烟等手段来排挤福新烟公司，直至无敌牌完全退出市场。英美烟公司的狂轰滥炸起到了很大作用，许多民族烟草公司由于成本大，资金少，加上价格的重创，沉重的经济负担迫使它们离开了卷烟市场。太平洋战争爆发前，英美烟公司的总销量占中国总销量的 2/3，某些地区甚至高达 90%~100%（如 1931 年的山西省、1932 年的四川省、1938 年的河南省等）。作为卷烟市场的垄断者，英美烟公司把中国划分为若干区域，采取了区域价格制度。根据这个制度，它可以在某一时期，为了打击某一竞争者，在这一地区削价倾销，但其他地区的价格却仍然维持不动，甚至有所提高。所以英美烟公司一直保持着很高的零售价。1941 年，英美烟公司在华东地区的前门牌纯利占售价 42%，大英牌、哈德门牌纯利占售价 45%，三炮台牌纯利占售价的 41%。利润之高，很是惊人。①

外商运用低价策略挤垮中国本土公司的例子比比皆是。英美烟公司采取区域低价销售的策略，得益于中国近代商品流通业不发达，商品价格无法确保统一，占有市场优势的一方就拥有绝对定价权。近代后期，随着市场流通领域逐渐完善，以及区域定价法规的完善，这种策略已经不再奏效，但是外国公司来华之初对华资企业的伤害是不可弥补的。

① 黄逸平编：《中国近代经济史论文选集》（二），上海师范大学历史系，1979，第 849 页。

（二）三大石油公司①的竞争定价

三大石油公司与华资公司的竞争更是惨烈。与英美烟公司的纯压价策略不同，三大石油公司当时掌握着中国煤油产业的原材料，也就是说，中国煤油企业生产成品油的第一步即采购，是需要与外国公司业务对接的。换句话说，中国煤油公司处于三公司的下游。当时广州本土煤油业发展初见起色，降低了民众对三家外国石油公司的依赖，这对三大石油公司造成严重威胁。但是中国煤油产业还没有先进的提纯工艺，原料也只能购买三公司的油渣。虽然少量的油渣炼油并不会冲击煤油市场反而可以增加收入，但是随着中国公司的不断做大，三公司最终联手排挤打压中国煤油产业。

第一项制裁措施就是切断原料来源。三公司认识到虽然中国煤油市场不断做大，但中国人具有与生俱来的民族认同感，这使蒸蒸日上的本土煤油企业有巨大的市场前景，故而提高油渣价格，切断原料来源以打击华商煤油。油渣的来源多是三公司，三家一起抬价致使原料供给途径收窄，后来市面上的洋行也纷纷抬价，民族企业受到严重打击。

不仅如此，三公司为了彻底霸占中国石油市场，还操纵市场物价，几轮物价战下来，在市场上还能支撑的中国石油企业已经所剩无几了。

从 1931 年 1 月到 1935 年 9 月，煤油市场价格屡有起伏，但日趋低落。1931 年 1 月煤油价格为 5. 4 元，到了 1935 年 9 月已经跌至 3. 12 元，究其原因，多是外国公司压价所致。不仅如此，在大部分中国煤油企业退出市场后，外国企业在提高油渣价格的同时又拉高了成品煤油售价，再一次以高价席卷中国市场。在 1935 年后煤油价格持续维持高位，多是由于柴油限购令出台，供给出现系统性调整，国内外石油公司油价出现普涨现象。直到 1937 年前后油价一直处于高位也是由于战争将至，国家提高税收导致的。市场竞争价格阶段为 1935 年之前，国家没有系统性的价格政策出台，国内外煤油价格一直保持着相对稳定的价差。直到外国企业意识到市场将受到本国企业的冲击，突然以价格手段发起攻势，国内外煤油价格才从相差 1 元左右，直至接近 4 元，逼迫本土煤油企业退出市场。

---

① 近代在华三大石油公司为美孚石油、德士谷石油、亚细亚石油，后文简称“三公司”。

总之，煤油也属于近代中国新兴工业的一种，初时获利甚厚，厂家也发展到了160余家。但终遭外国煤油商的压制，最终丧失本土煤油市场，使得方兴未艾的煤油业夭折。

综上所述，从外商在华经营的定价策略可以看出，外商的定价更侧重于产品以外的环境因素，如供求关系、互补品的固定捆绑；而本土商贾的定价更倾向于对产品本身质量的评估，如成本核算。实际上，随着市场的扩大，产品种类趋于多样化，产品质量却逐渐趋同，甚至同质量产品内部仍可以区分出多个产品层次，用以满足不同人群的需要。策略上的差异在于中外企业家对产品价格内涵的理解。显然，在外商眼中，供求关系更为重要，而在中国，尚没有形成市场意识的企业家对供求关系的认识是相对空白的。外商在考虑供求关系的同时，以规范化的大机器生产保证了商品质量的同一性。无论在技术上还是在理念上，都决定了这一场价格战的结果。

但是，这种交换价值看似比使用价值更受到关注的市场架构并不是市场得以维持繁荣的根源。随着商品经济的发展，当物质生活极大丰富，当商品经销策略不断升级，对商品的价格的制定会逐渐回归到对其最基本的使用价值的考量上，或者说从商品以外的环境因素回归到商品自身的因素上，比如成本的核算、社会必要劳动时间等。所以说，中外企业在定价机制上并不存在一贯的优势或劣势，即便在近代，处在对商品经济探索阶段的企业家必然会经历对价格神秘性的思考，而在经过了从价值与价格的分离至价格到价值的回归之后，无论中外，务实的企业家都能找到属于产品生产和商品定价的真谛。

第三节　外商在华经营之渠道建设思想

一、产销一体化思想——以英美烟公司为对象的考察

英美烟公司进入中国后，不单在销售体系上完成了体制整合，在原材料采购中也基本垄断了烤烟的收购和加工，促进了近代中国烤烟产销体系的形成，在一定程度上推动了烟叶种植地区的经济作物商品化、产业化进程。然

而，这也严重损害了本土商人买办的利益，“对这个市场上进行收购的烟行和烟叶商来说，允许大公司进入市场并直接从农民那里收购烟叶的话，他们的谋生之道就濒于危险了”①。

烟叶是卷烟的主要原料，为了控制原料，英美烟公司挟其雄厚的资本，在我国各主要产烟区设立组织严密的收购网和大型烤烟厂。在烤烟输入中国之前，中国的烟叶主要是晒制或晾制，因而称为晒晾烟或者土烟。20 世纪初，英美烟公司通过试种和推广，在中国形成了以河南许昌、安徽凤阳、山东潍县为中心的三个烤烟原料基地，将商业链条向前又推进了一步。②

英美烟公司的产销一体设置起源于在华销售规模的扩张，在华设厂不久就收购了美国纸烟公司和老晋隆洋行，并于 1903 年在香港成立了卷烟制造机构美国香烟公司。一连串资产整合使英美烟公司的销售量和市场占有率迅速攀升。英美烟公司在中国的大英烟公司负责制造，而老晋隆洋行负责销售。外商加本土的搭配模式使英美烟公司很快在中国打开市场。然而卷烟原材料进口成本很高，在成功铺开中国销售网络的同时，英美烟公司也在试图寻求节约开支、缩减成本的办法。

在中国寻找原材料基地成为英美烟公司达到缩减生产成本的不二选项。1914 年春，英美烟公司在威海孟家庄试种英美烟叶，由于沿海潮湿，加之海风侵袭，第一次试验宣告失败，“无论在颜色或香味上都不适宜制造香烟，因此在最初的几年中英美烟公司必须进口烟叶”③。之后，英美烟公司又通过中国当地买办，在山东潍县租地试验，终于获得成功，美国烟草种子在中国试种获得成功。④ 随后，英美烟公司开始寻求更广阔的种植基地，先后在山东、河南、安徽建立美种烟叶产业园，企图将烟叶生产纳入公司框架中，形成完整的产销一体系统。为了便于区分烟叶成色，这些烟叶被分级标定，“河南和

---

① 上海社会科学院经济研究所编：《英美烟公司在华企业资料汇编》，中华书局，1983，第 297 页。

② 上海社会科学院经济研究所编：《英美烟公司在华企业资料汇编》，中华书局，1983，第 279 页。

③ 上海社会科学院经济研究所编：《英美烟公司在华企业资料汇编》，中华书局，1983，第 239 页。

④ 上海社会科学院经济研究所编：《英美烟公司在华企业资料汇编》，中华书局，1983，第 367 页。

陕西省的西北边界为‘R’级，这一级别使用量与‘E’级大约相当，但是色泽不及‘E’级……”“安徽、河南和湖北省接壤处种植的烟叶定为‘A’级，它叶型小，薄而呈白色”①。烟叶分级使原材料供应质量得以区分，也使产品源头追溯成为可能。

为了巩固其在华烟草生产的可持续性，同时也为了提高烟草产量，英美烟公司在培养当地农民种植美种烟草的过程中，为当地农民提供免费的种子和肥料，借给农民温度计和烤烟管，传授农民种植方法并许诺高价回收烟叶，“我们发给他们种子，并告诉他们剔除筋梗的好处，为了鼓励他们这样做，我告诉他们，剔除筋条后，每一担烟叶将多付他们一两银子”②。在英美烟种植园附近的村县，农民看到种植烟草收入颇丰，纷纷改种美烟，一时间烟叶种植面积得到迅速扩张，出现扩散效应。在一封英美烟公司内部报告中写道，“他们已经整好土地准备种植作物，并告诉我们希望在这里种植我们的烟叶”③，从劳动意愿看，烟叶种植区的中国农民主观上是乐意种植这种收益高、成熟快的新经济作物的。英美烟方面也是积极促成中国内地烟草种植业的发展，并且在收购烟草方面给予“惠农政策”。公司与当地绅商相联系，以贷款给农民的方式将烟农紧紧拴在英美烟公司的收购网上。“公司将付给耕种者自行承担之费用，如种植之烟叶，在市场上价格不足300元的全部补偿……”④在强大的保底收益的引诱下，越来越多的农民拿出自己的土地，心甘情愿地为外国烟草公司种植烟叶。虽然其他烟草公司在产烟地区也有收购活动，但是作为具有垄断优势的大买主，英美烟公司完全控制了烟叶收购价格，每到收烟季节，英美烟公司在各产烟区的收购价格就是当地的收购市价。在一张民国二十五年的烟草公司收烟数量表中可以看到，英美烟公司的收购量比起其他公司遥遥领先。

---

① 上海社会科学院经济研究所编：《英美烟公司在华企业资料汇编》，中华书局，1983，第242页。

② 上海社会科学院经济研究所编：《英美烟公司在华企业资料汇编》，中华书局，1983，第252页。

③ 上海社会科学院经济研究所编：《英美烟公司在华企业资料汇编》，中华书局，1983，第279页。

④ 上海社会科学院经济研究所编：《英美烟公司在华企业资料汇编》，中华书局，1983，第268页。

烤烟的加工工序分为初烤和复烤两部分，各烟厂所收购的烟叶为农民已经初烤过的干叶。初烤多由农民在家中完成，以煤炭为燃料。这样，烟厂就可以节省初烤的成本进而增加利润。只要经过简单培训，农民就可以完成初烤过程。干燥烟叶的复烤对技术要求较高，所以基本上由烤烟工厂完成。每年到了收烟季节，烟农们便将初烤过的烤烟用牛车或大车运到指定的地点出售给烟厂。在华东地区，“收购到凤阳和许昌的美种烟叶，在安徽门台子和上海两工场进行检查、烘烤、装桶，然后运出，……接到配给分摊比率的指示后，分配给各制烟厂”①。如此一来，英美烟公司将初级加工的任务完全下放到农户手中，不但可以节省初烤工序所耗费的人力物力，还可以有效地控制原材料收购的质量。烟叶的收购和加工相辅相成，收购量大的公司，其复烤规模也相对较大，英美烟公司就是依靠对原材料产地的把控，在中国烟草业市场长居头把交椅达 40 年之久。

为了便于储存和运输，英美烟公司在复烤场附近建立起配套的厂房和设施。这些厂房和设施多是为了办理烟叶收购、复烤、包装、调运等事宜的。在收购和复烤环节之后，在当地就近完成烟草包装，通过铁路运送到青岛等口岸，再出口日本、朝鲜等国家，还有一部分通过海运运往上海、天津等地区进行分销。

英美烟公司来华建厂在短时期内，销量就有了很大的提升，这和它在中国建立起产销一体化系统有重要的关系。英美烟公司在中国产销体系的形成，除了因为精明的商业头脑和娴熟的商业技能外，我国地形条件的优势、肥沃的土壤以及煤炭等自然资源，交通设施的不断建立也是主要原因。以山东为例，胶济铁路通车后，可将烤烟成品直接运送到港口地区，这也是英美烟公司在中国建立生产基地的重要原因。基于各种因素，英美烟公司在我国建立起了一套具有现代化特色的产销体系，是外国公司在中国经营活动中的重要一笔。

---

① 上海社会科学院经济研究所编：《英美烟公司在华企业资料汇编》，中华书局，1983，第 334 页。

二、独立销售体系思想——以英美烟公司为对象的考察

独立销售体系是外国企业在华经营活动中一直想要实现的经营思路。独立销售不但可以节省销售费用，还可以有效控制销售数量、销售路径和销售经手人等。近代外国企业在华经销商品的初期，由于对中国市场不熟悉，销售网络只得任由中国商人（买办）摆布。无论是英美烟公司、美孚石油，还是内外棉株式会社，都在经销模式上力求独立化，并一直在为实现这一目标寻求各种途径。在外国企业对华经营活动的不断深入过程中，各企业的独立经销体系也逐步形成，虽然形式有所不同，但是最终都达到了控制中国基层销售网络的目的，其中，英美烟公司的独立销售体系建设尤为成功。

英美烟公司经营最大的特点就是中国化和本土化。作为一个外商企业，受条约以及中国政府法令的限制，英美烟公司不得在内地经商或购置产业，更不能担任政府公职。为了突破这种障碍，英国领事曾经建议英美烟公司物色中国人，利用他们的身份规避条约限制。[①] 这就成为英美烟公司建立起完全独立销售体系的客观要求。买办制度的雏形，现代商业的范本使英美烟公司在中国很快建立起了企业化机构进行烟草收购和卷烟销售，成效颇为显著。由于中国代理人、官僚和地方绅士的帮助，英美烟公司得以在中国内地建立起独立的销售体系。

具体来看，英美烟公司在中国分设五个部，下列 16 个区，又分段。在各段之下，又以地方城市和县城为中心，分为若干分段，在这些城镇的重要中心地设置仓库。其组织形式与中国地方行政组织形式相一致。这样的层层统属结构，既简化了销售网络责任区划分的繁琐，又可以与同级别行政区域划分相一致，有利于与政府相关部门关系的衔接。英美烟公司花费了 20 年时间才初步建立这样巨大的销售体系。在建立过程中，多以外国商人内地旅游的方式记录当地的商业环境、商业状况以备记录于总公司商业策划中，当然更多的销售分支机构依靠本土代理商完成建设。在经销体系的整合过程时，英美烟公司也借助华人买办的势力，借力打力，一举将已经不受信任的邬挺生

① 汪熙：《从英美烟公司看帝国主义的经济侵略》，《历史研究》1976 年第 4 期。

罢黜，将销售工作中一直非常卖力的郑伯昭推上位，也顺势将“上海部”和“东方部”撤销合并到郑伯昭经营的永泰和去。“郑伯昭开创了先例，后来英美烟公司在全国物色人选，担任推销工作，名为 distributor（督销），有的成立公司，有的设立号子，英美烟公司不投资，完全是华人经营，在督销设立后，英美烟公司原在各地的分段就不再直接销售，把原来的推销员归于督销管理任用”①，永泰和表面上是与英美烟公司合资经营，但是推销权的约束实则将其隶属于英美烟公司成为子公司。

英美烟公司的销售体系以上海为中心，通过各级销售组织将整个网络连接。如此大的商业网络，既沟通通商口岸，也深入穷乡僻壤，从华北到华南，从沿海到边疆，几乎覆盖了中国的各个角落。在英美烟公司业务范围不断扩大、管理机制不断完备的过程中，销售组织也逐渐派生为两个系统：一是由洋人掌握的各级管理机构，二是各级大小经销商店（表 3-1）。这一结构越来越成熟，一直维持到退出中国市场。

表 3-1　英美烟公司两大系统

公司系统	经销商系统
部和区管辖跨省的业务区（如南京区辖徐州、蚌埠、正阳关、南京、芜湖、安庆、镇江等地）	督销（总经销）
段管辖相当于专区一级的业务区（如镇江段）	大经理
分段管辖相当县一级的业务区（如镇江段的泰县、盐城等）	小经理
推销员	零售商

资料来源：吴明菊：《英美烟公司在华销售制度》，安徽师范大学，2007。

在香烟销售方面，英美烟公司除了建立起一套货物销售管理体系外，还利用中国代理人建立了一套完整的仓库体系。这样，英美烟公司可以将公司的货物不断地运至各地仓库，各地销售机构都能有充分的商品储备，不论在什么地方都可以让消费者买到适合他们需要的香烟，同时使英美烟公司的业务开展具备有利的条件。而且，英美烟公司在各地建立了一套由大区经理经

① 上海社会科学院经济研究所编：《英美烟公司在华企业资料汇编》，中华书局，1983，第516页。

营的华人代理人经销系统和督销制度。这些经营者多是具有相当势力，并且对外国商品销售尤其是香烟销售有一定经验的当地绅商。由中国代理人经营管理英美烟公司销售业务以后，英美烟不用再花精力在销售相关业务中，反而收到更好的销售成绩。英美烟公司将更多的外国员工撤回到幕后，掌握委任权、货物和货款三个主要环节，在货物的源头控制货物的销售走向、销售流量和销售渠道。后来英美烟公司职员的访谈中也提道："部、区、段、分段作为公司管理销售的行政机构，本身并不直接经营业务，但'分段'以上均设有仓库，并负责各该地区的广告、运输、收款、发货等工作。推销员则系由公司雇用，向零售商领货，然后赴各村镇流动贩卖。"①

英美烟公司的两条系统是平行的，既相互联系又相互独立，各自都有自己的职责。公司系统本身并不直接经营销售货物，只负责公司各地区的广告规范、运输实务、收支款项等业务；而由华人主营的经销业务则主要负责推销商品，分支到各地方的经销代理人基本都是各地的名流绅商或者政府官僚，按销售额领取佣金。各地督销和各级经理在高额佣金的刺激下，无孔不入地扩展销售网点，且深入穷乡僻壤开拓香烟市场，在英美烟公司在华扩展销售上立下了汗马功劳。

20 世纪上半叶，英美烟公司凭借其独立销售网在中国的经营活动表现出了很大的优势：第一，公司系统和销售系统分离使得责任划分清晰，各司其职，减少了责任推诿的状况；第二，充分利用华人的人力和财力，利用已有销售网络可以减少销售费用支出；第三，销售网络的排他性，有效阻止了其他品牌或者公司进入市场，或是利用自己已经建立起来的销售体系；第四，各级经销商收入与销售额挂钩，以佣金形式刺激销售体系，将销售额数倍放大。在独立销售体系的帮助下，英美烟公司市场份额一直维持着绝对优势，1925 年前后市场占有率达 75%。在整个英美烟公司销售体系中，除了上述两大系统外，货栈制度、市场调查制度也是英美烟公司在中国取得巨大成功的重要因素。英美烟公司为中国卷烟工业的产生和发展起到了示范作用，对中

① 上海社会科学院经济研究所编：《英美烟公司在华企业资料汇编》，中华书局，1983，第 515 页。

国社会经济生活也产生了一定的影响。英美烟公司的独立销售体系可以说摆脱了中国买办阶层对销售末端市场的控制，以收归总公司的办法将中国销售体系纳入整体调配的商业系统中去。

三、买办制度思想的转变——以三大石油公司为对象的考察

买办最早形成于鸦片战争前，港脚贸易时代，外国商人通过买办将外国商品运送到口岸地区进行贸易。五口通商以后，贸易额度一度上升，不仅中国买办的数量和规模有所上升，买办的素质也有大幅提升。不少士绅、有留洋背景的人士加入这一行列。贸易形态随着政治形态的发展而变迁，自《马关条约》签订后，商品输入也逐步被资本输入所替代，买办的角色也随即发生转变。外国商品在华销售的症结已经不再是“进来”这一环节，而是“扩张”这一环节。最初的买办经营方式已不能满足外商在华扩张市场的需求，要想适应贸易转型，就得转变自身的定位，配备更有效率的销售流转渠道。买办制度转型是以近代中国商业的主导力量——外国企业的需求为起点的，无论是主观迎合，还是客观要求，近代中国销售网络中的买办制度也在发生着转变。

19 世纪 80 年代，美孚石油就开始在中国内地寻求专属于美孚的独立商业合作伙伴，中国市场的巨大潜力使他们意识到必须培养起本土专属销售机构方能做大做强。早期协商中因为利润分成问题，香港太古洋行（Butterfield）和怡和洋行（Swire Co.）先后拒绝了美孚石油提出的独家代理请求。[①] 但是此时美孚石油事实上已经成为怡和洋行销售的主要商品了。[②] 为了完善销售体系，1894 年，美孚石油海外贸易处处长霍华德·柯尔（Howard Cole）要求，在中国各个口岸建立经销商，将销售组织整合管理，并且对销售活动进行密切监督。[③] 显然，这意味着买办制度的终结。在柯尔的策划下，美孚石油巧妙地将本土销售体系收归总公司，或者说将买办体系加以组织化，既兼顾了

---

① 吴翎君：《美孚石油公司在中国（1870—1933）》，上海人民出版社，2017，第 76 页。

② 郭孝义：《三十年代镇扬地区的英美石油公司》，《民国档案》1985 年第 2 期。

③ James Thomas Gillams, Jr.,“The Standard Oil Company In China, 1863-1930”（PhD dissertation, the Ohio States University, 1987）.

"买办经销体系"的灵活性，又对销售体系完成了实际上的统一管理，对于销售体系的完善多有裨益。销售价格统一执行，销售福利也由总公司统一发放。这次改革在看似未造成任何商业波动的情况下，却潜移默化地收编了传统销售网络。美孚石油在中国的经销体系建立形成的过程，可以说最初借助于华人买办的力量，以承销的方式维持买卖合作关系，及至后来的经销商形式，名义上虽然依旧维持买卖合同关系，实则已经从属于外国公司，成为外国企业在中国经销商品的一个部门。

亚细亚火油公司早期在华开辟煤油市场时，也是借洋行和买办之力销售煤油。通过短期的洋行代理后，吸取美孚的教训，亚细亚火油公司待业务稳定就迅速寻求独立销售渠道，斥重资在各地建立分公司，管理各地的煤油销售业务，建立起独立的销售网络。这些销售点代理商往往负责一个地区的煤油销售，如常德的买办曾春喧、沙市的买办张富训、宜昌的买办江仲恂、南昌的买办傅绍庭、长沙的买办王汉臣和湖南的买办彭佐卿等人。这些代理商在所划定的区域内设立销售点或者从事批发业务，并负责汇集它们的贷款转汇至所属区域的亚细亚火油公司相应的分公司。① 这些经验源于同属于煤油行业在华销售的前辈——美孚石油。亚细亚公司在销售网建设中吸取了美孚石油的经验，以美孚石油改良版的销售模式将经销商和买办制度并行，既可以通过经销商占有大量货权的能力来影响市场价格，还可以切实掌握中国内地市场。

当然，获取这种变通自由的同时，亚细亚火油公司也付出了相应的代价。为了补偿单一买办制度可以灵活波动市场价格的损失，公司答应承担代理处的日常费用，根据预定的营业额由公司付给津贴。代理商必须承诺按照公司规定的价格出售，按件计佣金，不受货价涨落影响，其营业范围根据交通及营业状况划分，往往超过数县。各代理商的营业点一般设有储油站，货物到站，交代理商保管。同时，亚细亚火油公司还注意代理商的稳定性。公司认为各地的代理商相对固定，既可防止更换频繁造成人心不稳，又能使代理商

① 刘文林：《英商亚细亚火油公司》，载政协武汉市委员会文史学习委员会编《武汉文史资料文库》第五卷，武汉出版社，1999，第36页。

老仆事主，不存二心，老马识途，精通业务。①

亚细亚火油公司的石油产品大都通过代理商（买办）渠道销售。为了使代理商能恪守合同，履行契约，不断开辟新门路，拓展新业务，对代理商的选择也就极为慎重，必须具备资金雄厚、声誉素著、经营手段灵活、在地方上有相当势力等条件，才能入选。② 虽然销售体系发生了变化，但是代理商的基本组成还是原来那些大买办。体系升级导致买办与总公司的关系发生了变化。

德士谷石油公司算是年轻、后起的企业，初到中国时完全没有地盘。为了分得市场，便直接将业务委托给三井洋行，并授权三井洋行为德士谷石油公司中国总代理。一方面可以尽快了解中国市场的门路，另一方面也可以摸底调查中国的市场容量到底有多大。几年后三井洋行代理期满，德士谷石油公司便迅速派员到上海开设了“中国总管理处”（即中国总公司），之后又在华北、华中、华南各地设立分公司及代理处。德士谷石油公司采用了分公司招收“代理华行”，再由“代理华行”招收县、镇、乡的经销店，层层节制，逐步建立了自己的经销体系③，如图 3-3 所示。德士谷石油公司这个近代最年轻的在华煤油行业巨头，一步入中国市场就用崭新的铠甲武装起来，它与早期买办阶层的代理问题没有多少瓜葛，也没有经历太多的早期买办制度的变迁。德士谷石油公司的两个老大哥美孚石油和亚细亚火油公司在华经营的 20 年的时间里已经基本摸清了中国销售网络的状况，也基本完成了销售网点由买办到代理商的改造。

总的来看，三大石油公司虽然将销售的资源配置权通过各种方式收归总公司，但是各部门经营活动还是离不开本土销售体系。为了防止经销商合伙哄抬物价，一般要求一个经销商负责经营销售一个县的煤油，但也有个别经销商销售范围超出一个县。虽然亚细亚火油公司在公司条例中规定了销售范围，但是经销商设立地点与数额还是由所在地的实际状况决定的。

① 曹曾祥：《重庆亚细亚公司概况》，载中国人民政治协商会议上海市委员会文史资料委员会编《旧上海的外商与买办》，上海人民出版社，1987，第 7 页。

② 张学舜：《亚细亚火油公司在天津》，载中国人民政治协商会议天津市委员会文史资料委员会编《天津文史资料选辑》第二辑，天津人民出版社，2005，第 19 页。

③ 郑炳华口述：《广州美商德士谷公司内幕简述》，载中国人民政治协商会议广东省委员会、文史资料研究委员会编《广州文史资料》第 22 辑，广东人民出版社，1987，第 109 页。

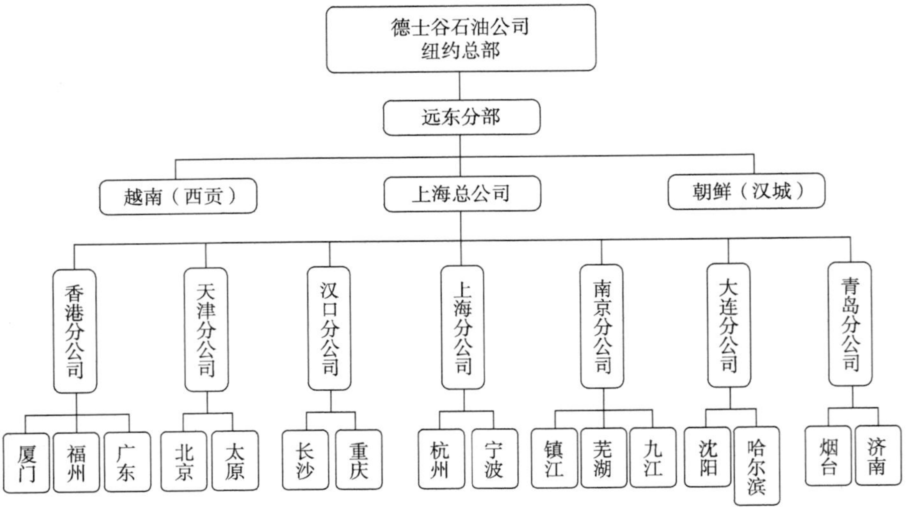

图 3-3　德士谷石油公司在华销售网

资料来源：李定丰：《我所知道的德士谷石油公司》，载《旧上海的外商与买办》，上海人民出版社，1987，第 61 页。

各分公司对代理商的选定有着严格的要求，一般而言，先由各分公司的市场稽查人员向分公司推荐，被推荐者大多是地方上富有名望的人士，有的是资金雄厚的富户，有的还是当地商会会长。① 以亚细亚火油公司为例，负责物色资力雄厚而又卓有信誉的基层代理商时，对其财富水平要求颇高。例如，担任宜昌分公司代理商的梁梅村，早年在宜昌开设益大五金号起家，后又和徐久安合资开办泰安和高升旅栈，因而成为宜昌富商。他在云集路一侧与徐久安各建六栋一式的小洋楼，形成一条里弄，名为“梅安里”，……共计 19 栋楼房，可见其资力之雄厚。②

在完成了代理商平台搭建后，三公司将煤油成批发给经销商，经销商再批给各自范围内的代销店零售。代销店与各分公司不相隶属，不受约束，与

① 民建上海市委会、上海市工商联：《帝国主义石油侵华简述》，载中国人民政治协商会议全国委员会、文史资料研究委员会编《工商经济史料丛刊》第四辑，文史资料出版社，1984，第 26 页。

② 梁伯言：《亚细亚火油宜昌经销记》，载中国人民政治协商会议宜昌市委员会文史资料委员会编《宜昌市文史资料》（第 11 辑），1990。

经销商之间也只是一般的商业往来。代销店大都是规模不大的五洋商店或杂货铺。[①] 这些代销店，从繁华的城镇到偏僻的农村，到处都有，形成了遍布各地的商业推销网。

买办制度的转变是随着销售体系的变迁而发生的。近代外国企业为了实现对中国市场的掌控，逐步加强对各方面经营活动的监督。在销售体系方面，买办制度也逐步被代理商制度替代。虽然代理商也大多是先前的那些大买办，人并没有发生多大的变化，但是与公司的关系产生了本质的区别。公司收编本土销售体系，将本来独立于总公司之外的商业网点纳入总公司的管理监督范围之内，以利益为诱饵，将本土商业体系变成外国总公司的一部分。而大买办的自由度也受到很大削弱，先前可以代理各种不同品牌的大买办，在这一制度下必须服从公司调配，基本不能再染指其他品牌的经营销售。原本作为外国企业开拓中国市场排头兵的买办阶层，最终失去了自身独立的权利。毕竟影响民众形成认知的是商品、品牌、商标而非哪个买办，这也不难理解为什么本土销售网络如此容易就让位于总公司了。

第四节　外商在华经营之广告传播思想

众所周知，近代外国商品在中国市场销售凭借的是中外不平等条约赋予的优惠条件和特权，然而在激烈的市场竞争中，产品、价格、渠道、广告促销四种策略的运用是否得当依然关系到企业的生存与发展。[②] 广告促销虽不是决定性因素，但却具有不可替代的作用，尤其是在与广告传播国家有对抗情绪的状态下，要想将产品品牌打入新市场更是难上加难，本节介绍近代外国商品在华的广告促销历史和相关商业活动。

一、近代在华外商广告产生发展的历史背景

广告促销是指企业运用各种方式和手段，向消费者传递有关企业产品的

① 郭孝义：《三十年代镇扬地区的英美石油公司》，《民国档案》1985年第2期。

② 张小莉：《英美烟公司在华促销策略初探》，《北京师范大学学报（社会科学版）》2001年第2期。

信息，使消费者对其产品产生兴趣，进而做出购买的决策。近代商品广告促销已是中国社会充目盈耳的重要经济现象。近代中国广告的产生同样与新式商业的发展和报刊的出现有着密不可分的联系。[①] 这一切又似乎都与西方资本主义商业文化有着千丝万缕的联系。近代中国资本主义的产生并非仅仅源于自身经济的自然发展，而是在很大程度上与西方资本主义入侵相关联，所以近代中国的广告业也并不是完全由自身常规发展而生的。我国近现代意义上的工商业广告行为是从清代中叶开始逐步兴起的[②]，或者说近代广告思想是伴随着西方资本主义的入侵而产生的，甚至在某种程度上还可以说中国最早的新型广告是从西方移植过来的。

数千年来，中国广大民众日常生活用品大多是由手工作坊制作，在经济形态上属于自给自足的自然经济，男耕女织的生产形式是自然经济的真实反映。中国人意识到应该购买机器进行生产时已经是 19 世纪 70 年代了，但是即便是同样的机器生产出来的产成品也还是竞争不过洋货，一个重要原因是洋广告随洋货在中国大行其道。回眸中国近代企业广告风貌，一个个“洋”字充斥着几乎整个商品市场。1842 年，英国凭借《南京条约》第二款的规定，迫使中国开放广州、厦门、福州、宁波、上海为通商口岸。至此“五口通商”开创了帝国主义强迫我国开港设埠的先例，这就为外国商品在中国市场倾销创造了极为有利的条件。甲午战争后，日本又一次强迫中国签订了条件更为苛刻的《马关条约》，条约承诺外国商团可以对中国进行资本输出，其中就包括允许外国财团在中国开矿、设厂制造，并且产品在中国销售或出口其他国家。1901 年《辛丑条约》的签订从政治、军事上保证了帝国主义列强在华的权力，标志着中国已完全沦为半殖民地半封建社会。自鸦片战争后，中国的日用品及轻工业领域都直接面临着外商的倾销。尤其是在 20 世纪初以后，西方列强对中国的侵略由公开的、赤裸裸的军事侵略形式，转变为以经济侵略为手段的较为温和、隐蔽的掠夺形式。

总之，近代随着中国的国门被列强的大炮打开，外国的商品源源不断地

---

① 张小莉：《英美烟公司在华促销策略初探》，《北京师范大学学报（社会科学版）》2001 年第 2 期。

② 由国庆：《再见老广告》，百花文艺出版社，2004，第 25 页。

输送到中国市场，中国民众面对的是一个洋货充斥的市场，与此同时中国还成为西方列强的重要原材料市场。但是，开埠不久，中国的市场并没有外国财团想象得那么广阔，中国民众的有效需求与外国资本家的估计产生了偏差。在以小农经济和家庭手工业为核心的自给自足的自然经济半自然经济中，由于购买力低下，消费品是否耐用可靠才是国人考虑的第一要素。为了提升洋货在华知名度，也为了培养中国民众的消费习惯，外商于是努力尝试运用广告促进其产品在中国的销售，洋广告随洋货在中国大行其道，洋货的大力促销使报纸、印刷品、橱窗、路牌等西方的广告形式迅速出现在中国沿海口岸市场，广告就成了洋货抢占中国市场的主力军。势头最猛的当属英国和美国的公司，如美孚石油公司、英美烟公司、亚细亚火油公司、通用电气托拉斯、利华兄弟托拉斯等①，它们对中国广告的兴起和发展产生了巨大影响，对华商运用广告拓展市场起到了很好的示范作用，从某种意义上讲，近代外国广告传播思想推动了中国传统商业向近代化商业模式的转变②。

二、外商广告在中国的发展与对抗

外商为了在中国更多地销售商品，广告促销就成为其首选的营销手段，这对后来中国本土企业的发展有很好的启发和借鉴意义。后来国内崛起的家族企业形式的民资团体在发展壮大中纷纷效仿，广告等促销手段在很长一段时间内得到了国内民族资本家的一致认可。在这方面，外商起到了引导的作用。例如，当时上海的外商为推销商品，经常连续几个月争相刊登广告，报刊成为广告主要的媒体，这不能不对中国的企业家产生影响。美最时洋行（Melchers）当时是德国在华最大的贸易商行。像其他德国在华洋行一样，美最时洋行尤为擅长在中国推销其新产品。为了提高其经销店的吸引力，美最时洋行在各地用张贴商标、涂刷墙画、分发彩色卡片、推销廉价的德国造墙等办法大做广告宣传。③ 一名曾在美孚石油长期服务的中国雇员提到，公司组

① 由国庆：《再见老广告》，百花文艺出版社，2004，第33页。

② 周建波：《洋务运动与中国早期现代化思想》，山东人民出版社，2001，第144页。

③ 高家龙：《大公司与关系网——中国境内的西方、日本和华商大企业》，程麟荪译，上海社会科学院出版社，2002，第28-29页。

织了一支由20多名画家组成的队伍，到中国各地的城乡甚至穷乡僻壤，绘制招贴广告牌。当时美孚石油流传最广的中文广告牌是“点美孚油，美孚老牌油，鹰牌油，烛灯”。尤其值得一提的是近代上海的广告业。20世纪二三十年代，上海广告业发展迅速，街头巷尾、各类交通工具乃至火柴、香烟、车牌和各类大众传播媒介中，无不充斥着广告。车站、码头、公共场所的广告与市中心高楼大厦上用霓虹灯制作的广告牌闪烁不停、变幻莫测、交相辉映，让人惊奇不已。

在宣传形式上，外国商品总是力求体现新颖的风格，“黄包车之背上，行驶内地之舟”“轮船火车等交通工具”“日记簿及旅行各具”等日常用品“皆可作广告”①。只有采用“新颖之法”才能“人人注目”，达到广告宣传的效果。基于这些理念，欧美一些公司最早将霓虹灯路牌和电影宣传的广告形式引入中国。电影宣传直接且有效，“宣传其工厂之完美，出品之优良，使全世界人观此影片，得以推广其货品”，这种手段使观影者“于无意间印入脑际，至为深刻”②。霓虹灯广告最早出现在20世纪初，由英美烟公司率先引入中国。当时英美烟公司为求形式新颖，很快巨大的铁架装扮成可活动变换的巨大的“红锡包”香烟就立于繁华街市之上，每到夜晚，霓虹灯打出的烟支从烟盒内一支支跳出，在香烟点燃以后，有青烟缭绕的影像，铁架中间，还装有大型电钟，非常引人注目。③ 这一新奇的广告在上海“大世界”附近，非常醒目，起到了广而告之的效果。

在外商宣传广告的刺激下，近代国货广告应运而生。中国所受到的侵略和欺凌，激发了中国各阶层人士的强烈爱国热情。20世纪初，以反美爱国运动为开端，中国民族工商业掀起了一场以提倡生产、改良产品、宣传扩张、销售国货为主要内容的长达40多年的国货运动。在中国商品与外国商品的交锋中，广告成为最前沿的阵地。在与外国企业争夺市场的过程中，中国民族资本组织了一系列的国货运动。在这场运动中，中国民族资本仿效外国企业举办产品展销会，并将爱国主义舆论加入品牌宣传中去。民族企业家提出了

---

① 上海社会科学院经济研究所编：《英美烟公司在华企业资料汇编》，中华书局，1983，第976页。

② 《申报》1924年12月24日。

③ 戚志刚：《上海霓虹史话》，《中国广告》1983年第1期。

实业救国的口号，有意识地将国货和本土产品的生产、宣传、销售与爱国情怀联系在一起，以此来唤起民众认同，以期达到振兴民族资本主义工商业，抵御西方资本主义对中国的经济侵略的目的。正是在这样的社会大背景下，报刊成为宣传商品、投放广告的主要媒介。20世纪初，国货广告在《申报》上开始零星出现，到了20世纪二三十年代，国货广告在《申报》上随处可见，成为《申报》广告的重要组成部分。近代外国产品流入中国，对中国民众的消费观念产生了很大的影响，民间自发形成的资本主义团体也成为与外商争夺利权的主要力量。广告的投放在外商对华倾销商品的过程中并不是最主要的力量，但是也以无处不在的影响力推波助澜，推动外国商业文化在我国的蔓延，而且以它特有的方式将产品概念、产品思想、产品功能渗透和沉淀到广大民众深层意识中，使之观念化、道德化、自觉化，并内化为国人的积极自觉的行动，从而对国人的消费行为产生深层次影响。① 从这一意义上讲，近代外商广告不仅是外国商品侵蚀中国市场的一个重要组成手段，而且是外国商业文化对中国本土文化的渗透和延伸，在中国近代经济史上占有十分重要的地位。

以英美烟公司为例，作为一个富有市场经验的烟草托拉斯，面对中国市场呈现出的各种有利和不利的条件，为推动其卷烟业务的扩展，采取了直接手段与间接手段相结合的方法。一方面，该公司引进西方现代化广告宣传手段，如报纸、电影、霓虹灯、月份牌等广告宣传媒介，集中宣传其各种卷烟产品，而且不忽视中国传统的推销方式，常常利用集市、庙会等场所进行大规模推广。这些促销活动犹如催化剂，为英美烟公司的产品销售直接注入了活力，使其迅速打开销路，夺占较高市场份额。另一方面，该公司还注重社会舆论的宣传，通过赈灾，“义行善举”以及联络中国政府官员与地方权势人物等非经济手段，为树立公众形象奠定了“感情基础”，同时为自己营造了一个更为宽松的法律和政策环境，从而间接地为其产品销路的拓展创造了便利条件。②

① 张国超：《南洋简氏兄弟企业家精神研究》，硕士论文，华中师范大学，2006。
② 张小莉：《英美烟公司在华促销策略初探》，《北京师范大学学报（社会科学版）》2001年第2期。

近代广告是资本主义发展的产物，是伴随着近代中国早期资本主义性质的新式商业活动。[①] 广告传播思想发轫于鸦片战争后外国资本主义入侵和进出口贸易的迅速发展，是在第一批开埠口岸地区逐步发展起来的。

三、外商广告与近代报刊传媒的协同发展

“近代报刊是研究中国近代史的重要资料来源，这已经是学术界的共识。对于研究近代中国社会经济来说，报刊更有特别重要的价值。报刊是各界居民直接间接获取新知识的主要来源，商业活动更离不开报纸。”[②] 据此，可以看出商业活动与报刊的姻缘关系。中国近代新式商业的产生可以说与西方资本主义入侵有着特殊关系，而报刊作为这一商业活动的信息载体就理所当然地有着更为直接的关联。

不同历史背景下差异化的商业活动偏好，各有其特色的经营方式，既体现出商业的阶段性发展状态，也反映出不同历史时期的商业文化发展的内在动因和具体表现形式。近代最新颖的形式就是广告，这也是资本主义商业发展的产物，它不仅是近代新式商业经营活动方式演变趋新的具体代表，而且在很大程度上也促进了中国近代商业的繁荣。在中国古代，虽然出现过与广告极为相似的酒旗、招牌、幌子等店堂装饰以体现商品特性，这些招牌方式也起到了一定类似于广告的宣传作用，但其实际效果却不能与近代的广告相提并论。即便中国历史上也产生了类似于报纸的“邸报”[③]，但是最终也没能与民间活动相融合，更不用说商业广告刊登了。中国最早的一批具有商业特征的传播刊物基本都由外国人所办。广告这一当时中国的新事物，最早也在这些外国人创办的中文报刊中开始出现。《遐迩贯珍》就是最早刊登外国商业广告的杂志之一，在此刊物上刊登的广告是最早进入中国市场的航运业务[④]，

---

① 朱英：《近代中国广告的产生发展及其影响》，《近代史研究》2000年第4期。

② 丘捷：《近代报刊与中国社会经济研究——以研究清末民初的广东为例》，《民国档案》2003年第4期。

③ “邸报”与报纸的形式相似，但是刊录内容主要是关于奏折诏令、官吏动态等，不向普通民众公开，与近代产生的报纸有很大差别。

④ 转引自陈培爱：《中外广告史——站在当代视角的全面回顾》（第二版），中国物价出版社，2002，第37页。

而它最早相中的广告投放市场是在船商报刊上，这远比沿街张贴效果好得多。后来这一形式逐步完善，近代以来外国商人一直非常重视在所创办报刊上登载广告。例如，英国商人1861年创办了上海最早的中文报纸《上海新闻》，在创刊号上即发布启示："开店铺者，每以货物不销，费用多金刷印招贴，一经风雨吹残，或被闲人扯坏，即属无用……似不如叙明大略，印入此报。"广告与报刊传媒的协同发展不仅是商品销售者的需求，在经历了一段时间的商业化入侵后，商业供求模式也基本成形，纸质报刊业也试图寻求更广阔的业务来源。

近代外商投放的广告与报刊以及其他各种传播媒体的出现相辅相成。近代报业先驱戈公振说："商业方面。日报之发生，与商业极有关系……外货之推销，以广告为唯一方法，不胫而走，实报纸传播之力也。"报刊是新型广告不可缺少的载体。由此可以推论，商业发展的成熟度是近代报刊广告迅速发展的前提条件，中国古代之所以没能发展出类似于西方商业广告的商业促销行为，是因为没有大规模商品推广的必要性。与中国古代宣传方式（招牌、幌子、店堂装饰）相比，外国企业带来的广告这种广泛性商业促销方式，具有长期固定宣传企业和产品的作用，它所发出的商业信号对民众的冲击和市场的渗透具有持续性。

第四章　近代外商在华之制度建设思想

市场经济是指通过市场配置社会资源的经济形式，它是人类为了满足自身需要而对有限资源合理进行分配的一种经济手段。到了近代，我国市场经济已初现端倪，商品经济虽还算不上市场经济，市场规模也十分有限，但是经济的潜在增长能力已经远不能满足于传统商业形态。市场经济本身需要一个自我完善壮大的过程。就企业而言，西方资本的强势入侵不仅带来了工业化商品，还带来了更加符合生产力发展需要的企业组织结构。晚清时期经由独资、合资到公司制形成的过程，企业制度的发展都与外国商业经营活动有着不可忽视的关系。魏源注意到，“西洋互市广东者数十国，皆散商无公司，惟英吉利有之。公司者，数十商辏资营运，出则通力合作，归则计本均分，其局大而联。散商者，各出己资，自运自售，利害皆一人独当之，其势专而散，方其通商他国之始，造船炮，修河渠，占埠头，筑廛舍，费辙巨万，非一二商所能独任，故必众力易擎，甚至借国王资本以图之，故非公司不为功”①。魏源是最早向国人介绍公司组织形式的，他已经意识到了西方公司制在功能上的优越性。太平天国后期领导人洪仁玕提出的《资政新篇》，可称为我国仿行西方自由资本主义经济制度的系统经济纲领。洪仁玕的香港生活经历使他一定程度上了解了西方文化，直接影响了他的经济主张。西方商业经营活动对当时的思想家有着深远影响，虽然因生活背景不同而有差异，但是他们都受到了外国经营思想的影响。魏源的思想脱胎于传统经济思想，而洪仁玕的经历则更多的是基于对西方文化的了解。

第一节 新式企业的商事活动与制度特征

一、新式制度在华发展的历史由来

鸦片战争前，中国是一个建立在自给自足自然经济基础上的封建农业国家，其内部孕育着资本主义萌芽，但是受制于统治者重农抑商的传统思维，产业组织结构和商业创新机制均较为匮乏。产业组织形式大多停留在手工业

① 魏源：《海国图志》（上），岳麓书社，1998，第38页。

作坊和商人雇主制阶段。此时兴起的商帮文化虽然出现了最初的行业垄断、合伙经营组织，但是在整个社会经济结构中仍是沧海一粟。此时外来商业制度对中国商业文化的冲击也成为最早中西商业文化交融的起点。18 世纪外国在中国投资，公司制也伴随着列强对华侵略活动而进入中国。公司制成为后来外国资本进入中国的主要组织形式。公司制萌芽于古罗马，“包税商”“船夫行会”是最早经由政府允许平摊风险的商人组织。公司制在西方得以迅速发展就是因为在这种制度下商人可以最大化分散风险，减少投资损失。远洋贸易成为这一制度最早的先行者，在西方的重商主义政策下，远洋贸易行业出现了最早的一批贸易公司。英国的詹姆士一世最早确认公司制的法人地位，而荷兰也紧随其后在 17 世纪确立了公司制。伊丽莎白一世特许成立的东印度公司则是与中国最早发生商业往来的西方公司制实体。

1715 年，英国东印度公司在广东设“行”。1818 年，美国旗昌洋行在广州设立，它是 19 世纪美国在中国最大的商业机构。1834 年，东印度公司贸易独占权被废前后，又设立了怡和洋行、立仁记洋行。[①] 鸦片战争后，上海、广州、福州、厦门、宁波开埠，凭借不平等条约的特权保护，一大批采用股份制形式的商业团体进驻中国，组织在华业务。这些洋行经营业务种类繁杂，也是外国商品最早进入中国的媒介。“到 19 世纪 50 年代时，大多数洋行不仅经营正常的购销和进出口代理业务，而且充当金融中介，不仅为本行，而且也为储户提供服务，办理汇兑业务、买卖票据；还作为代理人经营航运、保险和托运业务；代理法律事务以及各种投资”[②]，据美国学者郝延平统计，洋行作为最早在华发展的外国商业实体，大多采用公司制企业组织形式[③]。

毫无疑问，最早进驻中国的洋行和之后来华的外国企业不少都采取了公司制形式，这些新的企业制度模式早期集中于商业贸易领域，很快扩散到金融、保险、运输业等领域。采取了先进企业组织形式的商业实体在不平等条

---

① 吴承明：《中国资本主义与国内市场》，中国社会科学出版社，1985，第 13 页。

② 郝延平：《十九世纪的中国买办：东西间桥梁》，李荣昌、沈祖炜、杜恂诚译，上海社会科学院出版社，1988，第 20 页。

③ 郝延平：《十九世纪的中国买办：东西间桥梁》，李荣昌、沈祖炜、杜恂诚译，上海社会科学院出版社，1988，第 24-25 页。

约的庇护下享有在中国口岸地区的种种特权。在华外商经营的公司制企业多依照其母国的商业习惯和法律法规运作，它们虽然经营活动范围在中国，但是匮乏的法律依据不足以支撑它们开展经营活动。而中国司法解释权的丧失使得外国企业制度成立和运作在中国都成为无法管制的状态。由此可见，近代中国最早出现的公司制企业，其发起者、组织形式及经营管理模式等，都是从发达资本主义经济体传播而来的，其制度特征亦与其母国一脉相承。

二、新式制度在华发展的本土化特征

外国商业资本在中国最早的实践活动并不是直接在内地从事经营活动，而是借助于“诡寄洋行”“附股”于外商的中国买办商人。买办（comprador，亦称“康白渡”）是外国商业资本进入中国的过程中伴随兴起的特殊阶层。买办在鸦片战争前的广州公行时代就已经产生，而后随着外国商业在华规模的攀升，买办阶层也由最初的采买货物、打理杂物等转变成为外国商人的国内合伙人角色。鸦片战争后，第一批不平等条约的签订成为买办阶层兴起的制度因素，1844 年《望厦条约》规定“雇觅跟随、买办及延请通事、书手……均属事所必需，例所不禁，应各听其便”，“中国地方官勿庸经理”①。买办开始适应新式洋行贸易，并且扮演着管理国内事务的角色。之前的广州航商、散商等成为第一批帮助洋人在华开展商业活动的买办，之后茶商、钱庄商人以及雇员学徒也走向买办这条路。

外来商业品种的多元化使通商口岸忙碌繁荣，随后《马关条约》等不平等条约的签订，通商口岸、租界范围不断扩张，也对买办阶层的发展起到了助推作用，这些因素都为新式买办阶层迅速发展创造了条件。据郝延平统计，1884 年，中国大约有 250 个大买办；1870 年，增加到了 350 个；而到 19 世纪末，有过买办经历的人已经不下 1 万人。可见，买办阶层是当时外国商业文化进入中国的媒介，也是外国商品进入中国的重要路径。外国商人通过合股中国商人的方式，以洋行为商业实体，对中国输入了大量的商品。这部分买办商人凭借着洋行的特殊条件为自己积累了巨额财富，成为晚清最富有的社

① 王铁崖编：《中外旧约章汇编》第一册，生活·读书·新知三联书店，1957，第 52 页。

会阶层之一。

在买办阶层与外国企业的关系解读上存在着各种各样的论调。聂宝璋认为“外商离不开买办化华商，买办化华商也离不开外国商人”，“那些附股于外商企业的华商是不折不扣的助纣为虐的买办商人”①。汪敬虞则认为，“外国侵华企业中的华商附股活动，是中国买办资本形成过程中的一个重要方面，近代中国社会中的买办资产阶级，在很大程度上是通过附股于外国侵华企业的道路成长起来的”②。从对买办阶层的评价可以看出，外国资本在中国的经营活动中买办阶层起到了重要作用。

第二节　新式企业的制度化管理思想

第二次世界大战之前，西方企业管理制度较之于中国商业管理模式略显先进，但是也并没有完全脱离对资本的依赖。西方强调股东价值，导致企业的发展并没有全面考虑可能会带来的某些社会成本。经历了工业革命没多久的西方商业管理制度虽然在当时已算先进，但多少还是带有管控劳动力市场话语权、透支市场容量等缺陷。这些缺陷也无一例外地被带入了中国市场，当然这并不是笔者在本研究中所关注的，本书关注的是在当时商业发展水平下，外商在中国经营活动中所展现的近代先进管理手段。

一、现代管理体系的引入

甲午战争之后，允许外国公司在各通商口岸建厂，西方的一整套企业管理理念随之被引入中国。在整个经营活动前和经营活动中，从顶层管理者到工厂职工都要接受组织学习和训练，以确保完全胜任劳动要求，这一过程外国企业包办给“拿摩温”，也获得了不错的效果。在公司资本投入环节，资源开发与利用成为外国企业所要考虑的方面，且外国公司已经发展出了和银行等金融机构合作，分析利亏的现代化手段。企业能力的不断提升终究会与各

① 聂宝璋：《中国买办资产阶级的发生》，中国社会科学出版社，1979，第527-528页。
② 汪敬虞：《十九世纪西方资本主义对中国的经济侵略》，人民出版社，1983，第483页。

利益相关方发生摩擦，在确保企业自身资本流动不受影响的状态下，市场垄断成为外国企业的诉求，以此为基础发展出的企业专制思想、产销一体化思想也成为近代外国企业在华经营的特征。

（一）管理者的组织整合

外国企业在华经营活动发展迅速，20 世纪初期，其凭借着先进生产力和优秀管理理念已经在所涉各个领域占有绝对市场优势。为了获取更多的市场利益，也为了摆脱对中国本土商业网络的依赖，外国企业开始尝试着从接受过西方教育的青年人中挑选商业管理者。这一手段在其母国非常普遍，这些管理者被计划为全面替代工厂内“拿摩温”的角色逐步出现于二人管理团队、销售代理团队中，在一段时间内也的确成为外国企业在华发展的中坚力量。以日本内外棉株式会社为例，为了加强企业管控力度，在新老员工更替时，“绝大部分管理人员是日本人。监督工人的工作完全由日本人担任，而不再是中国人”①，一方面，新招入的管理人员在经过一定培训后掌握了更先进的管理技巧，另一方面，也可趁此机会削弱本土基层管理者的势力。在销售领域中，“内外棉的创立者就已经招募日本的中国通在中国采购棉花，销售棉纱和棉布”②。大批知识分子被招入外国企业中（其中很多为外籍人士），为了与企业相匹配，还将人才划分为管理型、技能型和企业家型。不仅如此，各类培训学校也在工厂外开启，许多大型企业投资这些职业学校，希望通过培训授课的方式掌握一批能够胜任企业管理又独立于中国传统商业的人才。与此同时，内外棉公司还选拔中国本土管理者送往日本进行培训，试图将大阪的管理经验移植到中国内地，帮助发展公司在华的各项业务。③ 但是，无论最初的动机如何，操作方式如何，这项改进都没能奏效。不过这种方法为近代工厂培养了众多技术工人。

（二）金融投入的制度支持

外资银行与外国企业齐头并进，对当时在华外资工厂提供了资金支持。

① 西川寺一：《中国劳工近况》，李途译，华文出版社，1925，第 101 页。

② 高家龙：《大公司与关系网——中国境内的西方、日本和华商大企业》，程麟荪译，上海社会科学院出版社，2002，第 123 页。

③ B. Y. 李：《日本在中国棉纺织业的影响》，载《中国每日评论》卷 31，第 6 期，1925 年 1 月 10 日，第 159 页。

各国银行对本国资本都有资金支持的作用，通过商业贴现或开发性投资，实际上发挥着风险资本家的作用。为了满足资本的安全性，德国的银行首次将各企业的储蓄账户与信用账户相关联，在保证银行风险可控的范围内对企业给予资金支持。随着商业资本发展越来越成熟，外资银行还在原有的经营业务中新增了信托业务，以便对得到其财务支持的企业的组织和技术能力进行评估。为了尽可能地掌握企业的决策信息，这些银行通常会在客户企业的监事会占有一席之地。在汇丰银行发起之初的临时委员会上，就包括了“英国、美国、德国乃至丹麦、犹太和印度帕西人的成员”[1]，因为这些成员的大部分在中国都有它们的行号。外国企业在华扩张的资本多来源于母国财团支持，而银行作为金融业发展的主力在制度层面对外资发展起到了推动作用。外资银行也利用这一特殊的角色成了企业的实际出资人。从财务制度角度来看，当时外国企业与外资银行的协同发展已经具备现代化特征。

在华外国企业基本都拥有旺盛的赚钱能力，银行在企业做大之后会收回其资本，在合适的时机出售股权盘活资本，继续投资下一个公司，基本都是一本万利的买卖。先进的金融投入机制，一方面对外国企业在华建厂的最初阶段提供了启动资本，另一方面，在出售股权盘活资本的同时，又使外国企业拥有更多的企业发展话语权。上海最早的一家煤气公司大英自来火公司（Shanghai Gas Co.）一开始就和有利银行发生了借贷关系，之后有利银行收回贷款，差点逼倒自来火公司。[2] 以后这家公司又找到汇丰银行投资走出困境，汇丰银行自然而然地成为这家公司的代理银行。[3] 这套机制在当时已经完全成熟，各国企业纷纷效仿，不仅解决了企业利用资金的需求，还极大地提升了外资银行的影响力和声誉。也为外商金融业之后在华业务扩张打下了基础。

相比之下，中国本土企业创办之初要么依靠老家底，要么采取债务融资

---

① Frank H. H. King, *The History of The Hongkong and Shanghai Banking Corportation* (Cambridge: Cambridge University Press, 1987), p. 54.

② *Daily News*, March 2, 1867, p. 2655.

③ Frank H. H. King, *The History of The Hongkong and Shanghai Banking Corportation* (Cambridge: Cambridge University Press, 1987), p. 74.

方式。股权思想没有形成完整的体系建设，更不用说从金融机构融资了。外国企业与外资银行的合作使得它们在中国发展速度呈指数型增长，也为本土企业家起到了示范作用。

（三）财务制度优势

西方近代财务管理的发展是与资本主义经济的发展相联系的。在外商对华投资的活动过程中也必然会将其财务制度带入中国的经营管理活动中。西方主流观点认为，财务管理分为筹资、监督、事前控制三个阶段，也有学者认为分为筹资、控制、投资三个阶段①。对于近代在华外商的财务定义，笔者认为第二种方式更加符合当时的历史状况。外国企业在华建立企业、工厂、商行以及银行及其控制的海关、铁路与邮政等行业，都采用欧美会计理论和核算方法，客观上对中国人学习和运用西方会计知识和先进的财务制度起到了早期示范作用。近代外商在华投资的最初动机就是获取可观收益，筹资则是这一达成目的的开始。在财务制度和西方契约精神的保证下，以股东入股形式凝结起来的财团遵循一系列股息分配制度、股本归还办法，以及股权投票协议等一系列财务程序。为了获取高额利润，筹资规模在合同制度的保证下一般都比较大。在专业经理人的运作下，都会定期给参股股东出具财务核算，保证和维护大小股东的利益。这就对资金的安全性和投资的专业性起到了双重保证作用。

外商在华建厂得以迅速发展，甚至挤垮本国同行业企业的原因有很多，其中财务制度的优势是不可忽视的一部分。相较于外国企业，中国人在第一次鸦片战争之后也建立了不少新式企业，但是财务制度一直没能成为企业建设的重要部分而被重视起来。即便在清末有类似于蔡锡勇的《连环账谱》、谢霖的《银行簿记学》以及孙德全的《理财考镜》，但是运用的过程还是受到极大限制。近代初期的华人企业表面上看起来具备了西方新式公司厂房等所有部门科室，但并没能学到外国企业的精髓，即内部管理制度，尤其是财务制度。中国企业家怀揣着“小钱办大事”的思想，在经营过程中经常出现超支、超限使用资本金的状况，整个企业的运作模式也并无标准的参考标尺。

① 郭复初：《中西方近代财务管理的发展与启迪》，《四川会计》1997 年第 7 期。

为了吸纳股本加入，近代前期设立的官督商办企业实行“官利制”来解决融资难的问题，对企业财务造成严重损害。相较于外国企业明晰的财务制度规定了红利提取比例、机器的折旧年限、制造工人的培训费用等，中国最早的新式企业显然没能掌握经营企业的根本手段。只有在财务制度的保证下，公司的股东和员工才能形成一个良好的价值循环体系，员工可以清楚地看到每天工作的收益状况，股东也可以合理控制企业运行的风险所在，进而合理规避。

二、人力资源体系的嫁接——“拿摩温”制度评析

外国企业在进入中国以后，利用了中国传统的通过地缘、血缘等本土关系网络管理、控制工人的“拿摩温”制度。在将“拿摩温”制度运用到西方现代化工厂作业的同时，也对这种制度加以改造，使企业更有效地提高生产效率，降低管理成本，这是外国企业的本土化改造，也是对中国本土人力资源体制的改良。随着“拿摩温”势力的增长，企业也试图通过各种手段压制其势力，但是“拿摩温”与外国企业的关系并未出现根本的改变，这一牢固的本土非正规制度，即便是外来商业文化也未能有所撼动。

《马关条约》签订以后，外国在华投资迅速增长，各主要资本主义国家争相在华设立工厂，其西方企业制度和管理思想与本土传统理念发生碰撞，尤其是劳工征用方面，外国公司对中国人力资源市场并不熟悉，基本靠本土市场自发组织的劳动力市场征用劳力，而国内传统的“拿摩温”制度作为一种非正规制度与西方管理制度完成了最初的对接。它将低成本高效率的工人管理特点与西方单一化、专业化的劳动方式有效结合，在提升工人工作效率的同时，也有效降低了管理成本。可以说，在外商在华建立工厂的前期，“拿摩温”制度解决了最初用工难的问题。

“拿摩温”即 No. 1 的音译，意为管理工人的工头。“拿摩温”制度即工头制度，是企业的一种工人管理制度，其特点就是企业并不直接与工人发生关系，而是与管理工人的工头订立契约，工头再通过本土社会网络寻找所需工种的工人。外国企业在这个过程中需要付出薪酬，工人的雇佣、奖惩、管理等其余事务都由“拿摩温”来操办。具体来看，“拿摩温”分为文场和武

场两个系统。文场设有大“拿摩温”，其下属各车间设领班、副领班，在纺织企业中还设有管理女工的“拿摩温”，分工算是比较细致；武场有总“拿摩温”、分支小头目等。按照工种来分，文场“拿摩温”主要负责记账、统计、人事、考核等工作；而武场“拿摩温”主要负责原料加工、成品检验，以及和产品加工有关的机器修理、技术操作等工作。[①] 企业的整个生产管理部门基本都由“拿摩温”操作，这样就形成了以“拿摩温”为核心的基层管理体制。

“拿摩温”制度对外国企业在华前期的生产经营起到了举足轻重的作用。外国企业动辄需要上万的劳动力，单凭几个本土代理商联系劳工根本不足以应付大规模生产的需求，“拿摩温”在这个环节中就起到了相当大的作用。英美烟公司当时在华的劳工总数有两万多，其中多数都是通过“拿摩温”介绍来的。[②] 外国各大在华企业劳工状况基本都是如此，“拿摩温”从自己家乡招募劳工，他对这些劳工负责，对这些工人有一种家长式的影响。[③] 自然而然地，“拿摩温”具备了独立于公司而掌控劳动力的自主权，这种权利包括招募、培训、支付工资，甚至开除工人。这种状况逐步发展，趋向性变得微妙起来，随着“拿摩温”招募员工的数量增多，他们与外国公司的议价能力也有所增强。但糟糕的是，“拿摩温”的权利并不受到外国企业的监督，工人遭受“拿摩温”剥削的问题逐步凸显出来。此时的外国公司也意识到问题的严重性，准备以强制性手段终止“拿摩温”的特权。

20 世纪 30 年代，中国共产党在上海也注意到普通劳工受剥削的事实，随后便发起改善工人劳动条件、提高工人待遇的罢工抗议，并要求恢复工会、承认工人俱乐部的地位。面对这突如其来的变故，外国企业家随机倒戈，同“拿摩温”站在一边，希望可以平息罢工。从根本上讲，“拿摩温”和外国企业家的利益是绑定在一起的，都是剥削工人阶级的剩余价值，而外国企业面

① 沈祖炜：《近代中国企业：制度和发展》，上海社会科学院出版社，1999，第 181 页。

② 上海社会科学院经济研究所编：《英美烟公司在华企业资料汇编》，中华书局，1983，第 1032 页。

③ 高家龙：《大公司与关系网——中国境内的西方、日本和华商大企业》，程麟荪译，上海社会科学院出版社，2002，第 79 页。

对自身利益即将受损的情况时，必然选择承认那些虽然让自己并不舒服却又能带来巨额商业回报的“拿摩温”行为。

对于外国企业本身来讲，“拿摩温”制度在本土工厂的势力范围已经超出了公司可以掌控的范围，但是也只能被动地接受。在大罢工之前，外国企业也曾做过削减“拿摩温”权利的尝试，它们或者是提出“不允许克扣工时，剥夺自由”等无关痛痒的口头警告，或者是推出公司条例以备遵循，但是都没有起到实质性的效果。这些措施仅仅是公司管理层对“拿摩温”不满情绪的宣泄，不能在实质上改变“拿摩温”制度。

外国企业大规模进入中国是在19世纪末，当时的中国社会经济还处于转型阶段，中国传统经济社会缺乏西方资本主义国家所提倡的那样规范的市场体制和成熟的劳动力市场。在这种情况下，中国本土的“拿摩温”制度，将基层工人的管理权限交由本土工头全权处理，使外国公司获利颇丰。随着企业规模的壮大，用人的近代化水平也被提上公司议程，在多次交涉中也推出了新型公司章程，还聘请知识分子管理公司，但是收效并不理想。“拿摩温”制度是外国公司在华经营嫁接中国本土关系网络的典型，在短期内组建公司，控制经营成本方面带来了不俗的表现。但是我们需要认清的是，“拿摩温”制度在推动外国企业本土化的同时，也是外国企业剥削中国工人、垄断劳动力市场的手段。

第三节　新式企业的制度化金融思想

一、中西金融思想之异同

金融机构是商品经济进入高级阶段的产物，同时也为商品经济的发展提供助力。近代时期，随着本土化商品经济自发的萌芽，典当、钱庄、银号等金融机构得到了初步发展，并形成了一个多样化的金融体系，蕴藏着中国传统金融思想的内涵。具体而言，典当与抵押贷款类似，用以满足市民在规定期限内对货币的需求，通常以小件商品（衣物、饰品等）作为抵押标的，特征是利息高、期限短。钱庄则由明代的钱铺发展而来，后来分出两条旁支，一是加入公所的钱庄，二是未加入公所的钱铺。至此进入了钱庄与钱铺共存的时期。相对成熟的钱庄以货币兑换为主营业务，此时银两与铜钱并行的货币制度方才设立，由于施行领域的不同，为民间兑换业务留出了发展空间。后随着货币兑换的开展，钱庄开始逐步吸收存款、发放贷款业务，但多数钱庄还只针对个人开放借贷业务，并没有向工商企业提供贷款服务。可以说，这时的钱庄已经吸收了一部分典当的功能。而银号作为本土金融体系中较为先进的金融实体，既是钱庄业务的延展，又是金融领域内的创新，在中国金融史上有着十分重要的位置。钱庄与银号的区别主要体现在业务范围方面。如前所述，钱庄的功能围绕在货币兑换上，而银号除了具备钱庄的基本功能外，还提供远距离汇兑业务和委托代理业务，这是近代金融思想的重要突破，不仅在货币流通和货币周转的基础上加入了多币种跨期汇兑的思想，给商贾的远距离行商带来便利，也使近代中国得以形成自己的传统金融网络，突破金融的地域限制，助推全国范围内的商品流通。

上述传统民间金融机构，皆由民间商贾自发组织，均未受到政府的插手干预。《皇朝文献通考》对此有过评价："兑换之柄，操之于钱铺之手，而官不司其事，故奸商得任意高昂，以图厚利。"① 可见本土金融业属于缺少监管的暴利行业。在地域方面，民间"南钱北银"的说法即是暗示南方的金融体系多以钱庄为主，而北方的金融系统则以银号为多，如上海钱庄、京津银号等。② 本土金融机构除了货币兑换和资金汇兑以外，还从事放款业务，虽然数目较小且期限较短，但是也能基本保证当地的作坊生产或农业周转。不难看出，本土金融体系的建立和完善都以便民为第一前提和初衷，盈利则为附加属性，在资本主义萌芽的不断深化过程中，盈利的属性逐渐加深。同时，本土金融业务的受理范围在小型民间金融的区间内，而外国金融业则截然相反。外资银行与其母国的银行属性一致，在社会化大生产如火如荼的进程中，资本家深谙资本积累的内在逻辑，银行业的产生在当时更像是社会大资本的附庸。

外国金融体系对中国本土金融业的渗透要追溯到第一次鸦片战争前后。

---

① 《山西票号史料》编写组：《山西票号史料》（增订本），山西经济出版社，2002，第7页。
② 孔祥毅：《中国银行业的先驱：钱铺钱庄银号》，《中国金融》2010年第12期。

鸦片战争的失败以及不平等条约的签订是外商被允许在通商口岸贩售洋货的起点，随着名副其实的资本主义生产方式和产品的进入，金融服务业也围绕着商品交易在华展开。到甲午战争前夕，西方商业活动的资金往来多数由洋行代理，彼时商品货物流通量一般，洋行在兼顾商品贩售的同时也能从提供金融服务的过程中获得不菲利润。具体而言，出口押汇、进口付汇等业务起初由洋行代办，随着贸易额的扩大，洋行经营规模也最终不能匹配贸易额的要求。外国银行起初只是接手洋行代办的金融付汇业务，随着外国资本在中国内地的深入，外国银行也相应扩展经营业务，凭借自己的大资本优势与本土钱庄进行借贷、走账等业务，从而与本土传统金融体系相联系。外国银行的业务发展很快就席卷了整个本土金融业，就连普通民众也认为将钱存在外资银行更安全。外资银行与外国企业相勾连，互通有无，一方面可以提供商品销售过程中的流通性，另一方面赚取利息收入，在中国内地市场如虎添翼、左右逢源。最后，清政府就连中国的海关关税也委托外国银行——汇丰银行代理。1895 年前后，伴随着大规模外资企业在华建厂，之前零零碎碎地进口货物随之变成大批涌入的本土制造洋货。大体量的金融体系正式入驻，逐步接管了洋行所代理的业务领域，出口押汇、进口付汇业务成了外国银行所经营的主要业务，中国进出口业务的资金往来基本由外国银行把持。洋务运动之后，中国陈旧破败的金融业完全不能满足政府、企业的资金需求，外国银行又开拓了新业务，戏剧般地成为政府资金需求的主要提供者。汇丰银行等建立之后，兴建交通、企业筹款，甚至海关关税也交由外国银行代理。外国银行在近代可以说是完全取代了本土银行应负的责任，当然外国银行对中国近代金融也有相当的促进作用。

综上而论，中西金融思想在目的性、对象性和制度性上皆存在不同。在目的性上，不难看出，即便当时在中国已经产生资本主义萌芽，但是在以小农经济为主导的经济体系之下，中国传统金融思想的产生源于对现实困难的解答，即以便民为依归。在对象性上，中国本土的金融机构只受理小额金融业务，多数金融机构甚至并不针对工商企业开放贷款业务。当然，这与资本主义萌芽的发展阶段密不可分。在商品经济发展的初期，货物流通和资本流通尚处于使用价值大于交换价值的价值选择阶段，在还没有或还没来得及自发地认识到资本巨大的生利属性之前，中国传统的金融思想就被迫做出调整，并跳过了资本主义萌芽期的中后段，直接进入资本主义的成熟期。相比之下，同一时期的外国金融思想在目的性上则更为清晰，即完全的、单一的、自主的逐利属性。以资本逻辑为指导的西方金融思想在目的性和对象性上与封建社会的中国本土金融思想在本质上趋同，只是因为所处的资本主义特定发展阶段的不同而存在差异，如同巨人与幼儿之间的区别。而在制度性上，中西金融思想所体现出的差距却不完全取决于发展阶段，更有传统文化和阶层观念等的制约。

在金融制度方面，传统金融体系在自发摸索中逐渐从便民性转向了趋利性，又因监管的匮乏造成了诸多恶劣影响，终于在清末受到政府的重视，自此开始了对行业约束机制的探索。清政府先后针对典当、钱庄、银号颁布了“当税”“五户联保”[①]“道帖”等政策，整治了“挂幌钱铺”“违禁取利”等金融违规行为[②]，并对货币兑换行业的“钱桌”行为进行了惩治。

行业违规的出现与监管制度的缺位密不可分，但更本质的原因在于金融机构组织形式中传统文化下家族合伙的特殊性。近代时期的金融机构在组织形式的设置上相对单一，它们一般为独资或合伙制，其中，企业股东大多承担无限责任，而企业的组织者或发起人通常带有一定的家族属性，即完全的家族企业，或部分家族成员参股的企业组织。这种基于血缘和利益绑定的所谓的“自身约束”在短期内推动了近代中国传统金融行业的兴起，但久而久之，家族绑定下的“相互约束”难免发展成监管缺位下的“相互包庇”，致使违规行为频频发生。

在西方资本主义国家，契约精神摒除了血缘绑定可能产生的弊端，并在稳定、长期的发展中占据了相当的优势，而背后的逻辑正是资本积累的必然要求。金融业只有在监管之下才能更有效地运行。中西金融思想之异同，除了在资本主义发展阶段上表现出的目的性和对象性的差异外，更主要的仍要归结为在传统文化和传统思想上之异同。

---

① 《清仁宗实录》嘉庆十五年五月丁巳，卷二二九。

② 兰日旭：《中国近代银行制度变迁及绩效研究》，中国人民大学出版社，2013，第20页。

二、外国银行在华的经营特点

（一）垄断国际汇兑

随着国与国之间经济往来日益频繁，国际汇兑也日益活跃起来。各国在中国均设有国际汇兑业务，以免他国银行操纵汇价造成汇率损失。但中国本国的国际汇兑业务却一直缺位，这就为外商银行垄断中国外汇市场留出空隙，近代国际贸易汇价一直以汇丰银行挂牌为准，表现为以下三个方面：①外国银行分支行遍布中国各地。外商银行不仅为本国在华侨商进行汇兑，且为中国各地欲与该国通汇或者汇至他国的需求提供服务。②各国对华贸易增长使外商银行经营范围扩大，这是各国在华银行所以能存在并垄断国际汇兑的主要原因。如果将1911—1932年各国对华贸易总额趋势进行比较，可以了解各国银行在中国对外贸易中所起的作用。③外商银行垄断国际汇兑也得益于中国对外各种借款及赔款本息的收付完全须由外商银行经手。[①]

（二）操纵中国金融市场

外商银行不仅完全垄断了中国对外贸易市场的国际汇兑业务，而且对中国国内的金融市场也频繁插手。中国有关金融方面的改革措施，如果不得外国银行同意，金融界甚至财政部门都不敢轻易单独行事。例如，由上海中外银行及外业组成的国际银钱公会的15名委员中，外商银行推举7人，上海银行公会曾推举5人，外业公会推举4人，并指定麦加利银行经理或其代表为第一任主席。汇兑经纪人员，外籍56人，中国仅有16人。[②] 其中，外商银行受不平等条约的保护，在创办程序上也只要求其向本国政府注册，而在华分行、办事处又多数设立在各国租界内，这样一来，一切嫌疑违法的举动和贸易冲突都只受其本国领事或法官处理。中国海关税、盐税，以及对外借款和偿债赔款均存于外商银行，这些业务尤以为汇丰银行代理最多。另外，外商银行公积与现金资本雄厚，还有其母国政治势力作为后盾，日本兴业银行、法国中法实业，一直以来皆赖于本国政府援助而得以维持经营，或借助现金

---

① 《民国外债档案史料》第12卷，北京国民政府财政部档案（1027），第14页。

② 仇华飞：《近代外国在华银行研究》，《世界历史》1998年第1期。

支持作为其应付抵御事变的资本。

（三）阻碍中国企业发展

外商银行由于政治借款和在国际汇兑等方面的垄断，对近代中国重要企业的发展大加阻挠，按照需要划定自己的势力范围并在自己所操纵地区内建立分行。例如，朝鲜银行在东三省有分支行 18 处，横滨正金银行设有 6 处，台湾银行在福州、厦门、汕头均有分行；汇丰银行以香港为其总行所在地，远东银行设总行于哈尔滨；而东方汇理银行在云南、广西设有支行等。各外商银行所发行的钞票，在其势力圈内成为通行的货币，如广东通用港纸，南满通用金票，云南通用法郎等。① 外国银行不仅限制了中国企业的发展，而且严重扰乱了中国的金融秩序。

三、金融思想西化的背景和驱动

随着资本主义国家对近代中国的经济侵略日益深入，本土金融体系逐渐无法满足外国商业大资本的往来需求，负荷能力的崩溃也使自给自足的自然经济趋于瓦解。内忧外患之下，政府和民间意识到了向西方学习借鉴的重要性。洋务派首先提出“中学为体、西学为用”的口号，并将改良运动应用到民事、军事等各个方面。“官府军用工业，自咸丰十一年（1861）到光绪十六年（1891），开办规模不同的企业 24 家，制造枪、炮、子弹、水雷、小轮船等军品……民族资本工业，自同治十一年（1872）到宣统三年（1911），商办、官商合办、中外合办近代企业 521 家，资本为 15 965 万元；其中光绪二十三年前开办 120 家，约占 23%”②。通过大机器的引入和新厂的建立，一时间，近代中国的机器制造业进入了快速发展期。

随着外国资本在我国商业活动的逐渐深入，对资金周转的需求越发膨胀，传统金融体系的承载能力已无法满足外国商业大资本往来的需求，这为外国银行在中国的发展留出了巨大空间，相对落后的国内金融体系成为外国商业进驻中国的有力助推。谈及银行对商业活动的重要性时，郑观应曾言：“夫洋

① 仇华飞：《近代外国在华银行研究》，《世界历史》1998 年第 1 期。
② 张国辉：《洋务运动与中国近代企业》，中国社会科学出版社，1979，第 14 页。

务之兴莫要于商务，商务之本莫切于银行。泰西各国多设银行以维持商务，长袖善舞，为百业之总枢，以浚财源，以维大局。"[①] 他已经看到了银行的存在是商品能够周转、社会资金得以调剂的必然要求。外国银行对外商来华投资提供了资金支持，维持了生产和流通正常运转，也为进一步吸纳中国资本打下了坚实的基础。陈炽在介绍外国银行时生动地比喻道："通商不设银行，是犹涉水而无梁，乘马而无辔，登山无屐，遇飘风急雨无寸椽片瓦以栖身，则断断乎其不可矣。"足见金融体系在商业正常运转中的重要作用。

然而外国银行在中国本土建立金融系统的开端是在19世纪上半叶。随着公司制度的日益成熟，英国国会很快就允许建立适应投融资需求的公司银行机构，而这一体系的最早输出是19世纪40年代，一些小规模的英印合资银行在印度经营汇兑业务。[②] 这一业务最早是英国丽如银行（Oriental Bank）在1845年引入中国的。在丽如银行在香港设立总部不久后的两年，于1847年在上海也设立了代理处，并凭借这"皇家特许状"（Royal Charter）被授予在好望角以东设立机构的权利。丽如银行来华后，又有多家外国银行来华经营业务，初期均以国际汇兑业务为主。这一近代新兴的银行业务还没来得及发展，中国金融业就被外国银行所牢牢把持，起初外国银行经营的业务包括"自身买卖汇票和充当供求双方汇票买卖经济人"[③]，后来外国银行麦加利将业务拓展到贴现、押汇等融资业务活动[④]。随着外国资本的不断深入，汇隆银行在汉口和福州两地也开设了外国资本控股的汇兑银行，通过商业信用以周转美国和中国的贸易而从中牟利。[⑤]

为了更有效地经营和控制中国的贸易和金融活动，在华的西方商人逐步产生了一种渴望，希望能拥有属于自己的银行机构，且总部就设在东方，一

① 郑观应：《盛世危言·银行上》，载夏东元编《郑观应集》上册，上海人民出版社，1982，第679页。

② G. C. Allen and Audrey G. Donnithorne, *Western Enterprise In Far Eastern Economic Development: China and Japan* (London: George Allen&Unwin Ltd, 1954), p. 106.

③ 汪敬虞：《外国资本在近代中国的金融活动》，人民出版社，1999，第17页。

④ 《一九一八麦加利银行营业成绩》，《银行周报》1919年9月16日第3版。

⑤ 汪敬虞：《外国资本在近代中国的金融活动》，人民出版社，1999，第39页。

改所有业务都要报批欧洲总部的不便局面。[①] 1864 年汇丰银行的建立将这一愿望得以实现。汇丰银行将总部设在香港，很快业务就扩展到福州、宁波、汉口、汕头等地，甚至还将分支机构扩展到印度、新加坡、马来西亚等东南亚口岸，以便更方便地开展业务。除主营业务汇兑业外，汇丰银行还从事着存款、货币发行以及投资等业务。汇丰银行的建立将国内的西方金融体系进行了有效的整合。著名银行史学家巴克斯特曾评论，汇丰银行从“一开始就开辟了新园地。它是在中国的英商汇兑银行中，从该行活动地区中最重要的中心之一筹募资本、制定方针和取得法人地位的第一家……它和当地的紧密联系，可以部分地解释它从 1864 年以来的惊人发展”[②]。随着近代科技的发展，1869 年苏伊士运河通航、1870 年海底电缆完工对金融业发展助力巨大。外国银行的电汇业务增多，信息沟通的便利使得银行押付的应付票据减少，银行占用款项被成倍释放出来；业务的扩张还得益于汇票兑付期限大为缩短，这就使双方承担风险大幅下降，原先六个月的兑付期票，现在多被三个月、四个月期票所代替；同时苏伊士运河的开通使得欧洲到中国的航程大幅缩减，押汇周期缩短。同时期内货物的周转次数有了明显提升，银行获取的利润也同步增加。

外国银行与西方列强势力一起，逐步从贸易自由阶段走向商业垄断阶段，金融业也在此分得一杯羹。19 世纪 70 年代开始，外国银行借助于本国势力开始在中国经理中国政府外债活动。清政府举借外债始于太平天国时期，之后收复新疆借款逐步成为政府应对紧急事件的重要资金来源。甲午战争之前，向在华外国银行借款多以地方政府为主体，利息 8 厘，期限也限制在 10 年之内，还算得上是正常借款项目；而到了甲午战争之后，中央政府开始大力筹措资金偿付外债，资金的主要来源是外国银行，而还款担保则是口岸关税，赔偿的对象又是外国政府。外国银行在华的角色复杂性导致了其经营业务的特殊性，其母国与中国政府也维持着一种极为畸形的经济往来模式。

---

① G. C. Allen and Audrey G. Donnithorne, *Western Enterprise In Far Eastern Economic Development: China and Japan* (London: George Allen&Unwin Ltd, 1954), p. 107.

② 毛里斯、柯立斯：《汇丰—香港上海银行（汇丰银行百年史）》，李周英、甘培根、白鸿等译，中华书局，1979，第 6 页。

伴随诸多不平等条约的陆续签订和外国金融体系的压倒式垄断，本土华商逐渐认识到自身已通过外商银行的“帮助”成了外国资本在华获取利益的主要渠道，随即引发了兴办本土银行的思想争论。盛宣怀上《条陈自强大计疏》于1896年附“请设银行篇”奏折中指出，银行处于社会经济的枢纽地位，是联系工商业的神经枢纽，具有重要的“信用中介”职能，通过银行业务可以把不同行业的各个企业联系起来，从而有效解决企业的资金周转问题，保障国民经济在各部门间调剂资金的需要，维持生产、流通和市场的顺利进行。[①] 他认为，“吾国通商以来，英、法、德、俄、日本之银行，乃推行来华，攘我大利”，只有中国自设银行，才能“通华商气脉，杜洋商之挟持”，积极抵制外资银行在华的垄断格局。就兴办本土银行的具体组织形式上，李鸿章提出，“若由户部及外省委员开设，恐信从者少，资本尤缺，须纠合中外众商之力，着实办理，这样，可期经久”，这为推行中外合资办银行提供了思路。19世纪末，郑观应在《盛世危言》中提出，以资本和经营管理归属权的角度入手，明确将银行区分为官办银行和商办银行两大类，并在重要性上考虑将国家筹办大银行放在首位。另一方面，盛宣怀明确表示反对创办国家大银行，也不支持以国家为主导创办中外合资银行。对于创办银行的分歧，李鸿章早就表明对创办中外合资银行的支持态度，这在银行业发展过程中也有事实依据，英、俄、法、奥等国均向清政府提出合资创办的要求，李鸿章没有回绝。盛宣怀的反对则是从利弊分析而来，他以中外合资兴办银行“其权在彼，利害之数，未易计度”为由加以反对。鉴于多年经营的经验教训，他对于官办、官督商办、官商合办形式开办洋务企业的利弊十分清楚。因此，从他的《奏请创办中国通商银行》便可以看出其观点偏向为力主商办。“银行者，商家之事。商不信，则力不合，力不合，则事不成。”要想完善近代商业必须减少行政干预，让经营者能够充分行使管理的自主权，这是办好近代银行业的基础。当然，盛宣怀也充分认识到在封建社会下，如果没有官方保护为前提，一切皆难以发展，所以虽然力主商办银行，但还是希望“官代以维持”。

---

① 纪彦彬：《中国的银行体系变迁研究（1840—1937）》，博士学位论文，中央财经大学，2016。

来自多方的思想碰撞逐渐开启了国人对兴建本土金融业的长远思考，更引发了国人对外国银行业从内到外的深层次剖析，在向其学习借鉴的过程中逐渐反思自身，不仅在当时为本土金融体系的后继发力做好了铺垫，也为中国金融业的长远发展留下了宝贵的思想遗产。

四、中西金融体系之融合发展

（一）本土金融体系的短板

随着通商口岸的开放，西方的社会经济模式开始传入中国，并随着商业势力的入侵，外国银行业作为各项外国产业的资本支撑也迅速强大起来。外国银行在通商口岸迅速扩张的同时，在内地市场的规模却没有想象中那么大。研究近代中国金融机构，不可忽视的一个问题就是近代中国两大金融体系的长期存在。这两大金融体系分别是外来的西方金融体系和原有的本土金融体系。在这两大系统之上逐步衍生出了近代中国金融体系的两种功能，一种是基于商业资本主义的便利资金融通功能，另一种是基于产业资本主义的便利资源配置功能，近代中国金融变迁主要表现为这两大系统和两种功能的合作和竞争过程。[①] 长期时间里，中国的银行业一直保持着二元结构，通商口岸的资金需求主要依靠外国银行，内地的资金周转主要依靠本土钱庄银号；外国商铺、店面、企业需要资金支持主要依靠外国银行，而本土商业往来主要依靠亲友周转，或是典当钱银。在这段时间内，外国资本在金融层面上并没能席卷整个中国内地，倒是依靠传统的本土经营模式客观地阻碍了本土商人对外国银行业务的需求。

外国银行的先期发展不畅除了本土金融体系的竞争以外，西方的金融体系在货币制度上相比本土金融体系有许多明显不同，二者差距明显，中国近代社会一直维持着一种银钱平行本位制（双汇率）。对于不同贸易中心的大量的债务清算，多重兑换活动是必需的。首先，在一个贸易中心，根据当地的洋厘，银元兑换为银两；其次，一种银两又兑换为另一种银两，最后，另一种银两再根据另一种贸易中心的洋厘兑换成银元。这种制度导致贸易极为不

① 杨志勇：《近代中国金融机构变迁研究》，博士学位论文，山西财经大学，2014。

便，在流通过程中，政府能做到的只是规定银锭的形式与重量，但是作为实值货币的银子既可自由拆分，又可熔炉重造，甚至前朝货币也放任流通，货币铸造的混乱导致市面上钱银杂乱。以时代论，两汉到明朝的货币均可自由流通；以地域论，国内十八省、满、蒙、回、藏，国外西班牙、葡萄牙、墨西哥铸造的货币均可在市面上流通。① 货币价值以货材论贵贱，以形式论虚实，完全不符合西方银行制度的标准化流程。货币的贵贱区分往往就在买卖双方的讨价还价之中，在账房先生的把玩拿捏之下。“紊乱的币制对贸易发展所产生的阻碍的确是令人生畏的”②，面对这种货币局面，外国银行不得不放缓占领中国内地金融市场的野心。据统计，清朝市场上流通的货币种类大致分为四大类、30 小类，如表 4-1 所示。

表 4-1　清朝市场上流通的货币种类

<table>
<tr><td rowspan="13">清代流行货币种类</td><td rowspan="3">计量货币</td><td>（一）生金</td><td colspan="4">洋金、砂金、荒金、其他</td></tr>
<tr><td rowspan="2">（二）生银</td><td colspan="3">按形状分</td><td>锭银、条银、碎银、其他</td></tr>
<tr><td colspan="3">按接收机构分</td><td>海关平、漕平、库平、市平</td></tr>
<tr><td rowspan="10">计数货币</td><td rowspan="7">（三）铸币</td><td rowspan="3">元类</td><td colspan="2">外国币</td><td rowspan="3">银元、铜元、镍元</td></tr>
<tr><td rowspan="2">本国币</td><td>部铸</td></tr>
<tr><td>省铸</td></tr>
<tr><td rowspan="4">钱类</td><td colspan="2">古钱</td><td rowspan="4">铜钱（又分红铜、青铜、黄铜、白钢）、铁钱、铅钱、银钱、锡钱</td></tr>
<tr><td colspan="2">清钱</td></tr>
<tr><td colspan="2">官钱</td></tr>
<tr><td colspan="2">私钱</td></tr>
<tr><td rowspan="3">（四）纸币</td><td colspan="3">按货币单位分</td><td>制钱钞、银两钞、银元钞、铜元钞</td></tr>
<tr><td colspan="2" rowspan="2">按发行机构分</td><td>官发</td><td>部钞、省钞</td></tr>
<tr><td>商发</td><td>银钱号庄、银号庄、银行（又分为洋行、华行、洋华合办）</td></tr>
</table>

资料来源：卫挺生：《清代中国流行之货币及其沿革》，《清华学报》1924 年第 2 期，第 154 页。

① 卫挺生：《清代中国流行之货币及其沿革》，《清华学报》1924 年第 2 期。

② G. C. Allen and Audrey G. Donnithorne, *Western Enterprise In Far Eastern Economic Development: China and Japan* (London: George Allen&Unwin Ltd, 1954), p. 103.

但金融领域的客观条件限制并不能妨碍外国资本在经济领域的扩张。伴随着外国商品数量的急剧增多和交易规模的成倍扩张，商业金融服务功能的扩张逐步形成业务升级的需求。一是随着内地通商口岸的开埠，异地支付需求极为迫切；二是货币统一化需求成为中外商人共同的愿望；三是对信用中介的扩大产生更高的要求。其中，既有量的变化，又有质的变化。然而，这些本该政府协调改革的工作却因为各种各样的因素被搁置下来，留给市场自行消化。政府的不作为对金融业发展产生了抑制作用，但是在市场需求的诱发下，金融市场很快找到了解决问题的途径。这促成了本土钱庄银号体系与外国银行体系的商业合作。

（二）中外金融体系的合作

两大系统的关系较为复杂，不同的阶段呈现不同的特点。长期看，彼此之间有合作，有竞争，经历了此消彼长的过程，西方金融系统的影响力逐步增强再减弱，本土金融系统的影响力逐步减弱又增强，后一种情况是借助于本土新兴银行的出现而完成的，总体来看呈现出相互融合的趋势——中国金融体系内出现了西式银行，西方银行业制度也在中国的发展中逐步出现了本土化特点。中国社会关系的复杂性催生了金融体系的多样性，近代中国最终形成二重金融体系也多是因为社会经济系统的二元性，即口岸开埠城市和传统内地所构成的二元社会格局，这种二元状况是近代中国金融业发展的重要背景和基点。国外产品的输入在口岸城市率先形成了类似于西方的近代市民文化，这片区域和全球资本市场紧密联系，而中国广大的内陆地区还是以传统经济伦理为主导，产品生产，无论是生产力层面，还是金融观念方面，都还是传统模式。口岸城市的近代产业与广阔内陆的传统产业也形成了一种复杂的对立和共生关系。① 随着金融体系的发展，金融功能也越加丰富。当时中国的不同金融机构之间既表现出相互融合、互补的一面，又表现出相互竞争、替代的趋势。② 最终结果是现代银行体系的形成和完善，银号、钱庄、典当等旧式金融机构的转型或衰落，如图 4-1 所示。

---

① 龚会莲：《变迁中的民国工业（1912—1936）》，陕西人民出版社，2009，第 33-34 页。

② 燕红忠：《试论近代中国金融业的发展：路径与结构》，山东大学学报（哲学社会科学版）2013 年第 1 期。

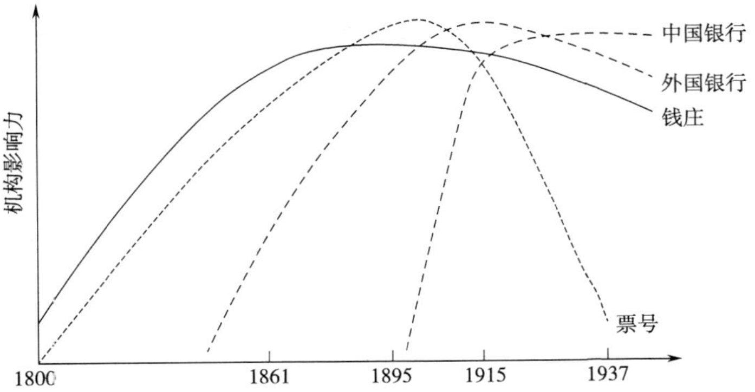

图 4-1　近代主要金融机构变迁路径

资料来源：杨志勇：《近代中国金融机构变迁研究》，博士学位论文，山西财经大学，2014。

外资银行进入中国后，在通商口岸发展迅速，逐步包揽了国际汇兑业务和外债业务。《马关条约》签订后，资本主义列强为了扩大对华资本的输出，在中国争相设立银行，外资银行在华数量急剧攀升，加之其管理理念和经营办法先进，在享有口岸地区一切特权的帮助下，外资银行在中国金融业的竞争实力不容小觑，特别是国际汇兑业务一直维持到 20 世纪中叶。汇丰银行建立前后，相继来华设立分支机构的外国银行还有很多，如法国东方汇理（Banque de L'Indo-Chine）、美国花旗银行（International Banking Corporation）、日本的朝鲜银行（Bank of Chosen）和横滨正金银行（Yokohama Specie Bank）等，但是碍于总部不在中国，加之复杂的社会背景和政治势力障碍，它们多以代理本国的汇兑业务为主，并没有汇丰银行得天独厚的条件（如表 4-2 所示）。即便如此，外商银行垄断与操控中国外汇市场的局面还是出现了。

表 4-2　19 世纪 70 年代至 20 世纪早期中国新晋外商银行情况统计

类别	行　名	成立时间	额定资本	在中国活动情况
英商	德丰银行，原名加尔各答银行（1984 年更名为印度国民银行）	1863 年，总部印度加尔各答	200 万英镑	1875 年设上海分行，同年香港设立代理处，1876 年福州设代理处，1880 年厦门设代理处

续表

类别	行　名	成立时间	额定资本	在中国活动情况
英商	上海汇兑所	1878 年		主要业务是汇兑货币和小额票据贴现及抵押放款
	工部局储蓄银行（后改名投资银行）	1866 年		主要业务是小额储蓄
	中国银行有限公司	1891 年	100 万英镑	成立后不久并入中华汇理银行
美商	花旗银行	1812 年		1902 年上海设分行
法商	东方汇理银行	1875 年		1898 年天津设分行，1914 年上海设分行
德商	德意志银行	1870 年	1 500 万泰莱尔	1872 年上海设分行
	德意志国民银行	总部伦敦不来梅	1 500 万泰莱尔	1872 年上海、香港设代理机构
	德华银行	1889 年，总部上海	白银 500 万两	在天津、青岛、汉口、香港、北京、广州、济南设分理处
日商	中国进出口银行公司			1892 年设上海分理处
	东京第一国民银行			1878 年设上海、香港分理处
	横滨正金银行	1880 年		1893 年上海设立分行
	朝鲜银行	1909 年，总部汉城		1913 年上海、沈阳、大连、抚顺、长春设立分行
	台湾银行			1911 年上海设立分行
俄商	对外贸易银行			1875 年委托怡和洋行代理业务
中外	中华汇理银行	1891 年，总部香港	100 万英镑	1891 年厦门设立分行，1892 年上海设立分行，1893 年福州设分行
	华俄道胜银行	1895 年，总部彼得堡	600 万卢布	1898 年哈尔滨，1910 年长春，1912 年海拉尔、齐齐哈尔设分行

资料来源：姜建清、蒋立场：《近代中国外商银行史》，中信出版社，2016。

清末民初，本土金融体系无论是票号还是钱庄都与外国银行形成了彼此较为适应的局面，这种彼此适应的前提条件是它们发现可以利用彼此优势创造出更多价值。本土金融体系依赖于外国银行的大资本来扩张自己的业务范围，而外国银行则需要通过本土资金渠道赚取利差。更重要的是，外国商品企业急需一套分布于广大村县的金融支持网络，而这恰恰是西方银行业在短期内无法做到的。本土金融体系与外国银行的彼此依赖在拆借款项的连年攀升中可见一斑，19 世纪 70 年代，外国银行对钱庄的拆款数额大抵为 300 万两左右，到了 90 年代，这一数值已经达到了七八百万两，到了辛亥革命前后，光是上海钱庄借自外商银行的拆票额就高达 880 万两之多。① 与此同时，外商借助于本土金融机构汇兑的款项也逐年攀升，1908 年出版的《清国商业纵览》中记载，天津向上海汇兑的 1 000 万两中，外资承担了 50%，本土金融体系承担了 50%（其中 30%由钱庄承担，20%由票号承担），而后来，这一比例越来越高。② 上海与汉口两地的金融周转和清算，也逐步依靠两地钱庄的汇票调拨。③

（三）国内金融机构的蜕变

随着中国半殖民地性质的加深，进出口贸易中商业资金流动量和信用规模同步增长，商业金融服务功能也逐步扩展，在与外国银行相互合作又彼此竞争的背景下，商业金融服务有了突飞猛进的成长。商业金融活动中呈现出钱庄、票号、外国银行三足鼎立的格局。不可否认，我国金融体系的蜕变主要是由于外国资本进驻中国后市场诱致性动因发挥了主导力量，但是本土金融体系的思维解放和与外国金融市场的主动对接也在客观上逐步推动了金融格局的变迁。这一变迁先后可以划分为三个阶段：第一阶段为 1841—1860 年，其间发生了两次鸦片战争和一次国内战争，这一阶段在金融体系变迁角度看是适应期或者被动接受期，大量的外国商品涌入国内的同时，买办阶层动用本土社会资源筹措资金周转，有意无意地将大规模汇兑业务的频率和规模都推到一个先前未有的高度。第二阶段为 1861—1894 年，国内政局稳定，

① 洪葭管：《中国金融史》，西南财经大学出版社，2001，第 125 页。

② 根岸佶：《清国商业综览》第四卷，丸善株式会社，1908，第 412 页。

③ 张国辉：《中国金融通史》第二卷，中国金融出版社，2003，第 160 页。

金融业逐步开化，本土金融体系意识到被动抵制已无济于事，而主动寻求合作才有生存下去的可能。此时的国内，无论是洋务运动思潮，还是近代工业崛起，客观上都需要本土金融体系的支持。即使在大资本投资方面，政府主要还是依靠外国银行，但是本土金融机构也发挥了力所能及的作用。第三阶段为北洋政府时期和南京政府时期，金融业出现潮起潮落。

这里重点介绍第三阶段。在这一阶段，钱庄、票号在金融界的地位经历了一个由与银行并驾齐驱到成为银行从属的过程。之前本土金融体系利用本土商业网络将汇票、庄票业务牢牢把持在自己手中，本土的资金划拨、清算偿付俱归于本土钱庄票号旗下。之后，本土银行的崛起彻底使钱庄、票号的业务分流到管理更为先进、费用成本更为低廉的本土新兴银行手中。同时，军阀割据导致政府财政能力薄弱，无法有效运转金融体系，设立银行的相关制度也很难实施起来。不仅如此，北洋政府财政拮据成为拖垮本土金融业的最重要原因，政府不得不依赖银行资金维持运转，导致政府赤字运行，银行高负债运转。政府对银行业的过度索取最终导致大批银行由于资金周转困难而倒闭，这也促使当时大批官办银行为避免政府的过度干预开始向商办方式转变。在辛亥革命前后，上海原有的51家钱庄只存活下24家[①]，虽然后来由于政治局势稳定数目又有所攀升，但是最终还是没能存活下来。不可否认，现代银行体系的形成和完善在近代中国已成为趋势，票号、钱庄、典当行等旧式金融机构必将面临转型或衰落的命运。

从地区结构来看，北洋政府时期银行业地域分布范围的确是有所扩大，但是分布不均衡，银行业在北洋时期主要还是在经济相对发达、对外开放的地区，对外经济联系密切程度成为发展金融业的主要考量因素。沿海地区和各大通商口岸的金融业在当时有了长足的进步。其中以江、浙、京、津、沪最为集中，并且形成了两个金融中心，即财政金融中心（北京）和商业金融中心（上海），如表4-3所示。

这个时期，集中开始了对中央银行的讨论。孙中山认为，“要有健全职员训练，尤须有完善之金融机构”，并拨款用于在汉口设立中央银行。然而，彼

① 洪葭管：《中国金融史》，西南财经大学出版社，2001，第226页。

时的中央银行没有如期待一般成为中国金融的枢纽，军阀的割据与混战影响了央行的信用发行，后来只得暂时停业。在经过了“准中央银行”的改组和专业银行的建立以及地方银行的设立之后，国内银行的组织形式终于逐渐突破自我、呈现改良之势。

表 4-3　1925 年中国各地区银行分布情况统计

地区	家数	地区	家数	地区	家数
江苏	44	江西	6	贵州	0
浙江	9	湖北	7	辽宁	4
河北	37	湖南	0	吉林	1
山东	9	四川	1	黑龙江	0
河南	1	福建	2	热河	1
山西	4	广东	9	察哈尔	1
陕西	1	广西	0	绥远	2
甘肃	10	云南	1	安徽	0
西康	0	新疆	0	总计	141

资料来源：吴承禧《中国的银行》，岳麓书院，1934，第 13 页。

其中，在股权结构方面，逐步脱离政府的干预，摆脱了割据军阀的影响，开始呈现出商办的主要特征。在 1919—1923 年新设立的 156 家银行中，商办银行有 143 家，占总数的 91.66%。① 在治理结构方面，银行除了继续沿用外国经验和模式外，也开始了自身的探索，其中包括修订了 1912 年颁布的《银行则例》，改变了过去由政府直接任命银行高管的状况，初步形成了“股东大会-董事会-监事会-经营管理层-总分支机构”的治理结构。另外，出现了联营的模式，以“北四行”为例，金城银行总经理周作民的解释是：“在平时联合，如共同投资于事业，可使范围扩大，在有事时联合，可使危机减少。”这些银行在互不侵害各自营业范围的前提下，起到了相互依靠、相互约束的作用。

随后，第一次世界大战爆发，包括银行在内的在华外资企业受到了一波

① 杜恂诚：《中国金融通史》第三卷，中国金融出版社，2002，第 139 页。

爱国反帝运动热潮的排挤，作为外资银行避险和自保的必要手段，中外合资思想的渗透在这一时期最为关键。到了南京政府时期，《修正后中央银行条例》正式颁布，经过一系列的改革和条陈的修订，终于将本土银行的组织形式和职能等做出了规范的规定。此时，外商银行的金融思想对本土金融体系的影响已进入到尾声，兼具了西学优势的中国银行业在近代多变的社会形势下艰难地发展，从“以西为主”的初始阶段，到“中西兼容”的共生阶段，再到“以中为主”的自主阶段，这是一个以思想为先导的变迁过程。近代中国银行业也从蹒跚学步到顶天立地，承载起社会资本运转枢纽的工作，也为近代乃至现代商业思想的传播提供媒介。

第五章　近代外商在华之公共关系思想

上文介绍了解到外国公司在渠道建设、价格竞争和组织制度化变迁等方面比起本土企业具有明显优势，此外西方企业还主动调查并适应中国本土文化，形成了具有中国特色商业文化背景的商业运营手段。不仅如此，近代外国公司在中国发展商业经营活动的同时，向上主动沟通与统治阶级的关系，向下也较为全面地完成了民间关系网络的搭建，可以看出外国企业在中国的经营活动中具有浓厚的本土化意识。外国商业对我国公共关系网络的利用程度如何，怎样与统治阶层的沟通利益，我们将在接下来的部分详细讨论。①

第一节　在华外商与顶层关系的建设

政治文化一直以来是中国传统文化的一部分，随着商业的逐步繁荣，政商文化也逐步成为社会文化中一个不可忽视的环节。中国近代以来，政商关系随西方公司制度的广泛流行而备受关注，政商关系在外商的参与下逐步演变成了外国商人与中国统治阶层输送利益、窃夺国家财富的手段。与西方国家顶层关系处理方式不同的是，中国企业制度的初步建立是外来因素传播的产物，外国企业在中国近代社会中的经营也迅速成为本土商业部门的主要组成部分，而它们背后又有着西方列强势力的支持，从客观上看，近代中国商人与政府的关系具有畸形、不完整等属性。即便如此，在华经营的外商企业也不得不面对，与政府的关系是任何一个企业都必须面对的重要社会关系之一，外国在华企业也不例外。近代中国的政治环境尤为复杂，主要表现出两个特征：一是政权更迭频繁；二是民族主义运动普遍。这两个特征都增加了外国企业在华经营的难度，为近代外商处理中国政企关系平添了不少不确定因素。如何处理好这一关系，成为外国企业在华经营的一大难题。

一、税收博弈思想——以英美烟公司为对象的考察

英美烟公司在华经营的几十年里，先后经历了晚清政府、北京政府和南

① 公共关系是由英文 public relations 翻译而来的，是指组织机构与公众环境之间的沟通与传播关系。一个社会组织用传播手段使自己与公众形成双向交流，使双方达到相互适应的管理活动。这一理念涵盖了社会网络公共关系、管理职能学以及传播学等，所以公共关系一词在此处恰当地囊括了本章的研究内容，故以之为本章题目。

京政府三个不同的政权。虽然政权更迭频繁，但是英美烟公司与各个时期的政府都保持着融洽的互动关系。究其原因，英美烟公司抓住了与中国政府维持良好关系的要点——烟税，这一商业关系在各政权建立之初都是当政者极为重视的。在近代商业发展的历程中围绕烟税的政企互动，既起到了润滑剂作用，又成为双方交易的筹码。

开埠之初，烟草输入中国并不纳税，这种现象一直持续到 1902 年。清政府与各国签订《续修增改各国通商进口税则善后章程》，开始了百货同科，值百抽五的税收要求。到 1905 年，清政府外交大臣奕劻同英美烟公司签订了“庆亲王合约”，将英美烟公司的税收降到了“值千抽三到值千抽七”①。而此时的华商卷烟企业仍然按照之前的“值百抽五”的办法缴税，此外中国内地还有负担不轻的厘金。两者相比，英美烟公司的税负实际上只相当于本土企业的 1/10。从相差甚远的税收安排就可以看出，外国烟草公司对清政府统治阶层的商业游说力度不容小觑。外国企业与顶层统治者的非正常关系会导致制度层面的标准不统一，中国本土企业利益自然会受到损害，甚至不得不退出市场。

民国初年，军阀割据导致商业活动混乱，税费征收体系也变得杂乱纷繁。外商在华生产的香烟除了 5%出厂征税以外，“各省间有征收销场、落地等税，大抵招商承办，收入无几，不第固有税源，弃同敝屣”，而烟草为奢侈耗费之品，“西方各国莫不倍增其税，有值百抽进口税二百者，有值百抽百者，或百分之七十五，极轻亦有百分之二十五”，税收杂乱无章，使外国企业在华销售成本控制产生不确定性，这也正是西方标准化生产流程的企业最无法容忍的。

商人总能在不利条件下找到最好的解决途径，此时中国军阀战争频繁，北京政府急需寻求途径解决财政危机，英美烟公司也在混乱税收制度下无所适从，急于寻求一条统一税收标准的路径，找到了利益共同点，于是双方一拍即合。1913 年，上海英美烟公司总经理汤姆森（Thomas）、邬挺生等人应邀至北京商谈政府借款问题，虽为借款，实则商讨税收一致化问题。经过双

① 上海社会科学院经济研究所编：《英美烟公司在华企业资料汇编》，中华书局，1983，第 751 页。

方磋商，英美烟公司答应一次性交付250万元的税款，之后税款递增，四年后增至1 500万元，之后按照此数交纳税款。“唯中国慑于协定税率，所征税率之轻，亘东西各国，蔑与伦比”①。如此低廉的税费引起了当时国内商界巨大震动，此次谈判在北京政府内部斗争的影响下虽无果而终，但是作为财政总长的熊希龄与英美烟公司的谈判基础是一致的，双方都希望以一个统一的标准使外国商业在中国经营更有效率、有法可依。北京政府也可从中提前获取稳定收入，满足政府开支需求，这在政策层面上无疑是一种双方可以互相妥协且相互接受的解决办法。

北京政府的初步尝试虽然以失败告终，熊希龄倡导的卷烟共卖思想却最终被延续下来，并得以保留。他指出，西方英美等国除对烟草科以重税外，莫不采用专卖制，因此“收入加多，为额甚巨”，而“吾国烟税岁入极微”，国内从事烟业者日渐消沉，虽然贩卖烟商实属不少，“然皆陈列外来之熟货，于吾国实业无与”，长此相沿，“政府不谋所以保商裕课之法，恐现时烟商尚不可保，而种烟制烟者将绝迹于吾国矣”。外国企业在华销售的扩张迅速，以及政府的不作为，使得这一矛头从民众对外国企业的不满，转而指向统治当局。也难怪社会舆论对近代外国商业的宣传倾向总是负面的。“然则维持之法，亦在仿行各国烟专卖制”②，在种种呼吁之下最终实现了。1915年5月，北京政府统一税制设立，亦即，为了扩充税源实现烟酒公卖。消息一经传出，英美烟公司立即电告英国公使朱而典，随即开始了商业交涉。此时北洋政府初立，商业活动也多依仗外来资本，加之鸦片战争之后外国政治势力和商业势力在华均已培植多年，北洋政府此时的商业决策看起来并不是那么权威。很快在多方协商下，中国政府又败下阵来，公卖制度仅限于国产土烟，进口及国内外资公司所制卷烟另订办法，原本围绕着外国烟酒税推行的公卖制度还未经交锋就又一次流产了。畸形的近代商业格局使外国企业、中国统治阶层和中国民众三方都产生了不满且尴尬的复杂情绪，碍于各方压力，当局最终的解决办法还是妥协。

① 秦辉祖：《烟草刍议》，上海文明书局，1909，第2页。

② 《1914年2月9日熊希龄请设烟草专卖筹备处以维国货而裕税收呈暨大总统批》，载中国第二历史档案馆编：《中华民国史档案资料汇编》第三辑，凤凰出版社，第278页。

近代外国公司除了对民国时期北洋政府采取威逼政策，还有日后对南京政府使用利诱手段。与北洋政府不同，南京政府是一个较为完整的大一统政权，这对商业发展更为有利，英美烟公司也由此看到一丝希望。早在广州革命政府期间，英美烟公司就已经与国民党政府有联系，1925 年，时任广东政府财政部长的宋子文就邀请英美烟公司负责人商讨烟税问题。宋子文答应将外国公司税费征收比例从 40%降至 20%，英美烟公司随即提出愿意预付 50 万元作为友好与亲善的表现，这笔款项最终还是以税收的方式进行了抵扣，但是对于当时军费严重紧缺的国民党政府来说，还是相当及时。显然，当时宋子文关心的并不是烟税定为多少才合适，而是外国公司能为国民党政府提供多少财政支持。预售烟税的模式后来成为英美烟公司在国民党政府统治时期烟税征收条款的模板。之后的北伐战争中，英美烟公司又多次向国民党政府提供预售烟税的款项，这就为今后预售烟税在中国各地通行埋下了伏笔。

南京国民政府成立后，英美烟公司依仗着支持北伐战争的政治优势地位，在中国各地实现卷烟税收优势。与国民政府以及宋子文之间的良好关系，使英美烟公司在税率的问题上受益匪浅。从 1928 年 1 月正式征收烟统税到 1934 年 5 月的七年间，国民政府经历了六次重大变革，税收标准从七级降至二级①，英美烟公司税负也逐步减轻，而国内民族资本的税负却不断加重，用中国老话讲，这就是“拥立之功”带来的红利。华商烟草厂商抱怨道：“税率分级多则上中下税之负担，随烟质之高下而分别重轻，故下烟之负担较轻，华商居有利之地位，国产烟草，亦随而畅销；税率分级少，则上中下烟之负担距离不甚相远，甚故下烟之负担超过上中烟至一二倍，故上中烟之负担较轻，英美居有利之地位，国产烟亦随而滞销。”② 烟税变更导致本国烟草企业负担加重，外国烟草企业税收负担锐减，英美烟公司市场布局也随之突飞猛进，而华资厂商却倒闭凋零、所剩无几。

与政府建立良好的关系不单体现在获得税收优惠上，英美烟公司还与政府高层建立起密切个人关系。英美烟公司董事如有事磋商，都会直接找宋子

① 民国政府对烟税由最初的七级税收，降至五级税收，直至降至二级。由于差异化税率变得无差异，很大程度上影响了低价格的国产香烟销路。

② 《华商烟厂呈请变更税制》，《工商半月刊》第 6 卷第 5 号（1934 年 3 月）。

文本人而非有关部门。不仅如此，为了培育利益共同体，财政部卷烟处处长谢作楷还在广州英美烟公司总经销处有股份。英美烟公司为了联络政府要员，在上海的和平饭店长期订有房间以招待政要名流。通过这样的关系，英美烟公司总能在第一时间获取政府各项政策和政令动向。

尽管近代中国政府结构混乱复杂，以英美烟公司为代表的外国公司总能处理好与当权政府的关系，且手段越来越成熟。英美烟公司在中国经营的数十年中，已经习惯了“中国式的政企关系”，在关键时刻总能拿捏好政治高压和商业利诱的手段力度，善于了解当政者的利益需求，总能以最廉价的方式换取实惠的税收政策；在处理政企关系时，英美烟公司游刃有余，说明当时外国企业已经适应中国的政企关系，并为其在华特权利益与垄断利益所用。

二、建立中外合资公司的思想——以美孚石油为对象的考察

1914年，纽约美孚石油与中国政府签订了《中美合办煤油矿合同》，为中美实业合作的一项尝试。这次合作，在中国而言，是为了利用外资、振兴本土实业，然而北京政府的财政窘迫，使这次合作又被蒙上了寻求财政支持的企图。在美孚石油而言，这次合作出于开拓远东市场的商业考虑，是纯商业合作性质的，而美国政府则把这次合作看作通过美孚石油来华参与开发中国资源的途径，并希望在这次合作中对商业领域能够有所掌控，政治外交意图和商业利益的混杂使得这次中美合作计划趋于复杂化。

美国政府在20世纪初就非常注重和中国的关系，认为中国会是美国最大的贸易合作伙伴。在19世纪末20世纪初，美国工商界协同美国政府展开了一系列活动开拓对华事务，其中就包括购买中东铁路、修筑从黑河到阜新的锦瑷铁路、创立东三省银行，以及参加国际银行财团投资等。虽然在最初尝试同中国寻求共同利益话题方面并不很成功，但是一直以来美国都没有对中国市场失去兴趣。《中美合办煤油矿合同》的签订被认为是美国大企业与中国合资开办公司的另一项尝试，也是美国在中国及远东地位的展现。

在此之前，美国政府就试图与中国政府保持合作互惠关系。20世纪初期，美孚石油在中国已经拥有了完整的经销体系，但是当时的市场开拓还仅局限于油栈设立、运输管道铺设等基层商业网络方面。1911年，美孚石油凭借在

中国内地的销售的市场优势向清政府提出5 000万借款垄断中国石油市场的提议，被清政府驳回。1913年，美孚石油又再次提出合作，与北洋政府总统袁世凯协商以1 500万美元的贷款换取陕西石油开采权。① 迫于当时的外交形势，美孚石油并不想卷入中国和日本的政治旋涡中，美孚石油只得暂缓与中国政府的合作。而北洋政府急需外国企业的资金支持，最终通过芮恩施（Paul S. Reinsch）公使的协调，美孚石油才得以与北京政府达成1 500万美元的政治借款。北京政府终在1914年2月10日签订了《中美合办煤油矿合同》。②

美孚石油在经营活动中借助和支持政治势力在当时已经是公开的秘密。美孚石油曾经为了垄断在华石油权益，秘密支持孙中山临时政府；袁世凯政府财政窘迫时期也接受过美孚石油公司的资助。这些以商机交换政治利益的传闻，虽经该公司一再否认，但是仍然免不了被贴上政治权谋的标签。

《中美合办煤油矿合同》具体条款并未向公众公开，究其原因是北京政府获取了美孚石油经济支持的同时，也以政治方式进行了回报。在条约第六款就有："中国政府允与各地业主或租户等开油井之人议定办法，将所有应用产油场所均归公司开采，别人不得开采。"此款中所提到的公司就是美孚石油。由于签订条款并未公开，媒体所披露的细节内容就略有出入，但是总体来看均暗示了美孚石油为了获取中国开采地位向北京政府输送了各种利益好处，引起国内外各大媒体的广泛曝光，社会舆论也颇为负面。③

当时社会舆论对中美合资公司建立的否定，多是由于民众厌恶外国企业勾结中国政府打压本土企业，认为外国公司利用本国政府所获得的特权会侵害本土商业发展，当然也存在近代时期民众对合资公司的偏见。还有一股反对势力也不容忽视，那就是同时在中国经营煤油业务的英国公司——亚细亚火油公司。作为竞争对手，亚细亚火油公司并不希望看到中国政府与美孚石油的联合，所以在社会舆论上鼓噪"今美孚石油既与中国结约，中国矿产之

① Williams to Bryan, Oct. 21, 1913, Records of Department of State Relating to Internal Affairs of China, 1910-1929, 893. 51/1477, United States National Archives Washington D. C.

② 吴翎君：《美孚石油公司在中国（1870—1933）》，上海人民出版社，2017，第87页。

③ 吴翎君：《美孚石油公司在中国（1870—1933）》，上海人民出版社，2017，第91页。

一部从此无有发展之希望”，还在宣传中一再强调“中美合资公司”不过是美孚公司之附属。①

民国初年中美石油合资公司的设想，为中外公司合作提供了一次尝试。但合同涉及的种种卖国条款，遭到了社会各界的疑虑和抨击。由于合作标的是能源类产品，民众一时间很难接受，带来了全社会的普遍不满情绪。在这次尝试中，中国政府寄希望于本国油田开采的实现可以有效抵制外来洋油的进口，从而降低用油成本，当然更为重要的是可以从外国公司获取巨额借款以巩固政权。美孚石油则希望能以利益换权利的方式顺利入华开采原油，无奈北京政府建立时间短，政府信用并未有效建立，民众舆论也较为负面，因而在当时难以如愿。太平洋战争爆发后，民众和政府的视线被转移到与日本人的敌对情绪中去，美孚石油在西北的采矿活动才得以顺利开展。无论怎样，美孚石油在中国本土开采出的石油为中美石油合作做了最初的尝试，奠定了初步基础，也为太平洋战争爆发后中国的原油供给做出了一定贡献。

三、在华外商的福利建设思想

公共物品是人类社会为公共需求和公共利益而生之产物，是满足公众需求、实现公众利益的重要途径。公共物品的充分与有效供给，可以促进人类社会福利的发展，并为私人物品提供最基本的平台。② 19 世纪末，资本主义国家疯狂的商品生产导致了大量的商品堆积，使社会经济出现了危机的前兆，而这时的西方国家对于科学社会主义思想还处于视而不见的阶段，直到 20 世纪初期经济危机全面爆发，才引发资本主义国家为改善民生而对社会福利的思考。在资本主义社会的意识形态里，福利思想似乎与他们以保护私人财产为第一的要义并不相容，然而出于对社会矛盾的缓解和对资本积累的延续，提供公共品服务似乎是逼不得已的唯一选择。但是在此之前，资本家提供公共物品的现象不只在外国，甚至在中国就已经出现，其背景和原因，却相对复杂。

---

① 吴翎君：《美孚石油公司在中国（1870—1933）》，上海人民出版社，2017，第 91 页。

② 阮萌：《公共物品非营利组织供给研究》，《开放导报》2009 年第 1 期。

在近代中国复杂多变的社会背景下，政府对社会公共物品的提供难免力不从心，而全社会对公共物品的强烈需求，使得市场中必然出现新的提供者来替代原本政府应充当的角色。在政府与企业之间，在企业与企业之间，在外企与国企之间，随即展开了公共品提供的角逐。

近代外国企业在华设立的公司、厂房数量众多，种类繁杂，分布的地区也非常广泛，即便如此，产品销售也并没有因为各种障碍而滞销停摆。这是因为外国厂商认识到一个共同经验，即销售必与中国本土商业社会相联系，而消费者的前期培养和消费习惯的改造就成为这些外国企业在华销售产品的必修课。对于商业开发程度偏低的中国市场来说，最有效的办法就是提供福利设施，扩大企业的知名度。当然，在公共设施建设方面，交通的提供也是有效获取固定消费人群的最有力途径。

作为外国公司的典型案例，英美烟公司在营销方式上也别具风格，不单以广告宣传画、赠品发放等方式牢牢地把控住中国本土的消费市场，还注重文化融合和文化渗透。英美烟公司为了更好地适应中国本土市场，每逢赶集或庙会都会花费大量的人力物力营造声势，最先是悬挂条幅、赠送旗帜，这些赠品的主题也多是“花好月圆”“良辰美景”等中国吉祥祝福语，但是狭缝中必带英美烟的字样。这种本土化行为发展到后来，龙舟竞赛已成为吸引民众眼球、促进市场发展的重要手段。[①] 营销手段带给英美烟公司的利益增长必然有限，想在华发展更为壮大，就必须在品牌形象方面下功夫，英美烟公司等很多外国企业都意识到了这个问题。形式密集宣传的直接手段在推广产品方面能取得立竿见影的效果，却难以长久，真正能起到长远效应的是公共关系策略的运用。公共关系策略是指企业在销售活动中恰当地处理与社会公众的关系，为树立企业良好形象而参与一些福利慈善活动。

英美烟公司当然知道企业形象的重要性，它们极尽可能地通过各种公益事业，去改变自身形象。英美烟公司档案 1919 年 10 月 15 日记录了对广州红十字的捐款：“本公司已同意保证每月付给红十字会在广州所办的一所医院

---

① 王强：《近代外国在华企业本土化研究——以英美烟公司为中心的考察》，上海人民出版社，2012，第 193 页。

325元的维持费。除每月费用之外，还支付包括各种设备在内的大约800元开办费。”这所医院的招牌标明，该医院系红十字会所办，由英美烟公司负担开支。[①] 除对红十字会等医疗机构进行捐款外，它也捐款给中国的部分受灾地区。1919年，英美烟公司认捐一笔不超过5 000元的湖北省水灾救济捐款。它还通过从售烟中提取一部分经费的方式来捐款。1924年广东大水灾，英美烟公司就是这么做的。[②] 当然，它的这些付出并不是无偿的，它的上层人物在关于给颍州府捐款的讨论信中写道：“关于颍州府的经费，我们同意捐助100元，但……我们要能够得到公开的鸣谢。”[③] 1927年它给芜湖红十字分会150元的捐款，在三家芜湖报纸上得到了公开的感谢。英美烟公司这么做，一则是为了向社会宣传本公司致力于慈善事业的企业形象，二则是寻求更广泛的市场认可度。

英美烟公司的内部刊物《英美烟公司月报》，几乎每月都对英美烟公司捐赠的数额和对象进行详细披露，由此可见捐赠的频率相当之频繁。不仅捐赠次数多，各种慈善活动对象也相当广泛，不仅有学校、医院、教堂，还有中国青年会、各种基金会，以及各种慈善、救济组织。从捐赠范围来看，英美烟公司作为我们考察的外国公司的典型代表，由于其在华经销网点广泛，其捐赠的区域遍布全国各地，从城市到农村，如有自然灾害、疾病救助活动，几乎都有它活动的身影。

公司形象的建立对其在当地开展经营活动至关重要，在100年前的中国大地上，就已经有外国公司为了赢取中国的市场份额而开展的类似于企业文化建设的活动。英美烟公司在陌生的社会环境中经营，最迫切的就是融入中国的社会文化中，作为外国企业，自鸦片战争后就与生俱来带有被国人排斥、厌恶的基因。赢得中国市场、获得国人的认可对于近代的外国企业是巨大挑战。英美烟公司作为近代外国公司在我国成功经营的代表，其自身形象的塑

① 上海社会科学院经济研究所编：《英美烟公司在华企业资料汇编》，中华书局，1983，第721-722页。

② 上海社会科学院经济研究所编：《英美烟公司在华企业资料汇编》，中华书局，1983，第722-723页。

③ 上海社会科学院经济研究所编：《英美烟公司在华企业资料汇编》，中华书局，1983，第723页。

造是相当成功的。

鸦片战争以后，东南五口开埠通商。随着西方势力的扩张，城市文化也逐步影响了通商口岸和租界地，开埠口岸城市的市政建设迈开了近代化步伐。作为早开埠的通商口岸，上海租界率先引进了欧美先进国家的市政设施，并且采用了当时先进的市政管理模式，一系列无差异于西方发达城市的市政设施次第发展起来，有现代公路、煤气灯、自来水、电灯泡、电话机、公交车等，并在一整套“著有成效”的市政管理体制中逐渐成熟起来。其中对民众影响最大的就是交通设施建设和自来水、自来火民用设施完善工程。

（一）公共交通设施建设思想

近代中国最早的路政管理是在租界最先确立的，而最早的公共交通设施建立也是在租界地最先出现。公共交通设施是我国近代公共商品提供的重要组成部分，而这一部分的最早提供者是外国企业。我国发展起城市公共交通事业、形成混合型城市交通网络以当时的上海为中心，也是这个第一批成为通商口岸的开埠城市起到了近代时期现代城市的模范作用。

新式公共交通在中国兴起，经过了人力车到电车、公共交通的发展历程。近代以前，中国处于典型的“步行城市”时代，城市空间和人口规模比较小，交通运输主要靠人力和畜力，人们出行除了步行以外，主要靠轿子、骡马、舟船等。[①] 随着中国城市社会的发展和转型，以上海为代表的通商口岸，人口数量不断激增，城市覆盖面积也逐步扩大，人们对先进交通的渴望不言而喻。与此同时，租界地的马路设施也不断完善，为现代公共交通设施的出现提供了客观条件。[②] 城市规模的扩大以及城市交通建设的完善，致使以人力车为主的城市交通状况越来越不能满足现代化城市进一步发展的需要了，更加先进的城市交通工具的出现成为必然。1908 年 3 月 5 日，上海第一条有轨电车线路自静安寺至上海总会开始往返运行，运营商为英商上海电车公司，同年法国商人也看到了公共交通领域的发展潜力，两个月后由法商电车电灯公司开设的有轨电车也开启运营。从此，上海进入电车运营时代。外国资本控制的

① 邹依：《旧上海人口变迁研究》，上海人民出版社，1980，第 15 页。
② 张仲礼：《近代上海城市研究》，上海人民出版社，1990，第 15 页。

公共交通行业在上海的规模也不断扩大，利润逐年攀升，上海市在1927年底基本形成了较为完整的电车线网，共有电车32条。其中，英商有轨电车11条，无轨电车7条；法商有轨电车7条，无轨电车3条；而华商控制的有轨电车仅为4条。

上海的电车投入使用以后，电车的运营状况每年都有明显增加。开业当年的乘客总数为537.7万人次，次年迅速上升到1 177.3万人次，到了1912年则达到4 073.4万人次，短短五年间乘客人次就增加了近七倍；盈利状况自然很乐观，也为外国公司在华建设公共设施的决定给予了丰厚回报：1910年电车运营盈利为7 538英镑，1912年上升到17 974英镑，1918年为51 801英镑，1922年达到了97 029英镑。① 对公共交通设施的投入，在获得丰厚的商业回报的同时，对于近代上海形成快节奏的城市文化，对于以注重效率为特点的资本主义商品经济来说，也具有十分重要的意义。电车为上海城市生活的模式起到了改善作用，同时也为资本主义商业活动在中国提供了有利条件。②

作为城市生产力水平提升的重要标志，新式公共交通在近代中国兴起以后，在推动城市转型发展的同时，还间接地反映出城市受外资渗透的基本状况。③ 通商口岸地区公共交通设施的不断普及是外国商业在中国寻求更多利益的开端，在此基础上间接地培养了中国市民阶层的公民意识。不可否认地，外国商业资本在公共交通建设领域做了很多拓展，同时这对其自身经济增长，提高运输效率也大有裨益。

（二）民用设施建设思想

清末民初，西方资本的扩张领域已经不满足于商品的买卖、资本的侵蚀。它们需要寻求一条与中国城市发展齐头并进的商业渠道。通商口岸的建立和租界地的开辟使它们又注意到在这片即将被西化的领域，公共商业设施一定是一门一本万利的买卖。最初的试验田就设立在第一批通商开埠的上海，上

① 上海市公共交通公司：《上海市街道和公路营业客运史料汇集》，上海档案馆藏。

② 丁日初：《试谈上海成为近代中国经济中心的条件》，《解放日报》1998年6月22日。

③ 鲍成志：《试论新式公交兴起与近代中国城市发展》，《四川大学学报（哲学社会科学版）》2009年第3期。

海公共服务的开创性主要体现在公用事业发展的规范和规模化上。

在五口通商以前，上海和其他的中国城市一样，家庭照明多用油盏灯，“人燃灯，注豆油或菜油于盏，光荧荧如豆”①，室外则用灯笼，内燃蜡烛。美孚石油进驻中国以后，家用的照明器具都换作煤油灯具，煤油灯具比起先前土油盏有很多优势，“明亮远胜油灯”，但是室外照明还是不方便用煤油原料：一来火油照明成本不可控，如遇刮风下雨室外照明还不能正常工作；二来火油可燃性强，遇火即燃，家用火油还能随时照看以免误燃，用以作为街灯则风险太大，随时可能造成财产损失。对于上海，夜间照明设施的建设已经势在必行，来沪外侨无法接受“弄黑街阴”的局面，纷纷倡议在上海铺设煤气管道，以提供夜间照明。

这个建议毫无疑问地得到了工部局的支持，不久由英商 C. J. 金等人发起成立临时委员会的建议，很快便委托英国伦敦查普曼公司设计方案，制造相关设施。1862 年 7 月，仅半年时间大英自来火公司正式成立。1864 年初正式开动，建厂排设煤气管道。仅一年时间整个工程全部竣工，最初的试行阶段仅提供给外侨家用和南京路沿街照明，这在当时的上海还是第一次亮起煤气灯。试行期工程的用户体验都很好，带来的夜市繁荣也有目共睹，煤气照明比起先前的土油灯、煤油灯优势突出，因此得到迅速推广，不久路灯铺设就基本覆盖了上海所有繁华区域，行栈、商铺、酒肆以及住屋无不用之。公共租界和法租界的主要街道、洋行、茶楼和戏院每到夜晚都会点起煤油等，灯火通明如同白昼。

煤气灯，俗称自来火，因其从地下管道涌出，时人称之为“地火”，又称其公司为“地火行”。“地火”取代煤油，使上海市政公共设施系统有了全面进步，上海市容也有了全面改观。自从煤气管道铺设，上海的夜晚因此而大放光明，变得格外璀璨，再也不是原来的黑暗世界了。时人咏叹道：“西域移来不夜城，自来火较月光明。居人不信金吾禁，路上徘徊听五更。”② 可以看出，上海成为不夜城，煤气铺设的功劳不可忽视。

---

① 黄苇、夏林根：《近代上海地方志经济史选辑》，上海人民出版社，1984，第 343 页。

② 鸳鸯隐名氏：《洋场竹枝词》，《申报》1872 年 7 月 12 日。

城市公共照明系统的近代化是近代城市发展的要求，它以其亮度赋予城市以新的内涵和独特的魅力。“日出而作，日落而息”是农耕文明的生活方式，因此农耕时代的城市公共照明系统基本上处于停滞状态。① 近代民众在日常生活方面有了质的飞跃，随着先进技术的传入和都市社会生活模式的改变，城市公共照明系统作为第一需求随之发生了彻底的革新。先是煤油灯取代了土油盏灯，之后先进的煤气灯又逐步替代了煤油灯，直到电灯的出现，照明系统带动城市进入了崭新纪元。照明时代的推动者也是外国商人，1882 年欧洲人立德在上海创办了上海电光公司，上海城市公共照明也由此步入电灯时代。

19 世纪 60 年代末，西方企业瞅准中国通商口岸的公共设施建设，将煤气管道铺设于上海的大街小巷，将现代城市文明气息带入中国。但是与煤气灯相比，电灯照明显然更为先进，于是外国企业很快将电力系统迅速纳入自己的经营范围，以垄断优势经营上海的电力系统，还推出各种优惠名目拉拢客户。这也促使华商竞相效仿，创办了南市电力公司，并且迅速成长，将原本破败残漏的南市城区变得夜晚灯火通明。

从土油盏灯到火油灯，从煤油灯到电灯，上海城市公共设施照明系统在新老交替、新陈代谢的过程中逐步进化，而外商在华的资本投入也由商品买卖扩张到城市设施建设中去了。近代社会即便有各式各样的中西冲突，但是不可否认的是，能够提升民众生活质量的舶来品最终还是可以被接纳的。

第二节　在华外商与非顶层社会关系的建设

一、在华外商的危机公关思想

（一）以日本内外棉株式会社为对象的考察

各外国企业在华经商都各具优势，从前文可以了解到，英美烟公司牢牢

① 周武：《晚清上海市政演进与新旧冲突——城市照明系统和供水网络个案分析》，《近代中国》1999 年第 1 期。

把控着与中国政府的谈判主动权，左右逢源；美孚石油公司也在中国公共关系维护方面煞费苦心，试图将中国本土资源纳入，巩固其发展根基。而日本企业在公共关系方面更多地表现出了亚洲文化圈特色，将人与人的关系与商业活动绑定，在近代外商经营活动中表现出其特殊的生命力，最值得我们研究的就是其公关思想。虽然在20世纪初国人对日本有着特别的敌视情绪，但是从近代外国企业经营状况来看，日资企业的经营状况并不比欧美企业逊色，即使是在中日关系最紧张的30年代也还是表现出了不错的经营业绩，这也得益于日资企业的危机公关思想。

日本企业在华设厂之初就表现出了与其他外国企业不同的经营态度。同属于东亚文化圈的日本非常注意培养自己的基层管理人才，这就有效地将公司管理层与基层劳动者联系起来。这样做的好处是降低了类似于“拿摩温”制度带来的成本不可控问题，从而可以有效提高工人的劳动收入水平，而成本降低为企业提供了大笔收益，这就使提高员工福利成为可能。据当时的统计数据来看，若英资纱厂的工人收入为100，则华资纱厂的工人收入为105，而日资纱厂的工人收入为127。① 在工人收入方面，日本企业还率先提供了奖金制度，企业不定期地按照工人的劳动业绩发放奖金，这就为日资企业带来了一大批忠实的劳动工人。除了收入方面的好处，日资企业内外棉株式会社还为工人提供住宿，并以低廉的价格租给员工。对工人收入和福利的提升大大地削减了企业工人与公司对立的想法。这一优厚的福利政策的确奏效，从1911年到1924年，英美烟公司发生过八次罢工，而日本内外棉仅发生过一次。② 日本企业的员工福利政策极为有效地防止了大规模罢工事件，在很长一段时间内，无论是内外棉还是三井公司都保持了稳定的发展。这一现象在英美烟公司董事娄斯的信件中得到证实：“日本在上海的纱厂是目前为止唯一没有工人抗议而受害的工厂。”③

① 高村直助：《近代日本棉业与中国》，广西师范大学出版社，1976，第179页。

② 大上海市政府社会局：《近15年来上海之罢工停业》，于高村直助：《近代日本棉业与中国》，第100页。

③ 上海社会科学院经济研究所编：《英美烟公司在华企业资料汇编》，中华书局，1983，第1121页。

日本内外棉公司的不罢工记录保持到1925年，震惊中外的“五卅惨案”终止了日本公司的顺利发展。惨案发生后，工厂男职工率先发难，然而，即便发生了惨剧，还是有工人不愿意与起初提出申诉的男员工一道寻求解决①，这多是因为日本公司提供的优厚收入所致。事件一出，日本公司立即组织人员与工头联系，希望他们能帮助解决此次危局。讽刺的是，“拿摩温”已经被日本公司一直以来提倡的管理登记制度所取代。当然“拿摩温”并没有拒绝内外棉公司主动抛出的橄榄枝，公司许诺聘请他们回厂解决工人管理问题并且提高其收入水平。工人罢工是日本内外棉公司极力回避的问题，他们知道自己不足以应付中国工人的抗议活动，一旦将劳工问题和爱国情绪联系起来后果不堪设想。这种情况下，日本企业只能主动找中国人来解决中国人的问题，原本已经废除的“拿摩温”就被又一次请回工厂来解决“问题”。另一方面，内外棉公司在事件一出随即提出先行赔付的方式，愿意支付受害者家属赔偿金。内外棉公司双管齐下，与受害者家属和“拿摩温”两方面主动接洽最终平息了此事。在这之后，公司又一次提高了工人们的收入水平，平均涨幅达到30%。日本内外棉公司深刻知道，只有以现实利益的好处才能平息事件带给员工的负面情绪，他们希望将此事件的影响降到最低，因而短期内将所有工人的工资提升，以最快的方式平息了这件事。就在这次危机公关中，日本公司表现出处理紧急事件的非常手段。

“五卅运动”之后，日本企业又先后经历过几次劳工运动，它们的解决办法多是以利诱的方式。它们总是希望以最快的方式处理问题，归根结底是日本企业生怕其商业经营活动与中国爱国情绪联系起来。在经历了“五卅运动”后，日资企业在中国又经历了一个扩张期，与英美烟公司一样，它们也借助了国民党政府这一支政治势力而壮大自身，这一扩张期一直维持到1937年抗日战争全面爆发。日资企业在中国的经营相比欧美企业来说有根本的不同：一方面，中日政治关系背景在甲午战争之后一直以来就是经营商业活动的障碍；另一方面，日商并不希望学习欧美的本土化策略，他们总是希望能支配

① 艾米莉·洪尼格：《姐妹们与陌生人：上海棉纱厂女工，1919～1949》，韩慈译，江苏人民出版社，2011，第205页。

经营活动的各个环节，当然最终也没能成功。

（二）以英美烟公司为对象的考察

英美烟公司在中国经营的几十年里也遇到了各种各样的抵制外货的活动，但是最终都化险为夷、平安过关。虽不是“五卅运动”的直接相关公司，但是这次运动带来的冲击也使英美烟公司遭受了经济损失。在市场出现不利状况时，英美烟公司又是通过何种方式处理这种不确定的外生冲击的？与日本内外棉公司不同，英美烟公司作为英资和美资的合资公司，总是在销售策略等技术层面寻求解决问题的办法，应对“五卅运动”这种突发状况也不例外。促销策略的收放拿捏、视情况随时调整，成为英美烟公司得以平安度过此次危机的集中体现。

贯穿于20世纪20年代到30年代的历次抵制外货运动也波及了英美烟公司，尤其是20年代中期抵制英日货的浪潮最猛，矛头多次指向这个英美两国利益共生的利益集团——英美烟公司。在屡次外货抵制运动中，英美烟公司的销售量从1924年的634 624箱下降至1926年的516 419箱，下降幅度达到18.6%①，如此之大的商业冲击几乎使英美烟公司的经营业务停滞。面对其卷烟产品查封、焚销，广告牌和招贴海报也多遭到故意损坏的情况，英美烟公司被迫在经营策略上实行了战略调整，主要的整改措施是对大型广告及见报广告实行大量缩减。一方面，英美烟公司认为这种过时的广告日渐失去对市场的吸引力，且这些广告“已取得了由这一特种广告产生的一切好处”，因此，在特殊时期减少户外广告既是无奈的也是必要的；另一方面，也是更重要的原因是，在中国民众抵制外货期间，版面较大的户外广告会引起爱国民众更大的抵触情绪，可能会造成不可挽回的状况，“那些广告之类的东西不但无用，而且对我们的营业非常不利”。在报纸广告方面，英美烟公司也对其版面进行大幅缩减，在广告宣传措辞上进行了慎重的变更，如将绞盘牌和三炮台牌卷烟的广告宣传语中的“系英国制造”等字句从所有报纸上删去，主动避开矛盾点，刻意减弱品牌原本强调的西方特点。英美烟公司在1921年的广

① 上海社会科学院经济研究所编：《英美烟公司在华企业资料汇编》，中华书局，1983，第446页。

告中，将公司名字更改为“驻华英美烟公司”，在广告中也强调了“中国制造”的印章；到1923年，英美烟公司为了更加亲和中国市场，公司名字进一步淡化为英文缩写“BAT”，以此减少民族矛盾带来的经济损失。[①] 当时畅销一时的“红锡包”香烟为了躲过抵制，将烟壳底面特地印上“美国制造”，意思是告诉别人“红锡包”不是英国货，你们不用抵制。[②] 客观地讲，英美烟公司对其广告宣传形式及内容的适时调整和相机变更，不失为在不利的市场环境中避免更大损失的有效策略。

近代外国公司在华享受到了很多发展机遇的同时，也遇到了不少挑战，在这种市场竞争条件下逐渐形成了一套特色鲜明且行之有效的运营策略，使得外商企业在近代中国无论是在平顺期还是在逆境期都能逢凶化吉、左右逢源。对其处理在华危机的公关手段，笔者认为，不能忽视它经济侵略的意图，然而，对于那些正当、先进的应对危机时期的策略，还是有很值得我们学习的地方，唯有如此，才有助于提升我国企业遇到瓶颈时的脱困能力。

二、在华外商的联盟与对抗

（一）英美烟公司与南洋兄弟烟草公司

20世纪初，中国市场上出现了具备现代管理制度的新型企业，在与西方争夺利权的斗争中表现出民族企业应有的姿态，然而外国企业对中国本土出现的新式企业百般刁难，除自由竞争之外，还利用不平等条约等制度化特权打压本土企业，损害民族企业形象。为了达到垄断的目的，外国企业加速寻求市场份额的扩张，不仅在消费市场快速扩张，在原材料采购市场也具备相当的势力。在此背景中，烟草业作为典型的经济作物与成熟商品利益交互点成为最典型的例子。英美烟公司和南洋兄弟烟草公司（以下简称“南洋烟草”）成为在中国市场争夺利权的代表。

英美烟公司是英美资本家共同出资设立的烟草公司，1919年正式在华设

① 庞菊爱：《中国近代西方商品品牌文化建构策略——以〈申报〉跨文化广告为研究样本》，《新闻界》2013年第22期。

② 上海社会科学院经济研究所编：《英美烟公司在华企业资料汇编》，中华书局，1983，第1443页。

立分公司。英美烟公司在华发展迅速，规模不断扩张，一度成为国际烟草托拉斯在远东的主要堡垒。① 英美烟公司在华势力不断扩张的同时，中国烟草业民族力量也逐步兴起，其中尤以南洋兄弟烟草公司发展最快。南洋烟草是华商简照南、简玉阶兄弟创办的，初创资本仅有 10 万元，公司地址设在香港。随后逐步扩大，至 30 年代初，南洋烟草已经是拥有十家分厂的大公司了，资本总额也达到了 1 500 万元，从而打破了英美烟公司一家独大的局面。

南洋烟草的日益成长使英美烟公司感到了潜在的威胁，自南洋烟草成立之初，英美烟公司就对其进行排挤打击，企图将公司扼杀在最初发展阶段。然而，随着南洋烟草的日益做大，英美烟公司意识到打压已不再可能，于是便提出了高价收购的方式，希望南洋烟草可以接受合并，以此来维持英美烟公司在中国的垄断地位。企图兼并的愿望被南洋烟草拒绝了，此后两家公司开始进入到相互竞争的阶段。

1. 人才争夺手段

从历史大视角看待英美烟公司与南洋烟草的竞争过程，有些属于正当的市场竞争，也有一些属于不正当竞争。当然，市场竞争的主要手段也逐步升级。价格竞争是外国企业最早采用且最常用的办法，利用雄厚资本在市场上削价经营，待对手支撑不住低价销售后自动退出市场，这一手段本书前文已经有详细论述。除此之外，英美烟公司还利用各种途径收买南洋烟草的情报，还以高价诱惑公司核心人才，英美烟公司在竞争中对人才的争夺极为明显。收买南洋烟草工作人员可以分为三种。第一种是收买南洋烟草高层人物，这样的例子很多。1917 年，英美烟公司趁简玉阶、简照南不在上海，大挖南洋烟草的墙脚，特意宴请南洋烟草最得力的洋员卡士丁，竭力拉拢他。第二是收买南洋烟草得力的代理商号。代理商号是外国公司在华经营销售的主要网点，代理商号的销售能力和经营水平直接关系到公司在某一地区的销售业绩水平。英美烟公司以提供丰厚的提成收入等利益许诺引诱南洋烟草的代理商号们，屡试不爽。仅在 1917 年，南洋烟草就有好几处优质分销商被英美烟公

① 陈真、姚洛：《中国近代工业史资料》第二辑，生活·读书·新知三联书店，1958，第 148 页。

司挖走。“惟‘空山’现下政策，均以利诱我之经理。上海大同行 10 家，已有 3 家为利诱去。”① 第三种是买通南洋烟草内部员工坐探机密。英美烟公司收买了南洋员工盛某，利用他“每月将公司生意多少，某处代理销货多少，及公司一切机密，均用信报去”②。

2. 不正当竞争手段

英美烟公司不仅对人才争夺极为重视，各种各样不正当的竞争手段也被英美烟公司拿来使用，扰乱市场秩序。在对南洋烟草进行内部突破的同时，英美烟公司对南洋烟草的外部也发动了进攻。其一，破坏南洋烟草商誉。英美烟公司借助雄厚的资金和繁密的商业网点，故意大批量收购市场上南洋烟草公司的卷烟，等到它们发霉变质后再抛售，以此损害南洋烟草的品牌形象。英美烟公司甚至还花重金收买南洋烟草的仓库管理人员，授意他们将香烟搁霉了再卖出去；不仅如此，英美烟公司还唆使烟贩到南洋调换商品。更有甚者，英美烟公司派人沿街叫卖南洋“飞艇”烟，特贬其价，当有人买这种香烟时，卖者就说“已霉不能吃”；被英美烟公司挖走的南洋杭州分销处，在英美烟公司的指使下，不但不“去货”而且还有霉烟回头。③ 其二，英美烟公司想尽办法以“日货”“日资”为由攻击南洋烟草。1915 年，日本胁迫袁世凯签订了屈辱的《二十一条》，全国掀起了轰轰烈烈的抵制日货运动。英美烟公司认为这是搞垮南洋烟草的绝佳机会，诬陷南洋公司所产香烟为日货。具体操作中，英美烟公司派专人借买烟为名破坏宣传活动，当他们看到双喜牌香烟时，就指认该烟是日本货；不仅如此，英美烟公司在社会舆论方面也费尽心机，称双喜烟是日本资金所支持，工厂中的上等工人都是日本人，下等苦力全是中国人，以此误导国人认知，达到独享暴利的目的。英美烟公司的这一招很是奏效，谣言一经传出，很多不明真相的爱国民众出于挽回利权、爱国护利的心态，抵制南洋公司所产的卷烟，这不仅使南洋公司在经济上受

---

① 中国科学院上海经济研究所、上海社会科学院经济研究所编：《南洋兄弟烟草公司史料》，上海人民出版社，1958，第 72-73 页。

② 中国科学院上海经济研究所、上海社会科学院经济研究所编：《南洋兄弟烟草公司史料》，上海人民出版社，1958，第 73 页。

③ 中国人民政治协商会议武汉市委员会文史资料研究委员会编：《武汉工商经济史料》第二辑，1984，第 80-81 页。

到了沉重的打击，而且使南洋公司在民众认同和商业信誉上蒙受了巨大的损失。

垄断控制原料也成为英美烟公司垄断市场的重要手段。英美烟公司在中国内地大部分地区都有专业烟业种植园区，通过垄断原料的方式使南洋烟草得不到足够的烟草原料不得不缩减生产规模。这种釜底抽薪的办法，使南洋烟草在采购原材料时成本大增。破坏南洋烟草公司形象是外国企业针对南洋烟草设计的竞争手段，烟草不比其他商品，烟草的时效期较短，如果不能尽快销售就会发霉变质，英美烟公司教唆个别代理商故意拖延发货周期，等成品香烟发霉再出售来损害南洋公司的形象。

外国公司在中国的经营活动中采取各种方法打压中国本土商品。南洋烟草在反抗英美烟公司的斗争中虽然取得了一定的胜利，但并没有完全挽回利权。从根本上考虑，这里边既有法律制度不完善，社会秩序没有完全建立或本土产业配套不够完善等一些客观因素；同时也不能忽略外国企业所具备的主观能动性优势，外国企业善于运用利益绑定的方式收编原材料市场，将不平等条约中的条款转化为经济收益，以及面对本土企业的成长，逐步调整竞争策略等。

（二）外国石油公司在中国的竞争

美孚石油自从进驻中国就一直独占国内进口煤油市场。1889 年，俄国煤油尝试进入中国市场分一杯羹，在英国怡大洋行的支持下，开始以散装方式销售煤油。怡大洋行通过油轮、铁路油槽车、马拉油罐等方式将煤油运入亚洲，储存于洋行设立在各地的油栈中。之后怡大洋行借助于俄国罗斯蔡尔德公司的实力，撤销了散装油轮不得驶入苏伊士运河的禁令。1894 年底，大批俄国石油产品以散装运送的方式进入中国市场，最初储存于上海、汕头、厦门和香港等沿海口岸地区的油栈内。在怡大洋行的运营管理下，这些俄国煤油在中国的售价较为低廉，比美孚公司所产煤油便宜了近 1/3，我国煤油以成本取胜，借此在中国占据了一席之地。这是美孚石油在中国第一次遭遇的产品竞争，但是洋行作为竞争主体还是略显单薄，即便抢占了部分市场，美孚石油 1893 年在中国的市场占有率仍保持在 73.4%。

1894 年，荷兰皇家石油公司（Royal Dutch）也注意到中国煤油市场的前景广阔，开始向中国市场输送煤油。荷属东印度公司的煤油运进中国标志着欧洲资本力量也向美孚公司发起挑战。像怡大洋行一样，荷兰皇家石油公司为了缩减成本，也以散装油轮运送石油的方式对华输入石油。此外，在与其他外国石油公司的竞争中，这家公司还具备制度创新优势。所有这些运送散装煤油的油轮都隶属于该公司所控制的一家工业联合企业，因而，煤油从苏门答腊的石油产地运送到中国内地各经销点的整个过程中，所有的油田、油栈、炼油厂、油轮运输公司等全归荷兰皇家石油公司所有。对该公司而言，降低向中国运送煤油的成本远比美孚石油公司容易得多。在产销供应链一体化的帮助下，1901 年荷兰皇家石油公司在中国煤油市场上所占比例已达33.5%。如此之快的增长速度让美孚石油也大跌眼镜，在美孚公司总部报告中记录到："在整个石油销售史上，还从未见过像荷兰皇家石油公司如此成功、如此快速增长的奇迹。"① 20 世纪初叶，荷兰皇家石油公司和怡大洋行两家公司为了扩大中国煤油市场份额采取联合经营的战略，这使美孚石油在中国市场地位更加不稳。面对这样的局势，美孚石油所采取的应对策略只能是降价销售，在一份美孚高管的述职报告中谈道："我们要保持并扩大我们的销售量而不是增加利润。"② 但是这一策略好像并未奏效。很快一家由荷兰皇家石油公司与罗斯蔡尔德公司组建起来的新公司，即亚细亚火油公司，开始在中国市场上与美孚石油平分秋色，在积极经营业务的过程中，很快亚细亚火油公司就占据了中国市场份额的 62.8%。

此时的美孚石油才意识到降价销售并不能有效扩大市场份额。这一手段对尚未成熟的中国本土企业或许还能奏效，但是精通商业规则、具备商业经验的欧洲竞争者并不吃这一套。在意识到自身供销结构臃肿、产销链条冗长后，美孚石油也改变了自身的管理结构，广招经销商。最重要的是学习了亚细亚公司分装经销煤油的方式，很快美孚石油的经营业绩由于销售成本的减少而出现回转。美孚石油公司看到了希望的同时还趁热打铁，在中国九大区

① 高家龙：《大公司与关系网——中国境内的西方、日本和华商大企业》，程麟荪译，上海社会科学院出版社，2002，第 35 页。

② 高家龙：《大公司与关系网——中国境内的西方、日本和华商大企业》，程麟荪译，上海社会科学院出版社，2002，第 36 页。

域建造了油栈、油池，并用油船运送散装煤油。到了1914年，美孚石油又拿回了中国市场，占整个市场份额的70.6%。[①]

近代中国石油市场一直由外国企业所把持，煤油定价权也由外国公司的竞争关系所决定。就在美孚石油和亚细亚火油初现市场均衡之态时，1915年美国的另一家石油公司德士谷石油公司进入中国，形成了美孚、亚细亚、德士谷三足鼎立之势。三大公司彼此威胁，其间的钩心斗角从未停止过。在市场角逐中，杀价竞争是惯用的伎俩，但是经过一段时间的互相竞价后，三大石油公司雄厚的实力都未受到根本挫伤，倒是市场价格被压得极低。于是“利益均沾”的原则开始确立，三大石油公司协商销售价格，在大家都能接受的销售价格中择取均价订立市场价。在这种默契形成的同时，三大石油公司还实行相互监督、商品供销的尝试。虽然这些尝试到后来都变成了企业互相窃取情报、安插坐探的手段，但是我们要知道，外国企业来华经营的根本目的是攫取利润，这就不难理解它们之间的竞争动机。

三大石油公司尽管尔虞我诈，但只要一碰到实力相当的对手，为了降低内耗，会立即协调作战。在三大石油公司在华经营的几十年中，我们看到了外国公司在中国从垄断地位到寡头垄断的全部过程。外国公司既可以很快地将自身的技术优势和政策优势转换成利润收益，又可以互通商情商讯将整个市场培育成为自身产品的消费受众。

① 姜云：《论美孚等石油公司在旧中国的经营及影响》，《武陵学刊》2014年第7期。

第六章　外商在华经营管理思想之渗透路径

通过以上几章对近代外国公司在华投资建厂经营活动思想史的考察，可以看出，无论是制度方面的调整还是销售网络的建设；无论是价格竞争策略思想还是公共关系搭建，外国企业在华经营活动的种种都植根于我国原本是传统农业国的基本事实。鸦片战争之后，传统农业思维和西方商业思维的碰撞造成了各方面的社会变革。近代外来商业文化的渗透对本土文化变迁起到了重要作用，它们或以润物细无声的外国商品形式走入千家万户，或以制度变迁的方式推动社会进步，又或以阶层变革的方式颠覆新旧伦理。总之，百余年的近代史是中国商业文化变迁最为剧烈的时期，中国在此期间发生了巨大变化。

第一节　外商思想渗透之消费路径

商业经营思想的变迁最直接影响的就是商品消费行为，本章通过经济学的分析视角重现近代外商经营管理思想在中国的传播对消费文化路径变迁的影响。清末民初，外来先进工业制成品裹挟外来商业文化对中国传统商业体系造成了不可逆的冲击，舶来品在抢占中国市场的同时初步完成了消费文化改造。西方商业文化在近代中国的发展对中国本土民众消费思想有深刻影响，区域内形成消费文化后，商品消费量会出现异常，本章以此为切入点将外商经营思想传播与消费文化变迁联系起来，以经济学范式做出解释。

一、近代消费文化形成机制的历史背景

在社会科学界，越来越多的学者从文化的视角解释其对消费理念乃至经济状况的影响。对于中国商业文化的研究和思考兴起于马克斯·韦伯的《新教伦理与资本主义精神》，而后余英时等学者提出了异议。[①] 中国商业文化形成的究竟一直以来是学界争论的话题。伴随着商业与文化的更深层次研究，地理条件、历史成因、社会信用、宗教文化和制度变迁等相关领域越来越多

① 余英时：《儒家伦理与商人精神》，广西师范大学出版社，2004，第3页。

地被采纳到文化变迁的研究中，在此不再赘述。各方向的研究都表明了地区文化形态受到各方面影响和制约，并且具有普遍存在性。刘世雄基于当代文化价值观对消费区域进行了区域类别研究，张梦霞分析了儒家文化价值观对购买决策行为的影响。[①] 但是文化是否影响消费、如何改造消费行为，尤其是针对中国本土消费行为的研究。目前并没有得出明确的答案。中国本土消费文化的变迁还有待探求，本土消费行为的作用机制仍然处于黑箱状态，缺乏相关学科的分析。而消费文化存在于商业文化的末端，对当代经济发展有着十分重要的意义。

近年来关于文化因素之于经济增长的研究，多以实证手段研究进行数据检验的方式。不同于既往的研究，本章不准备对消费文化进行一般性量化回归，而是根据历史事实进行资料汇总阐释，并结合外商经营管理思想的传播以模型的方式对近代消费文化的渐变过程加以描述。鉴于已有的近代商业文献，以及现代经济学模型，本书着重分析近代消费文化的形成路径，以及消费文化区域内规模形成对商品需求的增长较为明显的促进作用。

横向进行比较，世界各国的消费观存在显著差异，消费行为的文化价值观动因是营销学界探讨的重要话题。[②] 因此中西方消费理论在古代有很大的差别，中国的消费文化直到近代时期才在“西学东渐”的影响下逐步与西方消费思想趋于一致。在这一前提下，用现代经济学手段分析近代消费路径变迁问题变得有意义。凯恩斯认为，消费率是收入的减函数。利率一般被认为是储蓄的补偿，因此会与消费率负相关。生命周期假说提出，平滑各期消费以求效用最大化，因此在工作期储蓄，在退休期内消费是增加人生效用的重要办法。预防性储蓄理论认为，人们会因为未来花费的不确定而指导消费行为，在此理论下，完善的社会保障体系有助于刺激消费。流动性约束理论认为，金融市场发展不完善会限制民众的消费行为。此外，消费行为的影响因素还包括保险、习惯性坚持、相对消费等因素。西方消费理论无疑为我们解释中国消费文化路径变迁提供了模型假设。

---

① 张梦霞：《象征型购买行为的儒家文化价值观诠释——概念界定、度量、建模和营销策略建议》，《中国工业经济》2005 年第 3 期。

② Geert Hofstede, *Values Survey Module* 1994 *Questionnaire*, Tiburg University, Netherlands, 1994.

纵向来看，中国历史上既有被传承下来的商业文化传统，又有近代以来逐步渗透到中国本土的西方商业思想。中西方凝练升华的中国特色传统消费文化对中国近代商业变革有重要意义。“中国式”的消费思想转变并不随着口岸开埠迅速蔓延，而是渐进式、缓慢地从本土小农经济过渡到商品经济体制。此外，不同于其他近代寻求现代化改造的国家，中国商业文化不同于“休克式”的体制变轨形式，而是外来商业文明与本土商业文明孕育再生的产物。这对后来建立社会主义市场经济体制有积极的文化积淀意义。于是，中国消费文化作为商业文化的末端，近代西方思潮对传统商业文化的影响意义深远。

在建设中国特色市场经济体制的倡导下，2001 年中国加入世界贸易组织（WTO），开启了商业文化无壁垒贸易的开端。2011 年，我国经济总量稳步提升，跻身世界第二大经济体，同时商业产品升级成为我国对商品发展方向提出的新要求。今天，“一带一路”倡议和党的十九大提出的新时代构想的愿景要求商业产品输出必然配备成熟商业文化的同步输出。消费产品升级的同时，商业文化不可或缺地成为各大商业团体在抢占市场中需要考虑的要点。无独有偶，100 年前的中国，本土市场也经历了一场消费文化的巨大变革。方向相反，效果相当，时至今日反思近代消费文化变迁的意义非常。可以说现代中国本土消费文化植根于近代商业变革，在历史中寻求答案，要更全面地理解消费文化的形成，更多地了解我国消费文化形成的源头。

（一）理论假说与近代中国国情阐释

从本土文化传统来看，受农耕文化禀赋的历史文化传统影响，中国商人一直以来在传统社会体系中位居末等地位。而此种体制催生出的传统消费文化是中国传统消费观形成的起点。我们还是应该认识到，中国消费文化相比起百年前的传统消费理念已有大幅改观。近代商业变迁伴随而来的消费文化变革一直被视为本土商业文化嬗变的开端。就消费问题而言，我们一方面必须尊重已有的历史文化传承，另一方面也应寻求科学的解决途径。近年来，随着我国开放程度不断升级，经济文化流动态势也逐步由“引进来”转变为“走出去”。在与世界其他消费文化相融合过程中呈现出领跑世界的趋势，民众富起来的同时，新型消费行为也已经出现在广大老百姓身上。如何在国际交往中推进对外消费文化输出，成为新时代下需要重新考虑的商业问题。

文化扩散效应滞后于商业实体入侵，但是被本土文化吸收和传承发展之后的能量却远远高于经济商品倾销本身，且一经扩散便不可逆转地具有较强的持续性。文化差异的地域性特征表现为同样的制度被移植到不同文化禀赋的地区，会产生迥然的效果。不得不承认，受历史遗留、地理因素和人文观念差异的影响，中国各地区对待商业的态度虽然大体雷同，但是容忍商业发展的程度，随着近代外来商业文化的大肆入侵而有所松动，尤其在沿海通商口岸地区，最早形成了较为活跃的商业往来。这为后期中国开辟经济特区等商业试点区域提供了最初的商业文化氛围。客观地讲，在中国儒家文化比较浓厚的地区更多呈现出的是农耕色彩，这样的传统文化与近代西方传播的商业文化是相排斥的，而江苏、浙江、福建、广东作为受西方商业思潮最早影响的地区，商业传统也先于内陆地区完成了与现代市场秩序的对接。于是市场化变迁在这些地区得以快速推进。不仅如此，商业文化发展，或者说凸显为消费文化的传承有着极为明显的示范效应，前期开埠的通商口岸在商业文化传播过程中起到示范带动作用。依据制度互补理论，商业发达地区与欠发达地区存在一定的差距，但是中国文化禀赋的初始精神具有一致性，相同的文化底色更有利于文明相互传播。其经济绩效不仅受制于外来激励及传统约束，还依赖于与其互补的制度文化和传统习惯。换言之，在一国内各地区间若无显著的外部屏蔽力量且存在商业文化的差异，此种文化就会主动地相互扩散于地区间不同的商业氛围圈子中，商人精神与商业伦理的特质一旦形成，消费文化则会随其推进的步伐扩散开来。而商业文化的差距越大，扩散的速度会更快，扩散的程度也会越剧烈。

中国本土文化对现代商业文化具有天生难以相容的一面，在客观层面上又受到士农工商社会等级体系的制约，中国传统社会并不具备优秀人才向创新型行业的方向流动的趋势。林毅夫在解读宋以后中国经济的发展问题时，结合“李约瑟难题”的中国本土化解读也指出，科举制度迟滞了中国创新机制的发育。简单地说，这种社会文化氛围和社会制度导致了商品生产的原动力不足，加之普通居民收入水平瓶颈一直难以突破，即使在近代中后期民族商业迅速发展迎来了近代商业发展的“黄金十年”，商业发展还是更多地依赖于模仿而非创新。从商业文明的发展历程来看，中国近代以来商业雏形中消费水平一直难以提升的根本原因是，相较于西方先进生产力，受制于本国生产效率普遍偏低而导致的收入水平较低。但是市场化程度不断扩大，外国生产方式的流入以及居民产业观念深入人心，劳动者收入水平得以保障，无疑将对中国消费文化的根本性问题给予回馈，最终体现为消费文化的升级。中国近代消费文化建立的契机是标准化商品在市场上大量出现，而商业文化的最初建立也得益于消费文化的扩张。大量的外来“优质”商品充斥本国商品市场，同时以居民收入水平提升作为保证，最终规模效应是影响商业文化建立的基础，广大民众的消费观念是最长远最广泛的价值观趋向。近代商业文化的最初形成正是利用了西方舶来品迎合广大消费者的特点。

总之，外来商业思潮来到中国以前，商业文明一直保持着传统的消费特征，随着商业思潮的不断冲刷，近代本土商业文化观念有所改观。消费文化作为最末端的商业文化组成部分，却最大化地影响民众的经济行为、经济理念和价值取向。消费文化的形成对商品市场的建立有极其重要的意义，对消费品销售也有着事半功倍的实践效果。

（二）外来商业文化对本土消费需求受众的最初培养

中国消费文化的演进过程可以分为传统消费文化时期和现代消费文化时期。这与学术界对传统文化的界定既有相似也有区别。① 正如前文所述，消费文化形成的过程滞后于经济实体入侵。按照一般的历史划分，鸦片战争前后是传统与近现代历史的分界线，之前是以传统农业经济为主导的传统消费文化时代。而现代消费文化时代则是 19 世纪 70 年代以后开始，伴随着西方商业资本力量从五口通商迅速渗透到沿海各通商口岸，西方商品思想以及消费观念普遍传播形成了中国近现代消费文化。传统与现代、陈旧与兴起的相互交织、相互影响，共同构成了特殊的商业文化形态。通商口岸开埠，中国商业文化受西方商业文明的影响步入现代化的过程称为现代化变迁。

传统商业文化和西方商业文明在近代相互作用发酵出了近代特有的消费

---

① 赵吉林：《中国消费文化变迁研究》，博士学位论文，西南财经大学，2009。

观。消费观作为经济文化的一种，探索其变迁根源，在于外来商业经营活动在东方寻求更广阔的市场过程。这种物质资源的广泛扩张，潜移默化地影响了最早接触这种商业文明的消费者。通商口岸成为外来商品交易、消费的最便利场所。随着洋货的不断增加，通商口岸已经逐步被改造成为有别于非口岸地区以外的商业文化圈。消费观念也与内陆地区逐步拉开，商业文化氛围亦趋于异端。在还没有建立起现代化商业认知的近代社会，如此形成的消费文化圈对中国本土经济的冲击是巨大的。加之清末中央政府式微，无力抵御商业文化冲击，消费文化成为近代思想转型的最直接爆发点。更多的城市人口在西方商业文化熏陶的通商口岸试用、接纳洋货、舶来品。大型综合商场也为初步建立起消费文化的城市人口提供了消费便利。以洋货作为载体的消费文化渗透到中国民众观念。深入影响了中国近代普通民众的日常生活，更有甚者，洋货凭借着其坚实的耐久性、品质的一致性成为民众眼中的奢侈品。即便随着洋货普及和本土工业的繁荣洋货逐步失去了特殊的地位，但是不得不承认的是，种类繁多、丰富多彩的多元化消费生活方式是近代消费观启蒙的开始。

单从消费观念形成的路径来看，消费文化的变迁起点确是在第二次鸦片战争之后，这也被认为是洋货在华市场的转折点。究其原因，一是在此之后自由贸易得到官方承认，多口通商带来的贸易繁荣得以广泛发展；二是通商口岸开埠使得外来商品的使用区域向中国内地蔓延；三是近代西方经营管理思想的推动下外国工业品在我国内陆市场大肆流通。在此之前，中国的消费观念还保持着自给自足的模式，对外来品的消费不多也成就了朝贡体系的长期稳定。对内政治高压、对外闭关锁国导致民众消费模式可选择性较为单一。直到五口通商开埠，内需仍没有被完全释放，贸易总量制约瓶颈下难以出现爆发式增长的局面。通商口岸是满足边境居民贸易需求而建立起来的合法贸易区域。从近代统计数据来看，1817 年到 1833 年统计的贸易，最高年份的贸易量也仅为 2 902 余万两银元。① 鸦片战争后，凭借《南京条约》得到的特权，一口通商变为五口通商，洋货大批进入中国通商口岸，但是洋货的销量

① 姚贤镐：《中国近代对外贸易史资料 1840—1895》第一册，中华书局，1962，第 256-257 页。

并没有随着通商口岸的增加和洋货进口的增加而大幅提升。我们查询了1840年鸦片战争以后十年英国货物输入中国的年总值，发现五口通商之后三年平均额为79万英镑，外来商品在中国的消费量并没有显著增加，甚至在1846年有明显下降的趋势。① 这种和直观感觉严重不相符的状况，一方面是中国民众反战态度的体现，另一方面可以归结为中国的消费受众的消费能力还没有完全培养起来，中国民众的消费文化变革还需要时间。为了更清晰地了解近代中国市场洋货的总体状况，我们统计了自《南京条约》签订以后30年英国对华出口水平的总值，发现五口通商以后不单前十年中没有显著的贸易额增长，在1859年贸易额稳步提升三年之后又发生了大幅下跌。这不禁让人联想到或许是国内的太平天国运动导致了贸易额的单边下跌，或者是《北京条约》等后期签订的不平等条约阻碍了原本英国在华独自享有的特权遭遇了贸易挑战。排除非稳定性因素看，贸易额在1864年之后才呈现出稳步上升的趋势。

（三）消费文化在华规模效应稳步显现

虽然五口通商带给英国殖民者的利益回报并没有预想中的丰硕，但较之单一的广州通商模式，五口通商为引入西方商业思想的第一步奠定了基础。开埠初期，口岸洋货市场建立，洋货比土货价格昂贵，消费受众也仅限于富贵人家，这个阶段与开埠之前的商业状况并无根本上的差别。西方列强对中国市场感到失望和忧虑的同时，也在积极寻找着原因，并努力寻求突破这一问题的法门。即便洞开了中国商业外贸的门户，但是商业文化的培植需要更广阔的通商口岸给予支撑。在以广州十三行为通商途径的狭小空间中，外国商品很难大规模进入中国市场，而没有适宜的市场环境、商品流通规模受限，强行推销外来商业产品显然并不可行。当时垂涎中国市场的列强并非英国一家，俄国、西班牙、日本等国也加快了掠夺中国的步伐。1858年，随着第二次鸦片战争结束，《天津条约》《北京条约》《瑷珲条约》相继签订，通商口岸从五口通商逐步转变成百口通商，在广袤的中国大地上口岸密布。第二次鸦片战争爆发之后，洋货在中国内地的规模效应逐步建立起来，洋货消费文化也逐步走向更为广阔的中国基层市场。可以说洋货与中国市场的触碰，在

---

① 姚贤镐：《中国近代对外贸易史资料1840—1895》第一册，中华书局，1962，第511页。

前期是外部势力强加于内部环境的反应过程。纵使刺激初期会有过度反应，但是不难想象外来商业文化及产品要想最终获得认同，与中国广大市场需求相切合是必需的。而消费文化的培养也为中国近代民族企业迅速崛起提供了动力。

第二次鸦片战争之前，进入中国货物总值一直保持在较低水平。研究者多认为第二次工业革命带来了生产效率大幅度提升、产品价格下跌才使外国商品的竞争力有了显著加强，这也是外商得以顺利进入中国市场，并在中国迅速扩张市场的客观条件。基于前人的认识，本书更进一步得出结论，消费文化的形成也是重要的驱动因素。第二次鸦片战争之后，通商口岸的迅速扩张成倍增加。更为重要的则是消费文化开始在中国民众生活中扎根。洋货最早以奢侈品的属性被中国民众所认识，随着通商贸易额的增加，贸易规模也逐步扩张。除了客观上进口额的增加，在主观方面，民众对西方洋货也逐步从反感、排斥转成接纳、喜爱。从第二次鸦片战争之后到民族资本崛起的黄金十年①，与其说是外来商业文化对中国传统商业文明的冲击，不如说是我国民众对现代化文明的初探和反思。从进口的洋货商品来看，在第一次鸦片战争结束后，进口的货物主要是钟表、钢琴、香料，而到第二次鸦片战争后，口岸数量最多的是棉袜、洋针、火柴。从满足受众群体的比例来看，第二次鸦片战争之后洋货对中国民众的影响远超以前。受众群体的消费培养在近代长时期内也曾遭遇排斥和反对，但是，外来商品对华倾销的行径并没有强有力的威权政府给予监督。一时间，洋货和舶来品，凡是从西方进口来的产品都成为百姓的追逐品。消费理念也逐步从存款置地的思想，逐步转型到注重生活品质和效用优先的生活方式。由此可知，鸦片战争后十年，外来商品的消费额才明显攀升，消费市场培育经历了排斥、接纳直到扩张的过程，也是中国消费文化逐步变迁的过程。

---

① 黄金十年，具体指1927—1937年，在这十年中，经济稳定、交通完善、教育推广，是近代中国国力持续发展的黄金阶段。

二、消费思想对近代商业文化变迁的贡献

（一）以商业利益为前提的历史思考

中国消费市场是一个地域广阔且存在地区差异性的细分市场①，形成有差别的市场偏好存在明显的历史成因。然而通商口岸和非通商口岸存在的人为区分形成了消费文化的新型姿态。不可否认，近代后期社会变革对消费文化产生了巨大的影响。传统小农经济体系在逐渐消失，取而代之的是交换价格和抽象价值所主导的资本主义消费模式。较早开埠的通商口岸经历了消费模式培养，短暂的反抗之后便迎来了爆发式的消费增长。这种现象的产生和近代民族工业的崛起有不可忽略的联系，但是更为重要原因在于商业文化在中国传统经济模式中扎根，本土消费文化在强势外来商业模式下，被动接受或是主动引导，最终完成了消费文化的改造。近代外来资本对中国的经济显性掠夺转变成对消费市场受众的隐性训规②，或许就是近代中国经济模式转变的最主要代表。

（二）文化塑造对商业价值的反思

目光转回到当前。近年来，进口商品借助于优秀的营销文化和先进的科学技术，市场份额逐年攀升。外资企业成功的原因固然很多，但经济政治等方面因素或是外商成功的主要原因，其最根本的应该离不开商业价值和文化精神。首先，改革开放以来40多年，我国普通居民已经形成了市场化消费习惯和效用最大化消费常识。当然，市场经济给外来商业活动扫清了准入障碍的同时对外来商业文化的限制也趋于自由化。从商业思想来看，外国企业在华经营对中国市场利益的攫取已经不单限于账面收益，它们更多地看到了培养忠实市场消费者对企业维持长久收益的重要意义。其次，近几十年来，随着金融体系的繁荣，西方消费文化在我国的传播也表现出重大作用，对经济

---

① Bernd Schmitt, "Who is the Chinese Consumer," *European Management Journal* 5, No. 2 (1997). 卢泰宏、刘世雄：《区域差异的消费行为研究：路径与方法》，《中山大学学报（社会科学版）》2004年第2期。

② 米歇尔·福柯：《规训与惩罚》，刘北成、杨远婴译，生活·读书·新知三联书店，2003，第17页。

的贡献有目共睹。但是，文化本身具有传播性，植根本土文化之上而发展培育出来的外来消费文化势必对本土优秀传统文化造成冲击。面对这样的问题，中央政府有必要重视文化威胁，关注商业意识形态和国际舆论压力，利用市场监管机制给予正面应对。最后，必须承认的是，外来商业资本以各种方式进驻中国的事实已然成为国家引进外资提高经济增长的普遍路径，通过合资等方式引入中国的“进口商品”更是以合规合法的方式以市场化的方式与本土商品共同分享着中国市场的宽松政策带给它们的丰厚收益。更深层地考虑，外国商业文化对中国传统文化的影响一直在持续，西方消费文化经过百年来的发展已经成为我国商业文化的重要组成部分，并且推动着本土商业文化的更新。

（三）历史教育的现实需求

当前，我国经济稳步增长，国家综合国力和国际地位日趋上升。文化作为综合国力的重要组成部分，日益成为国家关注的焦点。文化是扩大自身影响力的深层动力，主动向外输出中国传统优秀文化，并进而对世界政治、经济等方面产生影响，终将成为大视野下的优先发展路径。近年来，随着“一带一路”建设的实施，中国高铁等带有中国烙印的新时代产品已经逐步深入到世界各国。随着商业产品、商业文化的进步，中国制造也在逐步影响全世界人民的日常生活。今昔对比，百年前外来商品裹挟着西方商业文明给传统中国消费文化带来了重大变革，百年后我国经济总量不断攀升，文化、经济、政治等均在世界上有了相当影响力。商品经济与消费文化同步发展、共同进步逐步形成具有中国特色的商业生态链。中国传统文化则是这个链条的黏合剂，商业活动成为文化输出的有力支撑。有体系有步骤地提高商业文化有利于在国际竞争力中稳步提升国家软实力，丰富的传统文化资源对实现中华民族的伟大复兴应起到重要的作用。

第二节　外商思想渗透之制度变迁路径

外商在华的经营思想通过消费路径对我国商业文化影响在前文论述中可见一斑，而管理思想对我国近代时期的制度变迁影响尤为重要，我们将在之后的论述中探析近代外来文化对我国制度变迁的路径影响。它是近代商业变迁中最为重要的环节之一，也是近代一切商业活动和模式的建立起点，我们研究本土商业模式的路径变迁必然会涉及西方公司制在我国的发生发展。研究近代公司制在我国的发源也有助于我们更好地了解当今公司的最基本职能和构架。近年来，随着我国经济总量的增加和企业形态的多样化，私营企业频频出现经营违规、企业主行为偏差等有碍经济稳定发展的负面行为。为此，由最根本的企业治理入手讨论商业文化的传承和影响，对维护商业繁荣和经济稳步发展有着前所未有的重要性。本章将通过对史料文献的收集整理，对近代公司制度的引入以及民族企业家精神进行梳理和分析。

一、近代中国公司治理思想探究的缘起

公司治理的理论起点源自科斯对新古典经济学企业“黑箱”理论做出的突破。这一突破的早期研究是伯利和米恩斯关于公司所有权与经营权分离的讨论①，进而发展形成公司治理中亟待解决问题的核心。我国对公司治理的研究始于20世纪90年代，伴随着企业改革重要举措的推行，从经济学、法学和社会学等诸多学科角度对公司治理开始了介绍和诠释。至此，在公司治理的内涵有效性安排②、委托代理成本研究③、产权讨论和治理模式发展研究④、公司治理中的企业家精神⑤等各方面均都有了较为全面的进展。从以往的研究来看，已有的研究成果主要围绕两个方面展开，即外因——对法规制度的研究和内因——对企业家能动性的剖析。

改革开放以来，经济发展稳步推进，作为世界第二大经济体现今面临着转型。特别地，科学管理理论下的公司治理作为外来文化移植到中国本土，经历了百余年的冲刷改造，其间与中国本土文化出现过水土不服，本土化之后也体现出了其新特性，文化与制度匹配才是最终解决中国公司治理问题的

---

① Ronald H. Coase, “The Nature of the Firm,” *Economics* 1, no. 4 (1937): 386-405.

② 林毅夫、蔡昉、李周：《现代企业制度的内涵与国有企业改革方向》，《经济研究》1997年第3期。

③ 张维迎：《所有制、治理结构及委托-代理关系——兼评崔之元和周其仁的一些观点》，《经济研究》1996年第9期。

④ 孙永祥：《所有权、融资结构与公司治理机制》，《经济研究》2001年第1期。

⑤ 李新春、苏琦、董文卓：《公司治理与企业家精神》，《经济研究》2006年第2期。

必由之路。特殊形势下，企业家提升自身的变革领导力是重中之重[①]。从这个意义上看，中国企业家的公司治理能力有待提升，而所谓“最佳”公司治理的做法是在特定社会、政治、文化等制度环境下，社会各方力量共同“构建”的综合结果。[②] 同时，为赢得更大份额的股权或经营权，商业社会中的精英阶层，即董事或执行官，趋向于寻求更为利己的公司制度，寻租甚至是腐败行为风气滋长蔓延[③]，进而引发出一系列复杂的社会问题和经济问题。

不可否认，过去20年是中国企业发展的黄金时期，更是中国企业逐步体系化、标准化、专业化的20年，但是遭遇的困难、挫折也是前所未有的。站在历史接驳点上，我们有必要回顾过去，重温百年来商业文化变迁的历程，从中找寻解决问题的线索。19世纪70年代起，西方商业文明的引入促成了中国近代公司制度的形成[④]，随即有了现代意义上的股份制公司，并创造出中国民族企业发展的黄金时代[⑤]。以纯粹的企业治理来看，从中国晚清的《商律》到北洋政府1914年推出的《公司条例》，再到1929年和1946年两次颁布《公司法》，公司治理的法律准则不断演变，公司治理思想也在不断进步。而近代政治、商业精英则是商业文明发展的脊梁。李鸿章、张之洞、张謇、卢作孚、宋棐卿等近代实业缔造者和实践家，他们的所作所为长久影响着中国的企业家们。因此，本书通过回顾近代商业变迁下公司治理制度在中国本土的发展，探析近代企业家面对的困境与抉择，力求以更深远的历史视角，为当代中国公司治理如何破除发展障碍贡献理论和经验启示。

---

① 彭泗清、李兰、潘建成等：《经济转型与创新：认识、问题与对策》，《管理世界》2013年第9期。

② 杨典：《公司治理与企业绩效——基于中国经验的社会学分析》，《中国社会科学》2013年第1期。

③ 刘志成、吴能全：《中国企业家行为过程研究：来自近代中国企业家的考察》，《管理世界》2012年第6期。

④ 姜伟：《论股份有限公司制度在清末民初的演进》，《南京师大学报·社会科学版》2000年第1期。

⑤ 白吉尔：《中国资产阶级的黄金时代》，张富强、许世芬译，上海人民出版社，1994，第74页。

二、近代公司治理中委托代理模式的中国式嬗变

从1842年魏源最早在《海国图志》中介绍西方公司这种企业财产组织形式[①]，到1904年《公司律》的颁布，这是中国接触和传播公司制思想的初始阶段。公司制度思想是近代西方对华企业经营影响的最重要方面。公司制思想是西学东渐下对外商在华经营管理思想的重要接纳。最早的代表人物为魏源，之后薛福成、马建忠、陈炽等对商业西方商业模式也有更为详细的实践认知。关于近代公司制的论著有《论公司不举之病》《公司》《纠集公司说》等。“西洋诸国，开物成务，往往有萃千万人之力而尚虞起薄且弱者，则合通国之力以为之。于是有鸠集公司之一法，……其端始于工商，其究可赞造化。尽其能事，移山可也，填海可也，驱驾风电、制御水火亦可也。有拓万里膏膏腴之壤，不借国帑借公司者，英人初辟五印度是也。有通终古隔阂之途，不倚官力倚公司者，法人创开苏彝士河是也。西洋诸国所以横绝四海莫之能御者，其不以此哉！”[②] 即便已经认识到公司制度的优越性，从总体来看早期公司制度在中国的传播是零散的。随着公司制度在华经营活动中所起的作用日益重要，理论界和实业界对舶来的制度开始了深入的思考。早期学者对公司制讨论的重要场所是《申报》和《字林沪报》，这些媒体主要传播了官督商办股份公司思想。总体来看，早期公司思想多限于对西方公司制度的介绍，基本停留在对公司制的内涵及其必要性的认识。

首先，公司制度建立伴随着近代公司制度思想的转变。随着公司制度付诸实践，对公司治理机制的研究逐渐深入，特别是公司的控制权与激励机制引起了一些实业家对西学认识的关注。郑观应在长期实践基础上，对当时的官督商办公司内部治理机制进行了批判，强调健全股东会、董事会、查账员、总办为核心的经营者间职能的重要性。[③] 王韬、陈炽、郑观应和马建忠等人早

① 虽然据史料早在1684年在中国就出现“公司”一词，但其含义于现代公司相去甚远，顶多只能算是“华语对商号，合股经营事业和会社的泛称”。见张忠民：《艰难的变迁：近代中国公司制度研究》，上海社会科学院出版社，2002。

② 薛福成：《庸斋海外文编·论公司不举之病》。

③ 豆建民：《中国公司制思想研究》，上海财经大学出版社，1999，第16页。

期都对官督商办制度寄予厚望。但随着官督商办公司弊端丛生，商人对官督商办的态度从依赖到抛弃，何启、胡礼垣、郑观应等对官督商办制度进行了反思和批判。一般认为《公司律》颁行之前为特许经营时期，也就是公司制度在我国最早出现的雏形期。之后随着公司制度建设的完善，法律体系的保障要求也呼之欲出，《公司律》的推行使公司思想由官督向依法保护转变。对当时公司制度建设，时人颇有微词，认为中国公司法规不完善，尤其对《公司律》批判较多。从支持官督商办到“依法保护”，郑观应不仅强调法律对公司治理的重要性，而且还详细介绍了英国的公司法。① 在这一阶段，思想界的先驱者对官利制度多为批判的眼光，同时注意到股票交易所和银行业等不发达给公司制度建设带来负面影响。此外，法人阶段国人已经注意到法律意识、轻商观念和家庭观念等非正式制度对公司制度建设的制约作用。

其次，法律是主流公司思想的体现。相关的公司法规对公司不同类型的区分反映了近代公司制度思想的演进。《公司律》区分了公司的基本标准：股东债务责任和出资方式，以及公司资本是否划分为等额股份和股份转让的难易程度，对历次公司法规中的公司类型予以区分，并引用时人观点予以验证。

再次，对法人准则阶段的法规、言论和实践中涉及较多的三种思想，即股权限制思想、法人持股与控股公司思想和家族公司思想进行了研究。股权限制始于《公司条例》，值得注意的是，股权限制在一定程度上是孙中山节制私人大资本思想的体现。抗战期间，随着《特种有限股份公司条例》的出台，股权限制仅体现在私人资本上。法人持股直到 1929 年《公司法》才得以体现，对法人持股研究较为深入的有王澹如②、王效文等人，实业界最早进行构想并力图付诸实践的是刘鸿生。家族思想主要体现公司实践过程中。

最后，近代学者对股份有限公司的专门研究进行了分析。近代学者在公司法人地位确立前后就对股东个人财产和法人财产进行了区分；左宗纶、沈

① 郑观应：《盛世危言·商务二》，载夏东元编《郑观应集》，上海人民出版社，1982。

② 王澹如，会计学家，编著大量的财务会计学教程；王效文，师从马寅初，我国著名的保险学家。两位学者为我国的经济财会制度普及和发展工作做出过重大贡献。

志远①、王效文等人还对大股东操纵和小股东控制权的弱化问题进行了深入的探讨。研究表明：近代学者对股权分散与经理控制企业问题的研究较为深入，张素民于1936年翻译了美国学者伯利和米恩斯关于股权分散和职业经理控制公司的名著《现代公司与私有财产》，左宗纶更是在其代表作《现代股份有限公司的特质》中用大量篇幅论述了职业经理产生的原因及其对公司控制的增强。

（一）官督商办型治理结构的形成

与西方商业模式自然演变不同，中国商业最早的公司结构是从西方商业文明中移植而来的。作为公司发起人的“朝廷”也作为这一结构中最为核心的主体表现出召集人、管理人以及监督人的角色。因此，“公司”首次亮相于中国传统商业社会时夹杂着政府背景、商人资本和略显混乱的管理结构。那时，公司的出现还不足以引导传统中国家族式作坊经济到商业化委托代理模式的嬗变，当然不容忽视的是经营模式的改变是传统中国商业文化与世界商业文明的首次主动接轨。在民间商业活动中，大约19世纪40年代中国商业先驱开始注意到西方人通过发行股票的方式筹集资金，中国官僚、商人参股外国洋行的活动屡见不鲜。② 正在这样的商业氛围中，魏源最早提到“公司者，数十商辏资营运，出则同力使用，归则计本均分，其局大而联”③。洋务运动的鼓励下，清政府也通过以公开募集资金的方式发展工商事业，而此时股份来源仅限于国内资本，具有明显的民族主义色彩。容闳向江苏巡抚丁日昌提议，“公司须为纯粹之华股，不许外人为股东。即公司中经理、职员，亦概用中国人”④，可以看出，发展公司的主要目的是“国之自强”。中国第一家由国人开办采用西方股份制组织形式的近代企业——轮船招商局应运而生，以此为开端的江南制造局、汉阳钢铁厂相继成立，而这个时期建立的大部分企业都是官督商办或是国家独资创办的企业。这些企业资金由政府提供，产

① 左宗纶，北平辅仁大学经济学系教授，1949年后最早一批商业人才；沈志远，政治经济学家，原中国社会科学院上海研究院筹备组主任，编写多本著作，其中《计划经济大纲》《新经济学大纲》对我国经济建设理论有重要意义。

② 汪敬虞：《十九世纪外国侵华企业的华商附股活动》，《历史研究》1965年第4期。

③ 中华书局编辑部编：《魏源集》下册，北京：中华书局，1983，第7页。

④ 容闳：《西学东渐记》，湖南人民出版社，1981，第86页。

品由政府调拨，与市场基本没有太多联系。而在这部分称之为“局”的企业中①，企业管理制度、组织结构也与封建衙门并无二致②。

这个阶段的公司管理权、股权并没有剥离，监督机制、审计更是混为一锅粥，在利益分配方面更是匪夷所思。值得注意的是，清末股份公司在筹集资本的过程中实行了一种具有中国特色的分配制度——“官利制”，它是中国近代股份企业中实行的按定期支付固定利息的制度。这种制度与西方的股份公司的股息不同。股息收益具有不确定性，会随着盈利状况波动，而官利的支付则有一定的强制性色彩。年终结账，须先派官利，而后结算利润。1873年轮船招商局的章程就有规定：“每股官利，定以按年一分起息，逢闰不计，年终凭股单按数支取，不准徇情预计。”③ 官利制度提高了股份公司的筹资成本，弱化了股东投资的风险意识。梁启超分析道：“我国公司之股份，其性质与外国之所谓股份者异，而反与其所谓债者同……职员因利用此心里，或高其利以诱人，其竟由资本内割出分派者什有而八九。股东初以其官利有者也，则习而安之，不知不数年而资本尽矣。”④ 梁启超指出了官利的存在必然会直接导致公司治理内部产生无效率。实业家张謇对官利问题也有负面评价，他在《大生崇明分厂十年事述》中就企业的账簿亏损具体状况分析道：“……开办费所谓九万六千五百四十余两，非纯费也，官利居多数也……非真亏也，官利占全数也。”⑤ 可见，张謇非常清楚官利的负面作用，它减少了企业资金积累，增加企业困难，对企业正常发展造成了不良影响。但是，张謇也清楚地认识到官利制度对企业筹资的重要意义，如果没有官利制度，大生纱厂不可能筹建起来，“且亦赖此习惯耳，否则资本家一齐猥缩矣，中国宁可有实业乎”。官利制度说到底是一种融资制度，它是一种更类似于债券型的融资方式，中国历史上债券融资一直以来较为发达，而股权融资制度较为落后，西方则相反。与现代化同股同权的标准股权融资不同，官利制虽有种种缺陷，

① 清末国有投资企业均成为“局”，例如，“制造局”“机器局”“铁政局”等都是国有企业的名称后缀。

② 徐敦楷：《民国时期企业经营管理思想史》，武汉大学出版社，2014，第6页。

③ 聂宝璋编：《中国近代航运史资料》第一辑（下），上海人民出版社，1983，第755页。

④ 《梁启超全集》第四册，北京出版社，1999，第1975页。

⑤ 朱荫贵：《中国近代股份制企业研究》，上海财经大学出版社，2008，第112页。

但这一特殊形态的融资方式是本土融资方式的传承和改良，是企业资本模式构架的一次进步。

近代中国商业社会被西方势力冲击得七零八落，如果没有国家力量投资实业建设，巨额的资金需求估计很难寻求到资本支持，如此一来对中国商业发展更为致命，因此近代早期实业家对官利制度的态度是无可奈何地支持。由此来看，近代初期中国对西方引入的科学管理理念与中国传统文化相结合而得出的商业制度的接纳程度是矛盾的，总的来说，这仅仅是近代公司制在中国的初期实践，并未涉及公司治理中深层的委托代理矛盾。

（二）商股在资本市场中的替代

近代中国公司制度实践进程加速的同时伴随着对公司治理的不断认识。①丰厚的红利许诺加之在后期改革中股息派发制度变更使社会视听为之一变，19 世纪 80 年代先后成立的开平矿务局、上海机器织布局等此类官督商办企业，也逐步引起了民族资本投资者的兴趣。光绪八年（1882 年）上海平准股票公司成立，当时报刊上记载“每一新公司出，千百人争购之，以得票为幸，不暇计其事之兴隆衰替也”②，可见当时对公司的狂热追捧。而之后的上海金融风潮，使公司纷纷破产，投资热情迅速低落，“市面清寥，商贾观望”，反映了脆弱市场面对资本市场坍塌的无助表象。近代著名思想家钟天纬对中国第一次金融风暴如是评价：“华人不善效颦，徒慕公司之名，不考公司之实。”这也是强调企业家要注意考虑企业内部治理的问题，中国设置公司的不规范因素导致公司经营出现问题。

薛福成考察了西方公司治理结构后写道：“西国每立公司，必禀请国家，由商部派员查勘，事实可凭，利亦操券，始准开办。每一公司由各股东公保董事十二人，由总董事再推总办正、副各一，而每人亦必多股于中。总办受成于各董，各董受成于各股东。上下钳制，耳目昭著，自然弊无由生。”可以看出当时的商业先驱已经认识到公司运作机制中相互制衡对公司健康发展的重要性，而直到 1904 年清政府《公司律》颁布才有了法律制度的保障。近代

① 杜恂诚：《民族资本主义与旧中国政府（1840—1937）》，上海社会科学院出版社，1991，第 29-31 页。

② 《申报》1882 年 9 月 27 日。

早期的公司实践过程虽粗浅弊陋，但也使实业家逐渐认识到公司治理更深层次的本质。公司是一种以资本为纽带的权利分立与制衡的机制，分离这些权利机制并能单单地通过“官”因素实现，更为需要重视的市场因素才是公司治理中首要考虑的外部直接力量。政府与官僚作为一个具有自身利益相关方存在于企业中的部分是近代中国无法跳过也不能避免的环节，而依法治理商业社会环境又是现代商业文明的发展要求。法制与人治的争辩更像一门妥协的艺术品，在商业领域中显然是法制优先，在这一次交锋中所有的阶层都将选票投向法制一方。兼具官员和商人背景的郑观应对此时的法律需求提出“国家非有商律，商务必不能旺……必须仿照西例，速定商律”①。为了使相关法律尽快落实，光绪二十四年（1898 年）何启、胡礼垣对公司机制进行了更为深刻的论述，“其事大要则议事必从其众，而不得专权，用人必因其才，而不能私荐，钱财数目股东可任意稽验，拨放款项值理等悉听公裁”②。

虽然当时还没有对企业内部的框架结构、股权分配等技术层面的认知，但是他们已经明确地认识到，良好的公司治理机制会给企业经营带来正向的结果。“附股人不论官职大小，或署以名，或以官阶署名，与无职之附股人均只认股东一律看待”③，这就是《公司律》中规定的按照出资份额划分公司权益的条例，在近代中国公司治理文化中具有开创性意义，是中国设立商业准则机制的开端。律法的约束减少了官方对于公司经营的无端干涉，有助于公司独立运作，初步实现了公司同股同权，按股配息，经营权与所有权分离的前提。从官督商办公司治理中的“官总其大纲”到“官商权限必须分明”，完成了近代公司治理和商业制度变迁的重要过程，然而制度创新、产权引入并不是意见独立与社会意识存在的事件，此种创新与国家的文化制度、社会习俗甚至法制建设都息息相关。最有力的观点则是梁启超的《敬告国中之谈实业者》一文，文章批评了中国不适宜发展股份公司的观点，潘强恩等人对梁启超的观点进行解读，得出当时中国法制不全无以立股份公司，金融配套

① 夏东元编：《郑观应集》上册，上海人民出版社，1982，第 626 页。
② 何启、胡礼垣：《新政真诠》，辽宁人民出版社，1994，第 205 页。
③ 伍廷芳等编纂：《大清新编法典·商律》，文海出版社，1966，第 9-10 页。

设置并没有成熟到可以支撑国内公司制的发展等结论。[①] 梁启超将政治体制与商业文明相结合，提出“立宪政体使国民咸安习于法律状态，教育方针使责任心日益发达”[②]。此番辩论，对中国近代公司实践机制进行了深入剖析，点明了公司治理在我国建设初期所需要的内外部条件，抓住了发展科学管理学在中国发展的关键点。也可看出当时的商业思想可谓百家争鸣，公司治理不仅仅是外部机制的问题，更为需要强调的是管理者的文化资本也就是企业家精神。

（三）委托代理问题的中国特色表象与反思

前文提到公司治理的核心问题莫过于委托代理问题，而这一问题直到《公司律》出现，官商合营模式的出现才算是真正成为企业需要考虑的治理层构建问题。与现代公司治理问题并无两样，近代中国公司制发展也存在道德风险问题，集中表现为“不作为”和“机会主义”。而与现代企业不同的是，影响近代公司治理结构效率的除了股东与委托人信息不对称和监督缺位之外，更主要的原因是中国传统社会背景下有政府背景的内部控制人制度，在《公司律》颁行后，所有权与股权分离，作为国有方控股公司的内部控制人寻觅专业经理人代为管理企业，在明面上废除了官利制度，做到了经营权与管理权的分离，实则管理权受制于社会风气、法制环境和权利分配而最终指向官方控制集团。这一并非法律赋予的“职位”，官僚阶级利用特殊地位使政府权力成为服务于最大化个人（家族）利益的工具。

史料记载，修建粤汉铁路时“各董之目注视铁路，如恶虎群视肥羊，馋涎刻刻流注”[③]。此种官商合办的模式伤害的不单单是民间商人，国家的利益也同样受到侵害。官方的企业代表并非真正的入股出资人，权利与责任不对等造成大量国有资产流失。郑观应晚年在谈到公司治理机制中经理人选举过程中的弊端时说：“鄙人置身商界数十载，历观各营业公司，当其举总、协理、董事时，何尝不云凭票公选；无如股东之财雄势大者，纠结狡黠之徒，

① 潘强恩、吴申元、童丽等：《被历史“遗忘的角落”——梁启超的新民学说与经济思想》，新华出版社，1999。

② 梁启超：《饮冰室合集》卷二十一，中华书局，2015，第16页。

③ 马鸿谟编《民呼、民吁、民立报选辑》（一），河南人民出版社，1982，第195-196页。

行贿串举……乃至大权在握，营私植党，盘踞把持，虽间有一二公正之人，复挤而去之，由是比为奸，私囊各饱，而公司遂不堪问矣。"① 为了解决并缓和公司治理中遇到的问题，经各方讨论最终决定再次引入"官督"机制。这表面上看似复辟旧制，实则是公司治理在股东监督缺位情况下，由国家监督有着官僚背景的企业经营者不失为一种解决办法。政府和股东都认识到，在法制缺位、企业经营信息不通畅的发展初期，"官督"机制在近代中国公司经营中有存在的必要性。"确守官督成案，实行商办主义"也成为近代公司治理的旧口号新样式。"官督"的力量成为监督和控制公司治理的力量，降低经理人造成的负面影响。

（四）《公司条例》下的民族资本崛起

1914年《公司条例》颁布，国内发展商业的社会环境日益宽松，近代公司的发展进入新的阶段。公司作为近代中国的新兴经济组织形式终于获得了国家法律认可的地位，受到法律的保护。民族资本企业得以扩张，无论是数量上还是资本额上都已超过国有资本企业。家族企业作为国家经济体系的重要部分也获得了较大的发展。从世界各国的企业制度发展来看，几乎都经历了一个家族公司阶段②，中国也不例外。带有中国传统色彩的家族公司治理机制也日渐成形，主要体现出两个特征：一是经理人的家族化，二是决策权的内部化。这两大特征毫无疑问地将企业经营权与所有权收敛于家族内部控制，而此种现象也是家族企业发展前期必然会经历的阶段。③

值得注意的是，股权在近代中国貌似并没有作为企业决策力的唯一衡量标准纳入公司决策权划分的考量范围里来。经历了官督商办这一特殊的公司发展阶段，在企业中起决定作用的往往是所谓的行政权，而非股权。企业发展好坏及前景更看重的是创始人身份，以及经营者的社会地位而非股权多寡。张謇创办的大生纱厂就是一例，"张氏本身在大生的股份始终不多，却能够操

---

① 夏东元编：《郑观应集》下册，上海人民出版社，1988，第628页。

② 小艾尔弗雷德·钱德勒：《看得见的手：美国企业的管理革命》，重武译，商务印书馆，2001，第10页。

③ 杨勇：《近代中国公司治理：思想演变与制度变迁》，上海世纪出版集团，2007，第110页。

纵大生全局达数十年之久”①。在传统中国社会中，要想掌控企业全局，除了具备丰富的管理才能，还需要看企业管理者的背景经历。张謇拥有农商总长的身份以及名士状元的光环，自然达到了这一社会要求。在日常厂务治理的工作中，中国特色的关系情结也可见一斑，在大生纱厂实业录中就有记载大生驻沪办事处主任吴寄尘声称“寄尘来大生办事，受两公之知遇，非受股东之托”②，可以看出，在中国传统文化的影响下，民营企业初步建立时，公司治理中员工和老板的关系和情感寄托具有很重要的意义。

中国民族资本家运用西方公司制度建立公司体现出了浓厚的中国特色，家族企业多以血缘、亲缘和地缘为基础，认为依靠“三缘”的纽带力量能使经营权延续下去，企业员工也多以报答、报恩的方式回馈于老板。吴承明对于这一事实谈道：“合伙是民族资本较大企业的主要组织形式；它不仅是建立在资本关系之上，而且是建立在人的关系之上的。”③ 这一认识与法国的中国史专家不谋而合：“只有通过对企业家家族结构的分析，才能确切地理解中国资本主义发展的原因。”④ 在如此环境中近代商业发展迅速，政府对私营工商业在这一时期也没有大加干预。此时的企业文化多以家族伦理为核心协调维护大小股东利益，公司治理结构建设方面也多以家族成员共同参与的方式。但是，相比现代公司治理结构还有很大差距，中国传统宗法礼制定义社会单位为家族而非个人，股权所有权意识还并不以个人明晰的形式存在，如果遇到产权纠纷将会是整个家族企业崩塌。但是不可否认，西方公司治理结构在当时中国已经发挥作用，并且中国的商业精英就技术层面已经可以熟练掌握、运用自如了。

三、近代公司治理中的能动性——企业家精神与产业革命精神

（一）企业家精神之中西方管理思想的融合与变通

公司治理作为企业管理的核心问题，制度性保证是基础，除此之外以企

---

① 大生系统企业史编写组：《大生系统企业史》，江苏古籍出版社，1990，第121页。

② 张謇：《张謇全集》第3册，上海辞书出版社，2012，第88页。

③ 吴承明：《中国民族资本的特点》，《经济研究》1956年第6期。

④ 白吉尔：《中国资产阶级的黄金时代》，张富强、许世芬译，上海人民出版社，1994，第157页。

业家文化资本为基础而激发出的企业家精神也是影响近代公司治理结构的重要因素。① 西方管理文化是近代中国企业家最需要了解的知识，西方管理理论是人类历史上第一次以科学方法来探讨管理问题取得的成果，管理思想的发展又促进了生产力的更快发展。不能否认，科学管理理论是人类管理思想的里程碑式的进步，并且对近代中国企业家也影响颇深，但是，科学管理理论也存在其局限性，突出表现在这一理论将管理对象完全建立在“经济人假设”的基础之上研究机器的效率问题，没有对人性问题做深入的研究，没有把人视作管理的中心以研究人的效率问题②，至少在近代早期并没有改善。随着社会的发展，科学管理理论的缺点逐步凸显，正是这种时代要求的呼唤下，行为科学应运而生，而此学科的主要观点则是“工人是从社会的角度被激励和控制的，而效率的增进和士气的提高，主要源自工人社会条件及人与人之间关系的改善，而非单纯由于物质条件或物质环境的改善”，这一理念很快被引入中国，对中国企业管理颇有启发。③ 值得骄傲的是，这一理念在悠久的中国传统文化中早有提及。

中国的近代企业家们也是本着中国传统文化的内核“仁爱”“兼爱”治理企业、对待员工。中国很早就有朴素的平等观和尊重利益相关方的概念，虽然非针对商业的专业术语，但是在中国特有的文化传统，早已将整合资源谋求发展的道理运用于生产生活中。战国时期白圭就将兵家谋略运用于商业经营中，“其智不足与权变，勇不足以决断，仁不能以取矛，强不能有所受，虽欲学吾术，终不告之矣”，就是说经营者要能体察下属的需要，巧妙运用取予之道激发员工的工作积极性。④《史记·货殖列传》中也记载“白圭能薄饮食，忍嗜欲，恶衣服，与用事童仆同苦乐”⑤，如此才能让为自己劳动的员工感受到特殊的恩遇，从而肯出力卖命。厚待之，善任之，人亦有相应回报。这便是中国古代商人人性管理行之有效的方法。中国古代以人为本的管理哲

① 徐静、赵静、吴慈生：《企业家文化资本与企业家精神》，《管理世界》2016 年第 3 期。

② 徐敦楷：《民国时期企业经营管理思想史》，武汉大学出版社，2014，第 174 页。

③ 刘文宾：《近代中国企业管理思想与制度的演变》，“国史馆”，2001，第 102 页。

④ 胡寄窗：《中国经济思想史（上）》，上海人民出版社，1962，第 281 页。

⑤ 司马迁：《史记·货殖列传》，中华书局，2011，第 1162 页。

学与西方的科学管理理念大异其趣，而与行为科学理论殊途同归。在中国传统文化影响至深的民国时期，受传统文化影响的中国企业家必然会从博大精深的人性管理哲学中吸取养料。这种管理价值趋向也是他们对西方当时的行为科学理论有亲近感，易接受。

优秀的企业家除了拥有博大的胸襟以外，还需要开阔的视野、坚韧不拔的品质，更为重要的是要有一颗爱国心。随着自身工业的发展，民族自强精神的树立，国货逐渐能替代外来商品。上海国货团、中华国货厂商联合会等这些民间自发组织以不同的形式开展国货内销运动。近代企业家们还联合生产、销售、金融，形成三方合作，建立全国性的国货销售网络。一时间国家实业发展迅猛，国民经济状况也蒸蒸日上。如此氛围中，民国政府发布通令："海通以还，外货充斥，经济压迫，源涸流枯，国人触目惊心，咸思补救。权衡利害，应以提倡国货为先，顾提倡之方，必须心理与物质双方并进。"① 中国企业要在此种环境中生存下来，就得最大化完成外商在华商业市场份额的替代。近代史上，民族企业多次发起抵制外货运动，从民族情怀上看是一种爱国行为，从商业发展的要求来看则是近代企业家在夹缝中求生存，积聚资本提高制造技术、改良生产工艺的必然结果，并最终建立起各领域中能与外商同类商品相匹敌的华资企业。② 近代中国企业家之所以能在经济竞争方面以弱胜强，在某种程度上就是靠着企业家们自身的斗志，以自身的聪明才智影响企业职工，以及更广大民众。现今来看，近代民族企业家身上都有着爱国主义的情怀和烙印，这与当时的时代背景分不开。顺应时代潮流，实现人生价值是每一个企业家事业发展的助推器。

（二）近代企业家精神的管理特征及其局限性

近代中国公司发展迅速，20 世纪初期被公认为是中国商业资本发展的黄金时期。③ 这一黄金时代成就了中国近代实业发展，除了各种各样的塑造了中

① 史全生：《中华民国经济史》，江苏人民出版社，1989，第 237-238 页。

② 樊卫国：《论进口替代与近代国货市场》，《上海社会科学院学术季刊》1995 年第 3 期。

③ 许涤新、吴承明主编的《中国资本主义发展史》，郭庠林、张立英的《近代中国市场经济研究》，以及法国史学家白吉尔的《中国资产阶级的黄金时代》均有记录。

国公司快速发展的外来因素[①]，另一起作用的则是具有主观能动性的内部因素——企业家精神。日本学者中井英基对大生的成功就指出，“并不是只有大生得天独厚，具有优越的客观条件……本质上迥异的，正是主体条件，亦即企业家的作风与资质”[②]，说明了近代企业的发展迅速的原因绝不仅仅是外部因素的推动，如果没有内部因素的作用，外部因素所起的作用也是微乎其微的。作为公司治理中最具能动性的因素，企业家精神直接影响着公司治理机制在企业经营活动中的绩效好坏。近代教育家陆费逵在一本探讨企业家修养的书中写道，“实业家果需何种资格乎？以余所见，勤俭也，正直也，和易也，安分也，进取也，常识也，经验也，节嗜欲也，殆无一以或缺”[③]，指明了企业家所应具有的创新、进取精神以及道德品质等方面的企业家素质。民国管理科学领域的先驱穆藕初强调，“物色人才与善用人才为实业家首务”[④]，并认为“管理人才，在事业管理上所占地位，尤为重要”[⑤]。企业家除了具备识人用人方面的才干，道德素质在近代中国的实业界也是十分重要的。受传统儒家文化熏陶的第一代实业家非常讲求“仁”“和”。陆费逵就将“正直”和“和易”作为企业家修养的必备素质写入《实业家之修养》一书中。可以看出，近代中国商业环境对企业家的要求已经非常详尽，却也有不足，能力技术和品质德行的要求更多地被提及，而缺少标准化的考核标准，西方企业理念认为标准化的考核制度可以有效监督生产效率，减低管理成本，提升企业业绩。庆幸的是，中国传统商业文化中有宗族关系作为社会纽带、社会舆论作为信用背书，填补了生产管理中的这一空缺。在小圈子社会中，企业家往往对家族担负着无限责任，而宗族成员对企业家的要求也往往是超经济的。双向激励和约束表现出中国近代企业家有更多的自主权，股东（宗族成员）

① 苏伊士运河、第一次世界大战和欧亚大陆线缆联通都被认为是成就中国资本主义发展黄金时期的外部因素。

② 中井英基：《清末棉纺企业的经营与市场条件：大生纱厂在中国民族资本棉纺织业中的地位》，载中国近代经济史丛书编委会编：《中国近代经济史研究资料》第八辑，上海社会科学院出版社，1987，第129-162页。

③ 陆费逵：《实业家之修养》，中华书局，1929，第6页。

④ 穆藕初：《穆藕初文集》，北京大学出版社，1995，第219-220页。

⑤ 穆藕初：《穆藕初文集》，北京大学出版社，1995，第219-220页。

对企业业绩要求也有比西方企业更大的弹性。尤其是面对外国资本在国内市场大举投资的近代社会，企业家注意力更多地投向实业救国的浪潮中而并没有受到多少家族成员的干预。

（三）近代企业家精神的时代特征

近代中国民族企业的建立有一个共同出发点，就是振兴民族工业。有了这一前提，无论是企业所有者还是公司员工都会将社会责任感与奉献精神引入到工作当中。这一思想的代表人物卢作孚就是将企业的价值观融入整个生产经营活动中，他提出，“我们做事有两重目的：第一是自己尽量地帮助实业，第二是要求实业尽量帮助社会”①。卢作孚就是这样将振兴民族工业的情怀与经营目的相一致，为近代中国交通运输业做出了巨大贡献。宋棐卿既注意科学管理原则的指导又注重员工意识形态的建设，成为近代中国杰出的企业家。他注重中国传统文化与西方行为科学管理的有效结合，大力开展企业文化建设。为了开展企业文化建设主编各类在职报刊十余种，通过各种渠道培养员工技能，对员工进行教育和训练。宋棐卿提出“东亚精神”的企业理念，将基督教精神与儒家文化相融合，在工厂显眼处随处可见“军事纪律，基督精神”的标语，时刻提示员工，“我们是实行以生产辅助社会之进步，我们要实行劳资互惠，我们要为一般平民谋求福利”②。在中国劳资纠纷问题严重的 20 世纪 30 年代③，宋棐卿辖下的企业一方面提倡“劳资协调”“劳资合作”④，另一方面采取“惠工福利”，最终没有发生激烈运动。刘国钧是近代著名的民族实业家，他有名之处就在于知人善用。他将企业人才分为三类：懂经济管理，又懂技术，是一等人才；懂经营管理，不懂技术，是二等人才；懂技术，不懂经营管理是三等人才⑤。由此可见，他认为管理比技术更为重要。刘国钧在企业管理中还注重人文关怀与科学管理相协调的发展思想，他在管理实践中总结出科学管理要体现出“紧”的一面，而人性管理要体现出

① 凌耀伦、熊甫编：《卢作孚文集》，北京大学出版社，1999，第 413 页。

② 刘文宾：《近代中国企业管理思想与制度演变》，“国史馆”，2001，第 118-119 页。

③ 1928 年 1 月英国召开第一次“劳资联合协议会”，1928 年 8 月上海工商界发生“商业请愿团活动”，1929 年工商部发行《实现劳资写作方案》，均对中国实业界产生重大影响。

④ 马伯煌主编：《中国近代经济思想史》下册，上海社会科学院出版社，1992，第 148-149 页。

⑤ 钟祥财：《中国近代民族企业家经济思想史》，上海社会科学院出版社，1992，第 436 页。

"松"的一面，这一松一紧则是企业管理者分寸拿捏的本事。这些仅仅是近代商业精英治理企业的代表，无数优秀的企业家在近代历史进程中展现出了深厚的个人魅力，遗留下丰富的管理经验。他们是中国纳入世界经济体系后的第一批企业家，虽然过程是被动的，但是在短暂的迷茫后，很快适应了商业竞争中的价值准则、市场定律，并且在与西方发达企业博弈的过程中得以保全并有较快发展。

不可否认，高利润是企业家创业的重要动力，但是历数近代民族企业家，又有多少将追求民族富强国家昌盛为己任。破旧立新、勇于创新，所有权股份制改革、岗位责任制、标准化管理、成本会计制度等都是在近代西方在华建厂引入新型管理制度的过程中学习到的。"师夷长技以自强"是近代民资企业家最鲜明的特质。

四、制度变迁思想下的现实发展及意义重现

（一）近代制度变迁思想的历史思考

本书梳理了公司治理在我国近代发展演进的脉络，以西方商业管理文化流入中国为契机，就其对本土企业构建产生的影响进行分析，通过外部效应（制度引进）和内部效应（企业家精神）的共同作用，阐释了近代实业发展迅速的必然要求。在此基础上，本书将我国近代公司治理的发展状况与传统风俗文化相结合，对中国特有文化传统、体制特征加以系统性分析，有组织、有步骤地将史料归纳入论述过程中；有意识地将官督商办、官商合营与民营资本相比较，以历史唯物主义的方法正确看待近代民营资本在发展过程中遇到的阻碍及其历史成因。

本章以历史事实为视角，以思想史研究为手段，将近代公司治理的发展脉络与企业发展因素相结合，从公司制这一外部因素入手研究中国企业文化发展的推动力量，从内部企业家精神入手探求外来文化对中国近代商业精英阶层的影响。以历史唯物主义的辩证视角审视资本主义在中国发展的"黄金二十年"及其对中国商业文化的深远影响。本研究对中国现代商业文明形成路径有较为可信的解释，对解决中国当前公司治理的现实问题有一定的参考价值。

（二）近代制度变迁思想的现实意义探析

近代商业文化给后人留下了许多具有思想价值的制度和行为启示，但大多已被人们遗忘在历史深处。自引入公司制，即轮船招商局建成至今一百多年间，公司制度在我国的发展日新月异，公司治理结构突破障碍不断完善，这一舶来品在中国的土地上汲取精华，发展创新，形成了一套符合中国经济发展的治理思想。以史为鉴，我们必须不断总结前人智慧，深刻反思，破除制约当前经济发展的重重阻碍。

官督商办与民营投资的激励机制所追求的利益不同，有时甚至存在矛盾冲突。在官督商办企业中，官方代理人（监督人）掌握企业的实际控制权，但他们同时从属于政府官僚体系，在以升迁的利益诉求支配下，必将与公司股东的利润最大化追求发生错位，致使企业激励机制失调，进而效率低下。“办大事”“做高官”的激励诱使企业发展路径偏于规模扩展，忽视股东利益最大化，这是使官督商办企业最终覆灭的核心因素。官商合营企业虽然废除了“官督”的角色，但是企业内部治理缺少监督，加之官方资本在中国向来被看作主体资本，且官方代理人并非真正意义上的出资人，最终也未能成功。企业经营者与管理者要想激励到位，必须权责明晰，辅以适当的监督机制，避免经营管理中的“官商缺位”或“一方独大”，特别对有国有资本参股的企业，建议引入相应的国家监督机制，有效防止国有资产流失。

近代早期，中国缺少商业法规相关的书面准则，开设公司全凭民间自发、无限责任的形式，官办公司则由上谕公告。直到1904年，清政府《商律》的颁布使以法律为依托的公司形式正式出现。《商律》规条相对简单，却是中国近代商业环境的重要进步。《公司律》改行政许可制为自由注册制，极大地激发了民间资本对商业经营的活力。“专事专办”的低效率模式被简化为“营业所”注册办理公司的规模化形式，一时间企业数量呈现指数型增长。而后颁布的《公司条例》和《公司法》对企业已有的组织形式和目标诉求给出了更为契合现代企业准则的定义，形成了“有限责任”和“以营利为目的”的新规范，推进了商业活动的公平化和法制化。依法建设社会主义市场经济，依法构建公司治理体制建设，成为真正实现商业环境低成本运作、高效率产出的必要条件。而近代中国的法律缺位，由传统中国文化的宗族体系填补，企业家和家族成员的相互依赖、相互制约成为小圈子商业文化中对企业治理的一个约束条件，使缺少法律渗透的方面得到监督。在企业管理方面，我国特有的传统人情社会，在怀柔和科学管理相结合的作用下，更大刺激了生产力的发展，增加了员工工作中的幸福感，达成了现代经济学中的帕累托最优。

中国传统文化中，关于“为善”“从善”的育人准则和生活哲学比比皆是，企业家耳濡目染，受到“仁爱”“兼爱”的文化陶冶，人性化管理的思想底色自然成形，适时又逢中国国力衰弱、民族危亡之际，实业救国成为有志青年报效祖国、实现个人理想的途径。近代中国商业精英阶层多有官宦背景或留洋经历，视野情怀极为开阔，创立企业时多以振兴工业、重振中华为企业精神，潜移默化地契合了国情和发展需要，在企业家与员工的情感依托和精神绑定下，促成了近代实业空前的发展和企业制度长足的进步，一套符合中国国情的公司治理雏形初步建成，为后起公司提供了参考和支撑。历史的经验警醒着现世，当今中国企业家应怀揣梦想，眼光放长，顺时应势，与时俱进，为中华民族的伟大复兴贡献力量。

如前所述，制度背景和企业家主观能动性是使企业得以健康长久发展的重要依据。今天，在社会环境的重新塑造和商业运作模式的不断创新下，中国企业面临新的历史机遇。看清历史潮流，理解文化传承，明白商业发展，是公司能得以稳步发展和快速壮大的根本。商业文明的发展不仅需要制度的不断完善，也需要深谙文化观念和历史传承，内外兼修，方能建成更有利于企业成长的社会生态。从历史中学习，是当代企业家最重要的一面镜子，本研究将中国公司治理的历史变迁与企业家精神相结合，深入探求企业成长之路，试为中国当代企业治理的理论提供历史依据，为中国企业的现实出路提供一些建议和依据。

第三节　外商思想渗透之商业关系变迁路径

商业关系变迁路径的影响在我国商业文化变迁的历程中不容小觑。本书第五章就外商的公共关系思想做了顶层关系搭建以及基层关系网络建设的全面梳理，本节就第五章的内容做一个总结，看看外国商业文化对我国近代商业变迁的具体影响体现在哪些方面，影响的强度如何。在我国，商业关系常常被看作企业经营最重要的资源和润滑剂。许多企业家花费大量的精力去经营各种商业关系。自上而下的官商关系、企业关系以及民间商业网络维护都与企业发展过程中加强商业合作密切度、提升自身竞争力有着至关重要的联系。本书就中国近代商业关系的变革为脉络，梳理了我国商业关系形成雏形的过程，认为鸦片战争后近代商业文明输入作为外因诱发了商业文化变迁同时导致短时间内权利错配，市场力量的重新布局倒逼商业关系重新塑造。另外，外来商业文化推动了近代商业市场化，进而改造了民众商业习惯与民间商业网络。政府、商会、民间商业网络的商业化变迁形成了近代化商业关系网络的基本形态。

清末，政府的统治地位式微与外资的强势入侵使利益格局在博弈中有了新的分布，随着外来商业文化的渗透，自上而下的权利博弈最终形成了当时中国特有的商业关系形态。清末民初，中央势力、地方军阀势力、获得治外法权的各国势力都影响着整个国家的社会和经济状况。从《南京条约》到《马关条约》，外国势力逐步由商品倾销转变为商业资本输入，颠覆中国传统经济的同时，与本土商业网络相融合，共同催生出了一套符合当时混乱状态下的新型社会秩序体系。与此同时，各方势力博弈也产生出了当时特有的商业关系模式，影响着整个国家的经济命运，并且为现代中国商业文明奠定了基础。具体来看，清末民初的新型商业关系的转变自上而下分为政企关系、商会制度、基层社会网络三个层次，它们之间在互相影响和互相制约下共同发展。由此可知，中国近代化商业变迁既源于外国商业思想对传统经济的渗透，也源于中国传统文化的发酵与反馈。

雷丁总结了中西经济效率产生的来源，“西方经济体中，协调的主要效率来自于大规模组织，而华人，相应的效率来自于关系网络”①。这一点切中近代公共关系的症结“关系网络”。而这一套新体系建立的基础则是商业关系。前人专门研究近代商业关系的著作几乎为空白，部分对商业关系有所涉足的

① 戈登·雷丁：《弱小的机构与强大的联系：管理意识与中国的家庭商业关系网》，载加里·汉密尔顿：《东亚与东南亚的商业关系网与经济发展》，香港大学亚洲研究中心，第 30-47 页。

著作也大多单一，并不全面，如政商关系的文献有冯筱才的《政商中国：虞洽卿与他的时代》、张伟的《晚清时期的政商关系》、马敏的《官商之间——社会剧变中的近代绅商》等；商会研究是近代商业关系最为重要的一环，关注其制度建设①与早期中国商会发展的研究有虞和平的《商会与中国早期现代化》，马敏、付海晏的《中国近代商会通史》等，这些著作为本研究提供了思想启发和史料索引的帮助。关于近代基层商业网络形成的相关研究，大部分集中于学位论文，如王强的《近代外国在华企业本土化研究》、李滋阳的《中国近代民族企业的发展及管理思想》，除此之外上海社会科学院编写的《近代商业企业》、高家龙的《大公司与关系网》和王敏的《近代洋货进口与中国社会变迁》，以上著作都为本研究提供了大量民间商业网络的相关资料，是中国近代商业关系变革研究的素材来源。

如上文所述，以往关于近代商业文化的相关文献大多关注于单一方面，或是纯经济史整理类文献，并没有将近代商业关系变革问题作为单独研究的对象做专门梳理。本研究以史实为出发点，尊重历史，以唯物史观为基础，只对客观事实立论阐述，不对资本性质产业属性做过多区分。本章的论述意义在于将立足于近代外商对华投资的视角，对近代商业公共关系进行解构，从官商关系、商会制度、基层商业社会管理三个层面分析中国近代公共商业思想的形成过程以及历史影响，为今天商业社会中遇到的困难在历史中寻求其最初的成因，为完善现代商业社会体系提供历史借鉴。

一、近代中国商业关系的演变基础

近代外商经营管理思想为中国社会带来了先进的制度理念、工业化生产技术和丰富的管理办法。以此为发展诱因，近代商业文化建设也伴随着外国商业文明在中国的“繁荣”发展下逐步丰满起来。西方列强以坚船利炮打开中国的大门，近代国人对外敌入侵的愤恨在民间社会可想而知，然而，发达且优质的工业品在不平等条约的庇护下很快充斥中国商品市场，这又成为排

① 朱英：《近代中国商会选举制度之再考察——以清末民初的上海商会为例》，《中国社会科学》2007年第1期。金晓晨：《欧美商会制度比较及对我国的启示》，《管理世界》2003年第2期。

斥与接纳的矛盾点。以此为基础，商业关系变革成为社会进步的最根本动因。一方面，外国商人在华经商的姿态与以往的中国传统商业模式大相径庭，以西方政治、军事为后盾的外国商业从业者不仅不必附庸于官员阶层求得安身立命，反而处处占有主动权，与中国政府的利益博弈中总能制衡中国政府与本土商业团体，外国商人强占利益使很多爱国人士不得不重新考虑实业救国的可行路径；另一方面，西方工商业产品在中国内地的大肆流通也影响着普通民众的日常生活，基层社会关系网络也在随之发生着悄无声息的变迁，以物美价廉著称的外国商品将无差异化理念引入中国，消费者的培育也在此时逐步建立起来。外国商业经营管理思想对中国商业关系的影响虽不像消费路径、制度变迁路径那么直接、立竿见影，但是其影响力度是最大的，波及范围和影响时效性也是三种影响路径中最广的。

（一）近代官商关系的新形态

官商关系始终贯穿在古今中外的历史长河中，近代时期这种关系对社会形态的影响日渐紧要，并逐步被社会精英阶层所关注。“官”和“商”作为近代中国历史上最为重要的两个阶层影响着中国商业文化变迁的基调，良性互动抑或是消极牵制关系往往对国家经济都会产生相应的促进或阻碍作用。回顾历史，古代中国社会氛围并没有形成如西方那么强烈的重商文化，不仅如此，政府提倡“抑商”“贱商”的意识塑造在很长一段时间里，使官与商处在严重对立的两极中。“学而优则仕”“金榜题名”也成为传统“四民”①观念中选拔人才的基本准则。这一观念在清末民初逐步瓦解，而这一现象的集中体现就是新兴资产阶级——绅商的崛起。

商人地位最初的兴起是在明清时期，卖官鬻爵机制的存在为一批憧憬拥有官员身份的绅商买办阶层提供了晋升机会，帮助他们完成最早的由商到官的角色转型。到了晚清时期，由于政府财政紧张，借助这一途径转型的商人越来越多，不仅捐纳可以做官，为洋务企业投资也可以做官，就连直接经营企业也成为获取功名的路径。从传统意义上来看，此种角色转换在当时也可以解读为阶层转换，或是地位升迁，在森严的中国等级文化中这种认知无可

① 地位由高到低依次为士、农、工、商。

争议。商人的社会力量大大增加，社会作用大大提高，直接增强了他们的阶级意识。近代早期，绅商的重要性受到社会正统体系的认可，逐步纳入社会层级结构中，"绅商所具有最根本的特性，在于起到通官商之邮，沟通政府与民间社会"①，此时的商人转变成了官与民的媒介。最著名的晚清红顶商人胡雪岩，就利用他亦官亦商的身份，既享有官员的政治地位，又具备商人灵活多变的优势，在商界和政界大放异彩。胡雪岩就是在近代早期商业结构变迁中的代表性例子，如此得到地位升迁的近代绅商还有很多。由此可以看出，商人通往官员的阶梯已经打通。如果由商到官称为"顺向"流动的话，由官到商的"逆向"流动在晚清后期也屡见不鲜。清末大员李鸿章、张之洞虽然没有弃官从商，但是近代兴办的轮船制造局、江南织造局已经初具国有企业的雏形，而具有政府背景的李、张二人也成为此时"国有企业"的实际控制人，这是最早的由官到商的转变。而后的大生纱厂创始人张謇则确实是官员"下海"的典型。实业救国是当时历史条件下各阶层、各团体的主观意愿，而由此带来官商两极从单向流动转变为双向流动却成为重塑商业关系的客观事实。② 究其原因多源于近代洋务运动、利权斗争。可以这么说，这一局面的发生是面对外部刺激做出的反应，而"刺激"就是西方商业文明在中华大地的开枝散叶，而之后的连锁反应就导致了官商阶层的重新定位。新型官商关系为后来商业控制权由清朝政府到地方势力、由国家统辖到商会负责起到铺垫作用，这也是形成新型商业公共关系的第一步。

（二）外来文化对重塑新型官商关系的推动

中国近代商业文明，一方面受西方企业文化思潮影响，另一方面本土商业文化也已产生出了资本主义萌芽，这对晚清新型社会商业关系的确立具有重要意义。受西方商业文明的冲击，近代本土商业体系急需针对大规模商业变迁的应对策略，却苦于没有现代化商业经验可供学习参考。文化渗透、资本入侵迫使中国近代社会商业关系变革过程步入一种不确定、不明晰的发展路径。回溯历史，商业文明在古代社会并未有如近代一般受社会重视，也没

① 马敏：《晚清绅商与近代经济发展》，《中国经济史研究》1996年第3期。

② 马敏：《官商之间：社会剧变中的近代绅商》，天津人民出版社，1995，第37页。

有专门针对商业交往关系的忠告。中国儒家传统思想则对以人为本的关系相处模式定义为“为政以人，取人以身，修身以道，修道以仁。仁者人也，亲亲为大”①，商业往来也受儒家文化影响，怀柔仁慈、孝爱怜悯的观念是中国识人待物的准则，也是古代商业关系的基调。但是，面对各种前所未有的挑战，这些行为准则好像失去了往日的光泽。利益最大化的理性人假设将人与人关系的最本质联系赤裸裸地暴露在商业文化中，西方文明处理公共关系更偏向于逻辑化，独立、平等、公平的文化信条使两种文化碰撞，这也成为导致诱发新型商业秩序出现的根本原因。

随着通商口岸开埠，外国商品在中国市场的“不公平”② 优势不断凸显，民族资本受到严重打压。华资企业要求政府进行与外国商品无差异化保护。这就促使新型商业关系变革的诉求不断升级，成为民族企业家最早要解决的问题之一。政府与企业是官员和商人的阶层性载体，它们的对立关系也是官商关系的基调。在近代中国，西方势力独大导致顶层商业关系中政府、外商、华商三方成为利益博弈的三大主体，这与正常双边化官商关系本来就有所差异。在商业活动中，外国资本在华扩张的刺激下，位于中国关系网络的顶端的政商关系发展产生了微妙变化。政府与各方企业势力博弈而派生出的中国政企关系也为新形势下的新型阶层定位起到推动作用。商业关系的建立不单单是主观要求那么简单，客观社会背景才是最终确立起新规则的保证。这表现为“扶持之手”“掠夺之手”，政商关系在近代中国政商关系演变中有着重要影响意义。政商势力在不同的经济境遇充当变换着不同角色，在经济发展的不同阶段此起彼伏、相互替代。甲午战争之后，外国资本涌入中国，近乎掠夺的跨国投资活动与并不健全的商业制度在中国形成社会发展不均衡因素，造成民族资本在本土商业经营活动的严重溃败，本来就畸形的旧时商业结构变得更为复杂。此时，商业关系重建在客观上成为防止国家资产过度流失的必然要求，政企关系在商业活动中的关系设计就成为商业文化建立的起点和基调。作为代表企业利益与公共权利的两大集团，政府和企业既有利益冲突

① 《礼记·中庸》，现代出版社，2013。

② 通商口岸外商资本通过关税优势倾销洋货，在制度层面造成了不公平因素。

又有利益共生，在国家政权建立的长期发展中最终达到互相依存的稳态。无论是商人主观性需求还是商业变迁的客观要求都期待着近代商业关系的变革。

（三）近代中国官商关系改良后的表征

通常来看，国家经济水平越落后，则政府干预的程度越直接，但这一理论似乎并不符合近代早期的中国。《马关条约》后，由于各种历史原因，外国在华势力成为重要的外生因素重塑了近代政商关系。随着通商口岸允许外资建厂，外商在华投资份额不断攀升，传统的政商关系也由先前的传统“统制”地位转入类似于合作互惠的模式，官商合营成为这一模式形成的代表性成果，在近代商业文明变迁中意义非凡。清末，政府在整个社会中掌握的公共权利日渐式微，处于较为明显的弱势地位，资源调动和财政独立性都大打折扣。更为重要的是，法制上的不健全导致监管不到位，外资企业的寻租行为成为与清朝政府打交道的重要筹码。由此可知，本来就不发达的商业关系网络，逐步由西方势力的介入而走向更为畸形的发展路径。即便如此，中国政府也无力对外国商业入侵做出任何实质性回应。在这种畸形模式下，外商入华以来与中国政府从博弈到磨合直到共生一起经历了经济殖民的整个过程。此时的中国政府也逐步调整经济政策以适应外来商业资本的挑战。官督商办、官商合营相继成立见证了中国发展现代化公司制度的努力，官商的利益分配也由“官利”制度发展为权责分明的法人制度，在利益分配方面，商人与官员第一次实现了制度上的公平。这是中国政商关系趋于现代化的重要标志，利益分配的公平化必然会刺激民间资本更多地投资于国家提倡的商业活动。民间资本与政府权力的整合为当时华资崛起提供了重要依据，如何建立起一个较为有效的低成本政商关系就成为当时中国商业讨论的重点。无论合作手段如何，涉及的相关方有多复杂，抑或是出于什么原因，在这个阶段中，近代中国政府对本商业的培养总体来看算是“扶持之手”起主要作用。而此种扶持表现出的政商关系在这个阶段的历史背景下也逐步趋于柔和，商业政策较为宽松，商业发展也迎来了重要的“黄金十年”。

“掠夺之手”不会永远退出历史舞台，只是短暂因为历史因素变得淡化，作为国家运作的基础，经济永远是第一要考虑的问题。“国以税为本”，清末民初，百废待兴，税费征收成为政府与民间最直接的经济互动方式。不同的是，经过晚清西方商业文化的洗礼，中国政商关系已经有了巨大转变，商业已经可以与政府同桌对话商谈条件，这在旧时中国是绝不可能的。在近代史料中就有记载英美烟公司代表邬挺生负责接洽中国进口入关税的税收相关事宜①，虽然是代表外国企业，但是作为中国商人，“下跪磕头”的官商关系已经不复存在，新型资产阶级以对时代承载的使命赢得与官员阶层同桌对话的权利。虽然政府还是商业经营活动的主导者，但是新兴起来的企业家已经具备和政府谈判的地位和勇气。民国政府成立，北京财政困窘，袁世凯下令停止中国银行兑付政府公债，张家璈带领银行同人掀起一次闻名中外的“拒停兑付”的事件，近代商人不再是政府博弈中的附带品，他们已经拥有了独立于政府的主观能动性。可以看出，中国商人阶级作为独立的阶层从传统社会中脱离出来，成为一个具有真正实力的角色参与社会事务。更有甚者，南京政府成立后，申新纱厂的荣宗敬与当时财政部长宋子文联盟，制定一系列有利于申新纱厂发展的政策，政策制定者与市场参与者已经开始协商调控经济状况。官商之间的关系潜移默化地趋于更为扁平的形态，至此新型官商关系开始成形。

二、商会的设立与商会思想的普及

（一）商会设立的思想保证

西方文明对中国商业变迁带来的冲击导致的商业关系变革起始于顶层设计，落实于传统商业组织团体。近代以来西方的舶来文化中与经济联系最为直接的就是商会制度。中国本无商会，晚清从西方引入，先后经历北洋政府提倡，南京政府整改，最终形成了中国特色的商会文化。传统经济中，行会、商帮等商业组织约束管理着古代经济活动，这些组织在旧时为商业正常运营发挥了积极作用，但是受到地域范围的限制，行业分工的隔阂，分崩涣散的旧式商业组织最终也未进化成现代化商业组织。监管制度方面，清末民初，单一的国家法律体系在半殖民地半封建的中国奄奄一息，区域自治的局面已

① 关于邬挺生与英美烟公司的关系，参见其子邬承鹏（音译）的记述，《英美烟公司新闻》（1988年春），第10-13页。

基本成形，民间商业自治诉求呼之欲出，这为商会的建立提供了客观条件。经历了庚子巨变后，清政府设立上海商业会议公所，各地方商人团体也竞相仿照西方商会制度建立商业组织，工商界联合起来在“一曰剔除内弊，一曰考察外情”共同目的下组织成商会，维持正常的商业往来。中央政府也提出“扫除官气，联络一气，不得有丝毫隔阂，致启弊端，保护维持尤应不遗留力”①，上谕要求，清朝政府给予民间足够的空间来发展商业。很明显，此时自由市场氛围不单单是民间诉求，统治阶级也意识到尾大不掉的政府机构对近代商业文明发展造成了严重阻碍。在各方要求下，1903 年商部成立，随之颁布了《商会简明章程》后，逐步建立起了“商会自治”与朝廷法律体系并存双层法院体系，这满足了监管机构（朝廷）与商业活动参与者的共同需求。从经济角度来看，降低了信息流通成本，提高了交易效率；从法律角度来看，商会建立有效突破了当时商业活动的司法困境。在近代中国商业变迁中算是最为重要的事件之一。

商会虽有各种优势，但是打破旧有的商业习惯，建立新兴的商业文明又谈何容易。在商会引入中国之前，绅商知识分子和开明官员，通过各种方面了解西方，将商会制度介绍到中国，目的就是寻求国家致富方法。郑观应应该算是最早对商会感兴趣的中国绅商，他提出商会具有保护商人利益、参加国家商政、促进商业发展、仲裁商务纠纷、维持公平贸易等的基本功能。② 虽然对商会的认识仅停留在它本身结构和功能，但是可以看到近代商人对商业自由氛围的渴望之情。除此之外维新人士康有为在著名的《公车上书》中，也评介“明时葡萄牙之通澳门，荷兰之收南洋，英国乾隆时之取印度，道光时之犯广州，非其政府之力……商会所关，亦不少亦”③，可以看出国人已经认识到商会力量的强大，已经可以与国家力量分庭抗礼。在提到商会运行概况时还提到“官商相通，上下一体，故能制造精而销流易”④。在近代商业关系中，“官商相通”更多的是官商相互扶持，反映商人地位提升的必要性，而

---

① 光绪二十九年三月二十五日上谕，《大清法规大全·实业部》卷首，第 1 页。

② 夏东元编：《郑观应集》上册，上海人民出版社，1982，第 146 页。

③ 中国史学会主编：《戊戌变法》第Ⅱ册，神州国光社，1953，第 146 页。

④ 夏东元编：《郑观应集》上册，上海人民出版社，1982，第 249 页。

非官商串通。无独有偶，郑观应在提及商会机构建立和选举时更加进一步提到“毋恃官势，毋杂绅权”①，虽然在当时社会中并不可能实现，但是也已经体现出商人阶层对商人平等权利的希望。几乎是同年，张謇在《商会议》将商会设立的必要性和组建方式及其职能有了更细致的总结：“不会则商无校能之地，各行省宜有总会，各府宜有分会。分会有长，长考府辖之县最王之产、最良之产，与风尚之华朴、民俗之勤惰、工作之精粗、市情之消长，各列为表。度其所宜兴、宜革、宜变之故，斟酌其如何兴、如何变之办法、闻于总会。总会有督，督考长之所考，而决其行止，闻于总督、巡抚。”② 在张謇对商会的认识，不但对“上下一气”落到实处，还对民间社会的生活纳入商会体系有所涉及。虽然近代商业先驱的思想并没有很快得以实现，但是对筹建中国商会的积极尝试值得称赞，为 20 世纪初的政府“新政”提供了思想依据，形成近代中国商业发展“黄金十年”的思想土壤。

（二）商会制度下的商业关系新特征

伴随近代商业发展的更高要求，发展工业经济成为振兴中华民族的主要推动力，发展民族产业成为凝聚国内民众的首要黏合剂。新式企业普遍存在规模大、资金多、市场广的特点，“商情不聚”“商智不开”的问题必须得到彻底解决。于是兴起的民间工业、民族资本迫切要求政府权力下放，赋予商业团体以现代化使命，完成商业自主化改造。与此同时，西方商会表现出的协力同行给中国商业文明不小的冲击。外商先进的商会制度严重限制近代本国经济发展空间，“心志不齐，意见各殊……以致利权操纵尽入洋商之手”③，盛宣怀对西方商业在中国扩张式发展已是忧心忡忡，商会设立也是迫在眉睫。

中国的商会既是西方舶来的，管理章程则大多由西方引入的特点，“今欲为中国商人兴利……仿照洋商商务总会，能合中国商人为一团体，兴起诸善”④，可以看出当时史料已经明确了此时商会制度的大体构成还是仿照洋人商会的组成模式。在商会的功能方面也与西方商会大体无异，主要是维持实

① 夏东元编：《郑观应集》上册，上海人民出版社，1982，第 617 页。

② 中国史学会主编：《戊戌变法》第Ⅱ册，神州国光社，1953，第 178 页。

③ 严廷桢：《上海商务总会历次奏案禀定详细章程》，上海商务总会，1907，第 5 页。

④ 严廷桢：《上海商务总会历次奏案禀定详细章程》，上海商务总会，1907，第 24 页。

业获得低成本合作关系、联络商情和商业监督。中国近代商会也有本国的特色，“兴办商会，借以维实业而导利源，其为全国商界保持公益，芟除积弊，俾得与东西各国争利者，深且厚矣”①，争夺利权还是近代中国的基调，商会在如此大背景下多少沾染了振兴民族的基色。无论缘起如何，商会制度在中国的建立确实起到了它应有的作用。商会的设立一方面反映了社会组织在基层商业网络的正规化，另一方面为全社会各阶层商业信息平台化打下基础。近代商会成为整合资源，监督商业运营、实现自我调节和管理的商业团体，同时也是国家实现商政的有力辅助和支持机构。“一个社会不仅要有高度的分化，以便具有全面的适应能力；而且要有高度的整合能力，以便相互合作提高适应能力，一个社会如此，一个系统如此，一个阶级亦如此”②，在政府的支持下，各地商会迅速改造旧式商业组织，负责管理监督社会中各种商业活动，最终形成制度完善，层层统属，不可分割的有机整体③。整合资源，拉近了官商距离，民众生活特点也被考虑在商业经营活动中。商会制度在近代中国的发展不单降低了商业交易成本，提高了解决商业纠纷的能力，同时还扩大了商业文明覆盖面，使整个社会阶级层次更加趋于扁平化。

商会制度发展迅速，规模不断扩张的同时，对商会体系的本土化认知也颇有影响，晚清商会团体认识到纵向资源整合已经不足以支撑更高要求的发展，联合横向平行渠道可以创造出更大社会价值。当时《华商联合报》刊载，“上自国家一切商政，下至社会营业情形，旁及五洲各国商市竞争之现状，与夫名家译著、达士丛谈、各业章程规条，有美必选”④，商业联合不拘泥于地域限制、行业分工，各优势团体都应该发挥其比较优势，取长补短，实现优势互补。纵向商业关系不断完善的同时，横向合作关系的建立也被当时社会精英阶层开始注意。报刊提倡“士农工商兵皆各尽其心力，联合为用”来迎

① 江苏省博物馆编：《江苏省明清以来碑刻资料选集》，生活·读书·新知三联书店，1959，第161页。

② 虞和平：《商会与中国早期现代化》，上海人民出版社，1993，第27页。

③ 洪振强：《清末民初（1902—1927）商会网络结构探析》，《华中师范大学学报》2002年第4期。

④ 江义修：《论阅华商联合报之有益》，《华商联合报》1909年第2期；遯庵：《上都察院书》，《华商联合报》1909年第7期。

合各行业人士须紧密合作以实现“近日救亡之机，时会之迫而不可失者也”[①]的口号，这为后来华商联合会诞生做好了充分的准备[②]。甲午战争之后，紧张的外交环境和激烈的政治博弈使经济风波日渐迭出，联合发展本国经济实力是国家富强的必由之路毋庸置疑，而工商界联合的必要性作为客观条件也成为各行业商业往来横向信息交流、建立关系的推动力。

近代商会制度的建立具备各方优势：向上可以参与商政，并且逐步替代衙门关于商业监管的基本功能，或者说与监管部门已经合二为一；向下可以了解商情，建立符合近代商业文明的商业网点。商会制度的优势所在就成为近代商业精英合作互利、振兴工业的平台。“倡导激励机制设计，必须发掘商会自有的社会资本潜力，积极为商会创造出一个充满网络自主自治的土壤”[③]。西方商业文明影响中国商业文化变迁的同时伴随着绅商阶层的出现，上通官府、下达工商的阶层初步确立，而商会的中坚力量则是这些多半出身于买办阶层的绅商所把持。他们或是师出同门，或是有相同留学经历，借助于中国传统社会的亲缘、师缘纽带成为他们建立相互信任关系的基础。在这样的背景下，拥有良好家庭出身的社会精英们，天生就具备不可低估的社会活动能量，同时也有较为开阔的视野。[④] 他们为当时民族资本发展，实业兴国做出了不容忽视的贡献。民国政府成立，随着统一政权的出现，商会主要权利也被收回国家所有，但是中国特色的商会文化仍被保留下来。以新文化运动作为分水岭，商业由血缘、同乡联系，逐步转入跨血缘、商业圈联系，各地方的商会作为商业文明的见证者已经成为商人建立信任的主要渠道之一。商会在中国发展壮大过程中成为绅商阶层交流商讯、沟通关系的平台。

---

① 陈颐寿：《华商联合报序目》，《华商联合报》1909年第1期；林作屏：《广联合篇》，《华商联合报》1909年第18期。

② 全称为“中国全国商业联合会”，成立于1912年11月，信息记录于《实业杂志》（直隶）第11期，“专件”，第37页。

③ 刘承涛：《社会资本理论的展开和应用：兼论对我国商会立法的启示》，《江西社会科学》2011年第9期。

④ 马敏：《官商之间：社会剧变中的近代绅商》，天津人民出版社，1995，第17页。

三、近代中国企业与基层社会网络

（一）近代企业基层网络之初建

在高家龙所著的《大公司与关系网》的导言中提到，罗乌对中国行会的发展趋同于西方现代企业的雏形，并且已经具备了几乎所有现代企业应当具备的特质。[①] 与此同时，争论的另一方柯伟林则质疑中国传统的组织结构和社会关系网络恰是西方企业制度的障碍。无论争论结果如何，双方都承认社会关系网对近代商业活动的重要作用，社会关系网的最根本组成形式存在于基层社会中。近代社会外商在华的活动，一方面培养了民众的生活方式，另一方面对民族企业的创立发展有带动作用。这两方面力量在社会基层网络中相互作用，推动了中国近代商业文明的变迁。

外国商品进入中国不单单依靠雄厚的资本以及先进的技术，五花八门的营销手段和走街串巷的推销模式也起到很大作用。他们雇佣华人买办通过原有的商业网点打开销路，采用各种优惠政策培育市场，诸如英美烟公司、美孚石油等最早进入中国的外资企业在推销商品的同时也改造着销售体系。订货手续简单、差价补偿、延长信用周期等手段迅速赢得华人经营者的喜爱。多样化的销售体系打开洋货销路占领市场的同时，旧式的中国近代商业模式被取代、新的营销模式在中国初步形成。华人商业网络成为资本家竞相争取的资源，以美孚石油为例，扩展经销渠道的首要目标就是拉拢买办大商人动用其社会关系网络。[②] 在此基础上对购货转销期限给予优惠，允许代理商半个月到一个月的赊销期，代为支付利息，并且提供保险，如遇强盗抢劫还为他们提供法律支持。[③] 如此种种，表明总公司除了是各级经销商利益共赢的协作团体之外，还是风险转移的受体。以风险承担换取基层商业网点的支持是早期外商开拓中国市场的有力手段，也为近代民族资本发展经营发展提供了参

---

① 高家龙：《大公司与关系网：中国境内的西方、日本和华商大企业（1880—1937）》，程麟荪译，上海社会科学院出版社，2002，第12-13页。

② 曹曾祥：《重庆亚细亚公司概况》，载中国人民政治协商会议上海市委员会文史资料委员会编《旧上海的外商与买办》，上海人民出版社，1987，第57-58页。

③ 范心田：《我所知道的美孚公司》，载中国人民政治协商会议全国委员会、文史资料研究委员会编《工商经济史料丛刊》第四辑，1984，第48-50页。

考模板，华人企业南洋烟草最早就是仿效此种经营手段开拓市场。为了获取更多的市场份额，除了渠道建设之外，营销广告的功绩无出其右。外商在对华销售商品时，非常重视异域文化的特质的接受度，在广告和赠品等营销手段中加入中国元素。销售商品的同时，照顾中国文化特征，拉近于基层消费者之间的距离。例如，英美烟公司作为最典型的外资入华企业，既注重中国民间的庙会，在此发送赠品、进行抽奖等来获取消费受众，同时还录制电影巩固民众的商品认知，聘请当时中国人熟知的电影演员及导演参与拍摄。① 如此丰富的商业活动，拉近了商人和民众的距离，西方商业文明也逐渐在近代中国的土地上渐渐落地生根。

（二）洋货带给近代中国市场的得与失

商业文明的发展进一步刺激洋货在华的种类和数量。中国民众愿意接纳外国商品的最直接的理由就在于，洋货可以很大程度上减轻家务劳动的强度，提高家务劳动的效率。② 客观来看，洋货对人们生活效率提升有较为明显的促进作用，提高家务效率的同时也有大把时间从事更多的生产劳动工作。“饮食日用曰洋货者，殆不啻十之五矣”，洋货已经占据了日常生活用品的一大半，并以润物细无声的方式改变中国普通民众的日常生活，在租界地，自来水、电灯的普遍使用，更使市政建设与普通民众的生活联系起来。“地火皆由铁管通至马路，于是各戏馆及酒楼、茶肆俱可接点。其灯每盏有玻罩，或倒悬，或直竖，或向壁上横穿，各随其便。人行其间，真如入不夜城也”③，就是当时上海租界地的真实写照。在这个过程中，正是来自西方的商品改变了中国社会的面貌，“它没有大炮那么可怕，但比大炮更有力量，它不像思想那么感染人心，但却比思想更广泛地走到每一个人的生活中”④。在接受洋货的过程中，中国阶层关系模式也发挥着巨大的影响。中国民众接纳洋货的消费群体是由富人阶层转移到普通民众的过程。在原来朝贡体系下，只由顶层统治阶

---

① 上海社会科学院经济研究所编：《英美烟公司在华企业资料汇编》，中华书局，1983，第715页。

② 王敏：《近代洋货进口与中国社会变迁》，文化发展出版社，2016，第88页。

③ 周武、吴桂龙：《上海通史·晚清社会》，上海人民出版社，1999，第167页。

④ 陈旭麓：《近代中国社会的新陈代谢》，上海社会科学院出版社，2005，第117页。

级享用的商品，随着通商口岸的开埠也逐步流向普通民众。按照经济学理论，商品的受众喜好是企业最先要考虑的市场因素，而民众的购买意愿代表着大多数商品受众的意愿。需求是企业迎合市场的导向，中国民众也真正第一次融入现代化商业中，成为商业活动中最重要的一个环节——消费者。消费者作为商业活动中的最重要组成部分已经无关乎社会阶层的高低，中国民众在日常消费品上借助于现代化商业力量率先体验到了“人人平等”。无论是对洋货的认知从鄙夷转向认可的普通百姓，还是对外国商品从恐惧转而接受看电影、试洋服的慈禧太后，洋灯、洋火、相片此类的外国商品在中国已经非常普及，无论是统治阶级，还是普通民众，对洋货表现出了一种友善、理性的态度。

（三）近代中国企业的自卑与自强

外国商品在中国销售的成功与其实用性和先进性密不可分。西方文化标签下的新式马路、建筑，以及垃圾处理系统使租界内公共秩序井然有序，而对比当时租界外，灰土遍地、污秽恶臭，较之租界，几有天壤之别。① 仅此看来，表面上的文明已将普通民众所折服。外国商品成为文明、进步等一系列积极社会文化的标志，无论在社会道德上还是文化意义上都被中国广大民众所接受。与此同时，崇尚洋货的社会风气在近代民间社会中蔓延开来。城内有钱人纷纷搬入租界居住，清末新政后，各地政府也效仿租界进行城市规划。崇洋风气达到顶峰时，民间甚至有这样的民谣传唱，“洋帽洋衣洋式鞋，短胡两撇口边开，平生第一伤心事，碧眼生成学不来”。面对此种风气，士绅阶层也有“自与各国通商以来，迄今不过七十余年，而洋货充斥各处，已有洪水滔天之势”② 的感慨。西方文明在中国内地的全面侵入，有识之士对此既痛心疾首也无能为力，此种言论在当时随处可见，真实反映了外国商品倾销到中国市场时绅商阶层的真实想法。这也是后来民族工业崛起的重要刺激因素。

最早形成的现代商业色彩的民资企业代表有南洋烟草、申新纱厂等，毫无疑问，无论是简氏兄弟还是荣宗敬都带有浓厚的振兴华资的色彩。但是，

---

① 李维清：《上海乡土志》，上海古籍出版社，1989，第4页。

② 兰陵忧患生：《京华百二竹枝词》，杨米人、孔尚任、得硕亭等著，路工编选《清代北京竹枝词》，北京古籍出版社，1982，第131页。

商业关系的发展不会区分资本属性，更不会违背社会规律，它只会规避外来阻力，按照最适合自己的路径发展下去。民族企业家们学习了西方的经营的同时，也注重基层商业网络的建设。他们清楚地知道要想在本土市场分一杯羹，必须赢得认同，从而抢占市场份额。为了回馈社会同时也为了迎合广大民众，很多中、外资企业在当时都把中国人崇尚的乐善好施的精神与企业经营活动战略相结合，在当时确实赢得了好口碑。① 在外国企业的带动下，民族企业或是被动或是主动地闯入现代商业文明中，不管这一批民族企业的最终发展如何，中国商业市场上真正出现了可以与国际商业交锋的现代化商人。他们懂得西方经营理念、精通中国人情世故，在政商交往中左右逢源，与企业受众互动中游刃有余。不经意间，民族企业已经与外商企业共同完成了中国商业文化对民众的最基层改造。这在公共商业关系上具有重要的历史意义。

（四）近代商业关系变迁的启示与思考

近代商业变迁是一个复杂的过程，商业关系的变革有着各种可知与未可知的因素共同影响。本书选择以近代外来商业文化为研究视角，对近代商业关系中最重要的三种关系进行了综合梳理、总结，发现了它们之间的联系和共同效应。本书提到的近代“三位一体”的商业关系既相互独立又相互牵制，是在当时历史条件下发酵出的符合近代时期社会背景的新型关系体系。总体来看，近代商业关系的变迁是受到西方商业文明的冲击被动反应的过程，但是在这个过程中，中国商业活动参与者又做出了主动应对，最终使近代西方商业文明与中国传统文化共同形成了新型商业关系，这一关系是中国后来的商业文化变迁的重要基础，也是现代中国商业文化发展的原点。通过对近代商业关系的演变路径的梳理，并结合现代经济学理论，本书得到的结论如下。

第一，清末民初商业势力权柄下移，部分权力被商会获取。中央核心权力阶层分解为地方各地军阀势力割据，客观上阻碍了政令的上传下达。与此同时，处于现代商业萌芽期的中国社会一方面受传统阶层观念的桎梏阻碍，

---

① 上海社会科学院经济研究所编：《英美烟公司在华企业资料汇编》，中华书局，1983，第730-732页。

另一方面受到外来商业文明的冲击，最终导致了商业控制力的权柄下移，形成由各地商会逐步取代中央对于商业活动控制的局面。此外，商人阶层与官员阶层的流动客观上打破了传统“四民”观念的束缚，绅商阶层以亦官亦商的社会层级出现在近代中国社会的新构架中，促使中国传统的官商阶层由两极化逐步趋向扁平化、流动化。

第二，大规模同质商品融入市场，民众的市场参与度大幅提升。受近代以来外来文化的不断冲击，特别是西方商业文明的引入，中国传统商业近代化改造的进程稳步向前，民族资本崛起于同外商之间的利权争夺，落实于对外来文化的再利用，却无心插柳地同外国企业一道完成了对民众的商业化改造。就此，民众阶层在商业文明的变迁中找到了新的代名词，即消费者。商业文明亦将目光移向了最广大的民众阶层，使其在商业领域中首次尝试了“人人平等”。

第三，近代以来形成的公共社会关系结构成为后来中国商业关系的雏形。近代中国的商业变迁中最为重要的外生变量就是外国商业文化的渗透。中国传统的商业文明在这个阶段受到了冲击和洗礼，引发出更适合近代中国国情的商业文化。在近代商业改造中，民族企业虽然借助于西方经营管理模式迅速发展，但是中国传统的关系网络、官商利益分配模式并未被抹去。近代商业改造洗去了很多传统商业的痕迹，却使留存下来的文化印记更为明晰。在市场竞争条件下，民营资本既无法与时代潮流相抗，亦无法同政府力量相争，它们必须完善商业体制以外的技能以求生存。这些环境分析能力和应对智慧只能来自实践探索。

第四，正如前文所分析的，了解本土商业关系发展的历史成因不单单是了解已知前人奋斗的足迹，同时也是展望未知商业文明的未来。今天中国企业面临新的历史机遇，商业关系复杂、商业形态丰富，如何应对商业文明的变迁，如何发扬本土文化的优势，如何预测未来商业趋势，我们需要在历史中寻求答案。本研究旨在梳理中国近代商业关系重塑的历史渊源，为的是让更多商业参与者了解中国商业关系的历史成因，为更深刻地理解商业关系、更稳妥地运用自身商业优势提供一些建议和依据。

第四节　金融业对外商思想渗透的辅助

近代中国并不是工业化及资本主义的原发地，但从生产方式的角度考察，也存在着原发性资本主义的因素，这种因素即被表述为“资本主义萌芽”。对资本主义萌芽的考察应从生产方式入手，其核心内容不外是自由雇佣劳动的形成。① 对中西方皆是如此，在任何社会形态下的商业制度都最终指向其核心问题，即资本，或者说资本与劳动的结合与对立。而萌芽中产生的货币经营业务、银行借贷业务等，其中、西之间的差别不单要考虑金融实体本身的特征还要顾及所涉及的业务形式，更重要的是办理业务对手方的社会形态。在借贷业务中，借款人的思维形态随时代推进，变化巨大；在货币经营业务中，民间金融从业者也不断吸纳西方金融体系的诸多长处。研究其业务思想就必须从其所处时代的性质及其所涉及的业务内容去深层次理解。近代民间泛滥的高利贷业务或者说传统生息资本，向近代现代化银行体系下的资本借贷、货币经营以及各种各样的银行业的转化过程，一方面来说，是涉及借贷者的面貌，或者说是从借贷资金的用途来考察；另一方面来说，是指从货币功能性来考察，支付、贮藏、铸造、兑换汇兑乃至借贷、存储等功能性。就历史过程来看，中西方在上述转化路径上表现出了相似性，即待过程终了时，中西方都会从面貌和功能两个方面全面地形成近代银行业，只是完成过程的先后顺序有所区别，恰恰是这个先后顺序，决定了中西金融业的不同。

近代以前，中国传统农业社会中的“剩余资本”多数属于没能找到合适投资机会的相对剩余资本，一般集中在官僚、地主和商人手中。甲午战争之后，率先进入资本主义阶段的外国资本开始争先恐后进入中国，并在中国市场上带动本土剩余资本，展开了合资、周转、投资和再投资等一系列经济活动。其中，相对成熟的外国银行制度和外国金融思想作为工具，推动了社会化生产的进行和社会资本的循环，强迫近代中国缩短其资本主义萌芽的时间

① 刘秋根、王晔、任欢欢等：《论题：封建主义问题、资本主义萌芽与金融问题》，《历史教学问题》2012 年第 4 期。

跨度，侧面地推动了在华外商经管思想在本土的渗透。

一、在华外资银行的主要活动

甲午战争后，外国银行的数量增长、规模扩大，在本土的发展趋势形成了一个小高峰。据已有的统计，1895 年到 1930 年，共有 27 家银行和 110 处分支机构在华设立，加上甲午战争前已有的，共计 34 家银行和 125 处分理机构①，构成了一个遍布中国的金融网络。自此，外国银行的地位和作用发生了变化。战前，外国银行的主要业务是为资本主义国家商品出口提供资金支持服务，当时只有汇丰等少数外国银行从事对华投资业务，且投资比重较小。甲午战争之后，外国银行的范围和规模明显扩大，业务范围也得到了明显的扩展。为了更好地迎合商业利益的扩张和资金往来，外国银行将经营业务的设立地点选择性地留在了其母国势力的覆盖区域，使得商业渠道建设在地域层面的成就逐步显现出来。

具体而言，汇丰银行以香港、天津和长江流域为主要活动范围，华俄道胜银行以东三省和新疆为主要活动范围，德华银行主要在山东，花旗银行主要在上海，东方汇理银行则在广西、云南、贵州，横滨正金银行的活动区域则主要在东北地区。② 彼时，一些以银行为中心进行的政治投资已经成为公开的秘密，为了帮助外国企业的进一步扩张，外国银行主动向中国地方政府输出金融服务，有的是向地方政府提供赤字贷款用以填补地方财政亏空，有的则是企业以银行的名义向地方政府提前预付税收用来交换更大的商业利益。除政治投资之外，外国银行还涉足工矿企业投资、修筑铁路、贸易经营等活动，目的都是配合外国资本拓宽中国商业网络。当时，天津至镇江一段铁路的出资，就是由李鸿章出面向汇丰银行天津分行所借得来。③

不同于其他商业团体，金融业的一个重要特性是它的自洽性，即在机构设立地点自我完善的一种能力。具体来说，外国银行在各地设立时，除了资本金由本国财团出具外，银行营运所需的全部资金皆是由中国市场的闲散剩

---

① 吴承明编：《帝国主义在旧中国的投资》，人民出版社，1955，第 40 页。

② 桑润生：《简明近代金融史》，立信会计出版社，1995，第 83 页。

③ 国民政府交通铁道部编：《交通史路政篇》第一册，第 67 页。

余资本中吸收得来。在当时的社会环境下，联系其背后强大母国的资本主义社会形态，外国银行的形象一度被定格在高信用度、高可靠性和高稳定性上，使银行业的建设在自身特质的凸显下得到了中国储户的高度认可。[①] 顺利地将原本被游离在社会生产以外的本土剩余资本吸收进了“外商对华”的投资池中，实现了中国人“自己发展自己”的原始积累。

但是，外资银行与本土资本积极合作的初衷却不在于帮助落后地区发展，而是资本主义属性下对自身获利渠道的扩展。为了更好地吸纳华人资本，进而出现了最早的中外合资银行。合资银行，其本质是由外商掌控的、通过中国商人的社会资源来赚取华人利益的金融机构。利益驱动下，有的外国银行甚至做起了“空手套白狼”的买卖。例如法商万国储蓄，它白手起家，成功利用了本土投资者追逐小利的心理，以“有奖储蓄”为吸引中国资金的噱头，有效地回避了初建机构时所需的全部资金消耗。[②]

除了筹资融资，外国银行还在中国市场全面扩展了房地产业务，其主要方式为房产地契等的抵押。1936 年，抵押在 14 家外国银行中的地产价值为 12 000 万元，相当于这些银行货物抵押值的 1.47 倍。以利生利，外国银行还利用大资本的权力从中国钱庄手中做转抵押，使本来抵押给本土金融体系的固定资产被转移到外国资本家手中。据估计，法资银行 1936 年以抵押方式获取的资产单在上海就已超过 900 万两，英商大抵有 350 万两，其他外商银行也有 245 万两。[③] 除了抵押业务，外国银行也在中国从事地产的买卖交易。英商沙逊银行就是通过土地买卖而获利起家的，它的地产占银行总资产的一半以上。

近代外国银行在华的经营活动具有一定的特殊性，其主要特点与中国半殖民地半封建的社会形态密不可分。在银行业务自发性拓展的前提下，金融渠道建设的规模效益有所展现，由最初被定格的“诚信、稳定”慢慢地暴露出资本最原始的贪婪属性，在社会资本循环的过程中积蓄能量，形成了“外国大资本”和“本土小资本”在两个方向上的积累。外商以大资本的权力为

---

① 徐沧水：《论今日在华之外国银行》，载《中国货币史研究二种》，知识产权出版社，2013，第 3 页。

② 桑润生：《简明近代金融史》，立信会计出版社，1995，第 84 页。

③ 吴承明：《帝国主义在旧中国的投资》，中国社会科学出版社，1985，第 65 页。

主要竞争手段在中国建立分支机构，在中国的经营活动如鱼得水。

但是，由于本地政府无权过问外国银行的存款款项，士绅官僚带着其背后的目的将存款源源不断存入外国银行，使大批来源不明的款项涌入投资池。辛亥革命前后，由于该种存款的项目和金额过于庞大，许多外商银行决定将存款项目取消付息政策，而且要求加收保存费用。这一荒唐的做法逐渐降低了民众对外国银行的依赖，转而将款项存入已经初步成型的本土银行中。

纵观而论，外商银行在华的经营活动一方面破解了近代中国市场中闲置剩余资本无处投放的困境，另一方面使本土华商深刻认识到了资本以利生利的内在属性，以及资本在社会化生产活动中至关重要的地位。在为本国实业单位提供融资业务的同时，还利用大资本优势与中国地方政府合作互通有无。在资本的属性上，结束了封建小农经济的理财模式，开启了对资本积累和金融思想的深度考察。

二、外国银行在本土的渠道建设

在原发性资本主义国家，最初的海外贸易通过长途贩运的深入逐渐给商业制度的形成带来便利，其中最基本的便是集市贸易。与集市相关的一系列制度，如兑换、合伙、借贷、保险等业务也随之慢慢发展起来。资本主义国家为了减少借贷成本，在制度方面建立起了合规性条款，以法律保证了政府最终借款人的信用。在基本信用得以保证的大环境下，汇兑、汇款机构逐步发展成为最早的银行，合伙制的商业模式也发展为股份有限制度等。这些过程即是资本主义萌芽中不可缺少的商业制度的形成，而近代中国的资本主义萌芽则缺少其中最初始的一环：集市贸易，即缺少了近代商业制度的传播媒介。外国银行进驻中国后之所以能够顺利地构建起一套金融网络，要归因于其对近代中国金融市场意识的完善，搭建了商业制度的传播媒介，也深入融合了西方国家的商业思想。

中国传统的金融网络在特定区域内发展还算是高效，主要得益于小范围内信用评估体系的完善，这种完善是基于家族口碑长年积累的结果，但是放置于更为广阔的市场中则无法做到有效监督放款，这一体系也一直处于疲软状态，无法突破瓶颈。在中西贸易刚刚兴起的几年中，内地与口岸的贸易额绝大部分融资是通过间接渠道进行。特别是中外贸易融资，更是本土金融体系无法驾驭的层次，要兼顾进出口双方代理银行，以及各地洋行、钱庄和买办及其各地的中介代理人等多个环节，本土金融体系短时期内并不能完全掌握这种前所未闻的银行业务。作为外资金融机构的典型，汇丰银行依赖本土中介组织和个人，以及西方银行业从业规则，迅速组建了可以完成中外贸易融资的多重体制。

首先，汇丰银行在建立之初就充分了解了钱庄在中国本土金融机构中的特殊地位。汇丰银行在各外商银行中并不是第一个涉足贸易融资的机构，但是在长时期对中外贸易、在贸易融资运作机制方面却是最了解的。鸦片战争以后，中国沿海地区开埠口岸成为最早进行与西方进行贸易的中心地带。但是在最初的商业交往中外国商人与本土商人之间的不信任，促成了最早的中外金融中介业务，而这些业务多是由懂外语的中国掮客担任。钱庄则成为这些掮客最早获得金融周转和流通性的支持。在实际操作中，借助于本土金融机构，钱庄向掮客发放一至五日或十日的左右的庄票，拿到庄票的掮客再向洋行购买货物，此时的交付工具主要是本土庄票，待到票据到期时，洋行再向开具庄票的钱庄取回货款。在整个贸易环节中，掮客和洋行的债权债务关系都集中在钱庄里，掮客只对借款的钱庄负责，而钱庄则负责汇兑给洋行真实货币。

其次，钱庄和买办建立了最初中外贸易的间接融资体系。如上所述，初到中国行商的外国洋行大班不仅对中国商人不信任，对本土钱庄发行的庄票也心存怀疑，甚至是后来建立起来的华资银行也并不能完全放心，在很长一段时间内，外国银行与本土华资银行都不能互通汇兑业务。当时的洋行可以说是掌握中外贸易最多的商业团体，鉴于其外资背景，自然与外国银行来往较多。再者，汇丰银行具备签发支票业务，这就更为方便地为中西贸易提供了便利，这也是它能在近代中国市场迅速发展壮大的原因之一。

外资银行初期对中国市场的了解是有限的，仅在商业领域的狭小范围内。为了在华扩展业务，建立起贸易融资机制是外国商人在中国顺利经营的前提，而钱庄和买办这一现成的时代产物就成了他们最早关注和利用的目标。为了使业务在中国内地顺利进展，“买办”在汇丰银行的组织制度中的作用一直较为特殊。近代金融业里的买办是指外资银行中帮助中国客户办理相关业务的中国人，这些业务大多是货币收付、汇票，当然也为客户提供一些市场情况的咨询建议服务。为外资银行提供的服务则更为复杂，其中就包括搜集本土大客户的商业情报，以及推荐进本土雇员的任务，当然新推荐来的买办需要相关介绍人的管理及担保。汇丰银行在中国开埠口岸的经营管理者最先拓展业务都是通过买办与当地市场建立联系，再利用买办的当地社会网络认识本地商人，甚至是与当地官员建立联系等。

汇丰银行在安排其分支机构时，注重在中国的每一个地区的分行或办事处中都安排一个或多个买办，这些买办的主要工作之一就是了解当地情况。在地区内各分行的买办通常与同一地区内其他行业的买办都有着密切联系，这样一来买办与买办之间的交集在地区内也形成了一个商业联系网，买办网也成为各方价值、咨询的汇集点。对于金融业的买办来说，汇丰银行主要是利用这一买办网络将其业务进行本土化推广，这些业务主要是给本土银行和钱庄的拆借，也有一部分是对当地实力商人或者官方提供的存款业务。

以贸易融通为目的在中国设立的汇丰银行，在与中国基层的商人和民众中不容易发生直接影响，它只是将资金注入钱庄这一现成的本土金融体系，就可以赚取资金的利差收益，从覆盖范围来说，即便没有遍布全国的分支机构，但是内地的钱庄、票号的资金源头已经没几个与外商银行无关的了。利用买办制度和本地钱庄，汇丰银行实际控制着一个覆盖辽阔的金融网络，国内的基层金融网点又通过汇丰银行在上海、广州、香港等区域内金融中心与伦敦金融市场发生联系。这样一来，从金融覆盖面来看，伦敦到中国沿海通商口岸，再从沿海通商口岸直至中国广大内地，一个完整的贸易输送和资金融通机制得以完善。

三、金融业与外商思想传播的内在逻辑

资本主义国家金融业（以银行业为主）的进入改善了传统中国向工商企业发放贷款不足的现状，而随着外商银行在中国建设的逐步深入，其对产业建设和商业建设的意义已经非同一般，其对外商在华期间经营管理思想的建设也意义非凡。在中国传统金融业中，银号、钱庄、票号等金融机构业务的

开展，存在两种形式的资本循环，一是以货币资本为起点同时以货币资本为终点的资本借贷、货币兑换式业务，二是以商品资本为起点并以商品资本为终点的抵押式业务。无论哪一种，其资本循环的目的及路径都与资本主义金融机构存在本质的区别。

对于以商品资本为始终的抵押式金融业务，其收益的主要来源有两点：一是抵押标的商品本身的使用价值，将在抵押人放弃对该商品的所有权时，移交到金融机构手中。这部分收入对金融机构而言，在其投入到下一环节的抵押或变卖之前有且仅有使用价值，而占有该使用价值的代价是最初以低价将抵押标的“买入”时的成本。二是发生在抵押人将抵押标的赎回时支付的本息。对于金融机构本身而言，这两项收益只可取其一，且任何一项收益都不能作为货币资本进入生产领域参与产业资本的循环。对于以借贷、兑换等为业务的传统金融机构，虽然其资本循环的起点与终点皆是货币资本，但是同样由于不被允许对工商行业放贷，其货币资本的循环在完成了一次还本付息之后就结束了，每一次订单与前一次都是相对独立的存在，即不存在“再生产”的条件，情况与抵押式金融机构相类似，这里不再赘述。

直到外国银行业的进入彻底改变了这种状况。货币资本家和职能资本家在本质上的分离使生息资本找到了自己在社会生产中的地位。它以商品资本或货币资本的表象参与到社会各领域的生产和交换活动中，最终以增值之后的利息的形式回到外国金融机构，完成了一次价值上的再生产，同时造成了“钱可生钱”的假象，也掩藏了劳动者为价值创造者本体的事实，作为有利可图的事业，不断吸引着社会各个阶层渴望以此发家致富的“钱袋子”。

可以说，资本主义金融业的介入，使近代中国社会的各个生产部门与其背后的资本循环贯穿连接成为一个有机的整体，与社会生产的每一个领域、每一个环节都息息相关。原因在于，每一个投入到生产中的铜板，或购买生产资料，或购买人力资源，或置办生产设备，其在本质属性上都包含一半的企业自有资本和另一半的银行借贷资本。银行向工商企业提供借贷的服务使企业主看到了扩大生产规模、提高生产效率的可能，理性的他们无不选择借助银行的力量发展自身。当然，其结果不言而喻，外国银行业的参与在短时间内壮大了近代中国在各个领域内的生产，在推动社会发展上起到了重要的作用。

具体而言，和铁路借款连在一起的矿场开采是帝国主义在华的一项主要企业投资。签订1898年南票矿务合同的，一方是中国督办京济铁路大臣胡芬，一方是汇丰银行自己并代恰和洋行经理的中英公司。此外，如福公司之于山西、沙俄之于东北、德国之于山东，都是路矿连在一起的。其起因在于外国资本对中国矿场的觊觎，并早在19世纪60年代就已公开提出要求。[①] 中国自办成功的第一家现代煤矿——台湾基隆煤矿，外国资本也曾有过企图染指的尝试。

但是在矿山之外又是另一番情景。包括银行资本在内的外国资本对在华中外企业的投资，范围之广，颇为可观。外国企业在近代中国通商口岸设立的一系列诸如运输、金融、码头服务、货栈、船坞等服务设施为其在华经营活动提供了诸多便利，在此基础之上又以加工商业产品为投资目的建成了大量外资控股的制造工厂，这些产品早先供给中国市场，后期也输送到东南亚各国。在通商口岸的租界中，还出现了涉及城市供水、发电、煤气制造业以及公共交通等一系列的城市设施建设事业。外资金融业为了配合这些企业在中国发展的需要，为它们代理股份征集业务、资金融通业务，甚至有些银行直接参与经营活动，入股也就很自然地成为外国银行在华经营的一项重要业务。此类相关业务在19世纪60年代外商对华经济渗透初期就存在，后来又趋于活跃。金融业参与实体经济的表现形式在保险业中也较为典型，英国的丽如银行和利生银行在1866年以前就握有当时最大一家外籍保险公司一保家行的股票。另一家资本150万元的大保险行香港维多利亚火险公司在19世纪70年代初期，同时与法兰西银行和汇丰银行维持着业务往来，法兰西银行是维多利亚火险公司的董事会成员，而汇丰银行一直担任这家公司的金融代理机构。[②] 外国企业、银行在近代中国的业务交叉盘根错节，形成了脱离于本土商业圈子而独立的经营关系网络。汇丰银行在华业务不断扩展，到19世纪80年代，它又和怡和洋行所属的广东保险公司发生了代理关系，进入19世纪90

① 汪敬虞：《十九世纪西方资本主义对中国的经济侵略》，人民出版社，1983，第410页。

② *Daily News*，1867年1月16日，中文名为《每日新闻》。

年代以后，这种关系面进一步扩大……凡此种种不胜枚举。

在公用事业领域中，外国银行的投资融资活动也很频繁。上海最早的一家煤气公司大英自来火公司一开始就和有利银行发生借贷关系。① 1866 年由于有利银行收回贷款，差一点逼倒自来火公司。以后这个公司又和汇丰银行发生资本关系，19 世纪 70 年代初期，汇丰银行并且成了这家公司的代理银行。② 一直到 20 世纪，在汇丰银行众多工业投资和融资之中，这家煤气公司仍占有一席之地。上海的另一家煤气公司法商自来火行，也是从成立之日起，就和法兰西银行发生往来关系。③ 到了 70 年代末 80 年代初，也和汇丰银行发生了借贷关系。在天津，80 年代末筹设的天津煤气公司，则由法兰西银行和汇丰银行分别担任它的发起人和代理银行。④ 同样，上海最大的一家水厂上海自来水公司，自建厂之初就与汇丰银行保持着资金上的往来。在投资外商在华建立企业方面，汇丰银行一直以来表现得较为积极，上海砖瓦锯木厂又是一例。该公司成立于 1863 年，在其运营早期就曾先后向呵加剌和汇丰两家银行借款以维持经营。70 年代中期，以同样的方式汇丰银行先后对两家制糖厂，即印度支那制糖公司和中国炼糖厂进行了投资，同时还投资了香港一家酿酒厂即香港酿酒公司并成为其主要债权人。⑤ 汇丰投资的这三家工厂中，印度支那制糖公司获得的资金支持最多，一时成为汇丰银行资金消耗的无底洞。即便有投资失败的投资教训，在 80 年代中期中华火车糖局营业兴旺之时，有过投资制糖失败教训的汇丰银行又成为这家企业的主要投资人。在糖厂的董事会中，银行安插了自己的得力股东，继续维持了密切的资本关系。⑥。

就外国银行企业投资的范围而言，《马关条约》的签订，准许外国资本在华通商口岸的设厂权，这大大放宽了外国企业在华投资设厂的范围，逐渐地，单纯附股已不能完全满足华商，由附股到合办已势所必然。可以预见的结果便是将外国金融思想、金融制度和具体办事办法引入中国传统金融体系的完

① 汪敬虞：《19 世纪末叶外国在华银行的投资活动》，《近代史研究》1997 年第 4 期。
② 汪敬虞：《19 世纪末叶外国在华银行的投资活动》，《近代史研究》1997 年第 4 期。
③ *Daily News*，1866 年 8 月 27 日。
④ *Daily News*，1888 年 10 月 18 日。
⑤ *Herald*，1873 年 8 月 24 日，中文名为《先驱报》。
⑥ The Chronicle and Directory for China，Japan and the Philippine (Hong Kong，1895)：223.

善和重建中，形成从“西化”到“中化”的完美过渡。

综上而论，金融业对于外商经营管理思想的传播不在于其传播媒介的本身，而在于外国企业进行企业经营管理的每一点资金需求都带有银行资本的内在属性。在更宏观的层面上，金融业助推的不仅仅是企业经营管理的升级，而是企业作为经济个体在社会生产中发挥的作用。它作为银行资本实现自身价值的载体，同时又不得不借助银行资本来实现自身投入生产的使命，两者存在着相互成就和相互约束的辩证关系。在近代外商深入中国市场之时，将信用、中介、生息等金融思想融合到每一个生产行业和领域中，深入地推进了近代中国的近代化进程。

第七章　总结与反思：近代在华外商经营管理思想的长视角分析

第一节　近代在华外商经营管理活动小结

近代外来商业文化对本土文化的冲击显然是逐步的、有力的，但是不可忽视，国际资本对近代中国市场的冲击，使得商业分工在中国逐步实现，商业文化圈得以扩展，商人和商业参与者地位得以提升，外国商业文化在近代化早期得以传播。与此同时，通商口岸开埠推动沿海港口率先完成了近代化改造，商业基础格局也初步形成，无论是从功能上还是从结构上看，近代外商对华投资在通商口岸地区发展都较为完备，并且对内陆地区也有逐步渗透的趋势。即便如此，受制于各方面因素，西方商业思想在我国最早是跌跌撞撞、踉踉跄跄地传播的，各种商业经营活动也受到内部成因和外部阻力的共同影响，以此为基础派生出的复合商业文化在中国或多或少地遇到了水土不服的现象。

一、经营管理活动发展的不平衡性

平衡是事物发展的稳定状态，但是这种稳定在一定时期内是有条件且相对的，一旦这种相对平衡状态被打破，新的不平衡就会成为事物发展的驱动力，再次回归平衡的过程则伴随着新特质的产生发展，不以人的意志为转移。近代以前中国社会就是这样一个相对平衡的状态，即便是有内部间隙，但总体来说并没有遇到根本性的冲击。鸦片战争打开中国国门的同时，也成为开启西方文化对华传播的钥匙，而这种非主动的接纳模式最初就带有不平衡的色彩。如上所述，新型商业文化并非同时铺设、同时爆发，而是表现为一种蚕食效应，即商业网点的建设由东南沿海开始，沿长江流域从东向西节节渗透，最终扩张到整个中华大地。在这个过程中，我们可以看到，以 1860 年前后为分界，之前为西方对华施加影响，之后为中西资本共同发挥作用。总之，从商业文化传播来看，先东南后西北的传播不均衡性相对明显。

从行业划分来看，最早入侵中国的资本多以面粉业、纺织业、轮船制造业为主，从后期民族资本的崛起顺序来看，也大体符合这样的顺序。外商进驻中国之初率先冲击的是本土已有产业，一方面冲击成熟产业不需要培育市场，另一方面冲击本土已有产业可以精确打击对手，在以后的发展中起到事半功倍的效果。外国企业借助先进的科学技术、高效的管理制度迅速占领中国市场。随后的香皂、石油化工和工业品制造业，可以说是外国商业对本土商品链的扩张。已有的经营管理经验使新型商品进入中国市场，并不需要花费太多精力就能取得不错的经营业绩。恰恰是外国企业的逐利性使得行业发展并不均衡，究其原因还是资本主义的贪婪本性以及本土消费文化不兼容性的制约。近代后期，随着对中国市民阶层的塑造普遍成形，以及外商带来的工业化生产效率显著提升了普通民众收入水平，与外国企业相互作用下，市场需求的扩大促使不断衍生出更多种类的产品大规模在中国内地市场销售。在外国资本对华商业文化的入侵过程中，本土文化对外国商业经营思想进行了反思。这是一个辩证的过程，正是本土商业环境的不完善和本土市场的未开化，吸引了外国商业团体的光顾；也正是因为外国财团的青睐才使得近代中国的商业迈出了近代化改造的重要一步。这正是前文所述的从平衡到失衡，再从失衡复归于平衡的过程，符合历史螺旋式发展的一般规律。

从外国企业的成分来看，欧洲企业、美国企业与日本企业各有特色，一时间各国商业思潮遍布着中国商业口岸。外国企业在华经营管理方面的偏向性特征也较为明显。英美烟公司作为英国企业的代表，从一进入中国市场就注重以工业化大生产的方式产出同质商品建立口碑，以“一体化经销体系”的方式利用已有经销网络打开市场，在本土销售网络的帮助下迅速拉高市场份额，同时大力推行整体化包装营销、积极参与各种公共事业并以此提升品牌形象等。汇丰银行作为英资控股的特殊金融机构，也表现出了与其他资本主义国家不同的经营属性。在其他外商银行还只经营本国商业票据业务的时候，汇丰银行已经借助英国政治势力将经营业务扩展到中国关税代理、贷款付汇等业务，英国资本家之所以能如此顺利地把控中国金融市场，不得不提的是其在香港设立总部的构思，将决策机构拉近了 2 000 公里，赢得了商业效率大幅度提升。美国企业与欧洲企业相似，也是利用先进生产力、生产方式抢夺市场，美国在近代作为新型经济体很多时候是步英国企业后尘，集中表现为在中国市场上与英国企业经营合作，英美烟公司就是典型；然而美国向来不缺乏创新精神，最早试图寻求与中国政府合资的想法就是美资企业提出的，美资企业在华发展过程中较为顺利也得益于美国对华姿态，作为商业新兴国，美国更注重的是对市场的培养，希望能与中国市场建立起一个长期合作的关系。与中国文化背景最为相似国家是日本，但最不愿意接受本土化改造的企业也是日企，日资企业自在华建厂以来就有一套自己认可的经营思想，最为鲜明的特征就是奉行森严的等级管理体系，它们并不像欧美企业那样主动联系和依赖中国现存的关系网络，日本企业非常注重培养中国通，希望能将管理末端延伸到各个末梢中去，虽然这一尝试最终还是向中国国情妥协了，但是为了推行这一制度所做的努力在中国市场也时有不错反响。

二、商业经营思想传播的不稳定性

商业经营思想传播的不稳定性是近代西方商业思潮在中国本土传播的另一个特性，造成这种不稳定因素的最主要力量是政治不稳定性。从 1840 年鸦片战争之后，《南京条约》开始了不平等条约的框架，《马关条约》之后允许西方资本自由进入中国领土，并且可以建立厂房居住地等单边优惠条款，势必吸引更多的西方列强大规模进入中国市场。太平天国运动、义和团等对中国商业社会冲击不小。可以说在此时，中国商业文化经历着自古以来最复杂的状况，社会充斥着各种各样的思潮，一方面使中国民众打开视野看到了不同于以往的新景象，另一方面西方先进的科学技术、管理理念也粉碎了中国民众的天朝上国迷梦。

政治结构的不稳定性是近代商业文化不稳定的根本所在，主要表现在近代中国政权更迭频繁，晚清朝廷、北洋政府直到国民党政府成立，在商业政策制定上一直很难维持长久。经济政策的不稳定就会导致外国公司在华建厂也多存在投机色彩。晚清签订的不平等条约将各通商口岸开埠，《马关条约》后更是允许外资可直接在中国投资，翻开了外国资本入华的篇章。北洋政府时期，袁世凯、张作霖多次向外国公司和外国金融机构以各种名目筹措军资，使外国企业在华经商的风险成本大幅升高，而经营风险的提升使大资本的投入要求更高额的收益回报。当时的口岸市场完全无章法可循，哄抬物价、囤积居奇成为各大企业逐利的“正当”手段，资本额小的公司只得退出市场，不少民族资本就是不敌外资庞大的资本优势而败北。南京政府成立后，对外国企业采取默许和放任的态度。虽然近代商业市场在短时期内获得了发展的空间，但是终究还是被当政者与企业相互勾结所连累，到头来还是由普通老百姓为政府的低效率买单，这一点在民国时期尤为明显。近代时期政权的反复更替导致商业经营活动的不确定性，从而造成经营管理思想传播的不稳定性。

经营管理思想传播的不稳定性还表现在中国民众对西方商业输入品的最初认识上。近代沿海鸦片贸易盛行，致使城镇商业网络蒙上了一层畸形发展的阴影，它不仅导致了城市结构的畸形发展，也为后来西方商业经营活动在中国开展披上了无形的枷锁，使民众有一种先天的排斥心态。原本沐浴在传统商业模式的阳光下，自给自足的民间商业网络在当时社会必需品提供上完全可以满足人们的日常需求，也并没有出现商业产品不足而造成的过分贫瘠。近代晚期，越来越多的外国工业产成品充斥整个中国内陆市场，商业文化也逐步从一个附属角色转而成为国家不可忽视更不可或缺的商业组成部分。外来文化强行注入的商业模式在近代中国，短期内并没能迅速被中国市场所接受，相反更多的是对帝国主义资本的排斥。从这些方面来看，近代外来经营管理思想输入到中国的过程存在不稳定因素。

对外国商业文化的盲目认同存在的不稳定性是导致中国近代社会结构不稳定性的根本原因。开埠以来的各种商业品在通商口岸出现，琳琅满目的标准化产品对中国消费者无疑是巨大的诱惑，即便有过短暂的迟疑和排斥，但是提高生活质量、生产效率的工商产品终究成为广大民众生活中不可替代品。伴随而来的巨额利润是外来商业企业寻求的目标，同时也成为外资企业高收入的根本来源。开埠以后，大量外资企业凭借着高额收益吸纳中国本土优秀商业人才。面对诱人的商业报酬，外国企业成为从事商业活动的人们竞相进入的领域。外来商品优于本土商品，外资企业待遇好于本土企业。在这种状况下，无论是民众还是民资企业都不可避免地受到西方文化冲击的洗礼，而这种崇洋媚外的现象在当时意识形态建设并不健全的近代社会已较为普遍。

综上所述，近代商业文化在华传播受到多方面因素的影响，商业网络的构成、地域因素制约、各外资企业母国商业文化的差别等，这些都导致了近代外国商业文化在中国本土发展的不平衡性。但究其根源仍归结为中外商业思想的内涵和表现。其一，中外经营管理思想在最终目的上存在兼容性，表现为对企业效率的一致性要求。这里的企业效率同样分为两类，即企业经营的效率和企业管理的效率，前者包含生产分工的思想、产品建设的思想、打包销售的思想等，后者包括人事管理思想、制度建设和规划的思想等。可以看出，即使在同一目标设定下，中外在经营管理的方法上也表现出极大的不同。其二，中外经营管理思想在策略上存在不兼容性。在企业经营领域表现为对中国本土市场需求的错误判断，包括最初对生产产品的种类、款式、定价和商品推广促销方式上受到市场的排斥等。在企业管理领域表现为对中国传统社会中商业关系的错误理解，包括在最初尝试做出制度改革时受到了来自政府的干预以及企业本身作为外来经济体受到的文化及宗教排斥等。然而，看上去举步维艰的商业文化推广却进行得相对顺利。在主动和被动同时作用下的近代中国资本主义萌芽中，随着外商文化的深入，资本的作用逐渐凸显，产品、制度乃至商业文化的全面升级成了社会发展之必然。于是，策略上的不兼容最终被目的上的兼容性一一化解，并最终通过经营管理思想的深度渗透在企业运营和商业格局的建设上达成了一致。来自中外文化传统的差异难免会为思想的融合制造障碍，但是随着企业家、消费者和政府对商业的认识不断升级，最终必定能融合中外形成一次兼具外商思想优势的商业文化升级。对于现代企业，能够认识到近代中外商业文化中目的性和策略性的一致与不一致，并能及时反省自身，正确对待优势与不足，对其未来的发展也是颇有裨益的。

第二节　走出历史的藩篱——推动中国商业文化变迁的若干思考

任何一种社会经济状态或者社会文化理念，在面临时代大环境变迁时都会发展成为新的文化特征。这种文化特征总是结合了新的冲击和本身特有的底色而成，在自觉或不自觉地适应新环境的过程中相互妥协相互融合，权衡取舍地发展成为一种新型的状态，进而焕发出新的生命力。在近代中国社会商业变迁的过程中就一直存在着传统与现代、旧与新、斗争与反抗等对立又统一的社会形态。在西方文明强有力的冲击下，物质、文化、制度都遭受了巨大的重塑。“三千年未有之大变局”中求生与反抗成为突破传统、寻求生存的最重要推动力，而与西方文化的不断交锋中，也发展出了当时符合中国特色的消费文化、企业治理结构和商业伦理准则。在寻求生存的路上，传统的阻力及民族本身的文化属性造成的各种障碍制约着外来商业文化入侵的脚步。尽管如此，中国由传统迈向现代化的客观变革从未停止过，并且形成了独特的商业文化，积累了历史经验。

商业文化在一国内影响体现的最直接表现就是对消费文化的影响。这种影响虽然处在商业文化的最末端，但是随着商品经济的繁荣，消费文化对民众的改造和影响是极为深远的，并且一经开始就不会逆转也不会停止。鸦片战争之后，越来越多的人在西方商业文化入侵中国的背景下，逐步改变着自己的消费习惯和消费理念。同质化的西方商业品提高了人们的生活质量，提高了生产效率，“习惯”成为商业文化入侵中国的最早形态。面对工业品的完善性和同一性，无差别商业产品越来越受到中国民众的热爱，达官贵人和普通人享受到的物质趋于一致，这在中国历史上是第一次，第一次跨越森严的等级制度给全体民众一个统一的身份——消费者。通商口岸率先将口岸居民改造为现代化市民阶层，他们的生活习惯和享受到的工业品与先前有了巨大变化。而这种变化也存在于口岸居民与非口岸居民之间。同种文化、同种民族、不同中的商业习惯必然扩散于差别化的消费区域之间，很快消费行为便在全国范围内铺展开来。如果说西方商业品对中国口岸居民的生活方式进行了改造，那么更深层的消费文化的变迁则是在国内居民间相互传递的结果。无论职业、地位、初始禀赋如何，终将逃不过这样的改造。

消费品的扩张最终会带来商业文化的变迁，较之百年前的中国，现在我国经济总量不断攀升，消费文化方面也由输入转变为输出。商品在国外市场大面积铺货的同时，如何减少冲突，如何解决与当地市场的矛盾，我们应该从历史中寻求答案，我们在百年前亲身体验过商品输入，深知商品文化对一国总体社会形态影响的意义所在。虽然现阶段商业网络与近代时期大相径庭，商业行为也与近代时期众寡悬殊，但是商业文化的渗透机理却是殊途同归的。

外来商业文化影响中国本土消费文化的同时，更深层次地刺激到了我国商业文化的总体格局和地位。不夸张地说，外来商业文化的入侵将我国法律意义上的[①]士农工商的社会层级结构彻底颠覆。“哪里有利益，资本就会往哪里流动”，这句话也同样适用于中国精英阶层的认知判断，哪里有施展才华的地方，社会精英阶层就在哪里出现。大批士绅阶层涌入商业活动中。身负着“国之自强”的民族责任，中国民族资产阶级迎来了前所未有的爆发式增长阶段。无关最终的结果，这一时期民族资本的崛起为中国社会形态和商业文化注入了新的活力。商会成为这批民族资本家交流经营技能的平台，也成为购销信息获取的重要途径。跨地缘、跨血缘的合作关系逐步建立，商业小圈子文化以一种符合中国传统文化的方式稳步建立。中央权力式微，无暇顾及商业权力的集权重要性，权柄下移为近代商人做大做强提供了先天的制度优势。商会这种西方舶来品，植根于中国近代商业社会后，吸收了中国本土商业文化，向上起到联络中央政府回馈商业信息的功能，向下与基层商业网点联络起到传达中央政令的作用，现代商业化改造借助于这样的商业结构迅速发展。

商业文化的建立基本模式又与公司制度的出现相互促进、相辅相成。随着统一政权的建立，商会主要权力收归国家所有，但是跨文化、跨地域、跨血缘的深层次合作在中国逐步建立，这为筹股、融资等商业思想在中国普及和发展提供了文化保障。商会之间互通商情、取长补短，在近代时期为中国建立民族资本联盟，抗击外资入侵起到非常重要的作用。也正是这样一种制度，使本来被打破的社会阶层体系重新找到了商人的位置所在，商人的地位不再像古代那么卑微。国家的责任不再是士绅阶层独自承担的状态，绅商成为一个新团体出现在历史的舞台中扮演着重要角色，他们既掌握着先进的经营理念，又深谙中国传统文化，左右逢源与时代一起进步，最终在历史上写下了重重的一笔。商业文化的变迁是必然的，近代绅商阶层是掌握信息量最大的人，也是角色转变最快的一群人。他们以最适宜的方式、最完美的状态，扮演了最合适的角色，在为国家利益做贡献的同时也成就了自己，是近代中国商业变迁史上最重要的群体。

---

① 实际生活中，商人地位并不低。早在 2 000 年前，汉朝的晁错就说过这样的话：“法律贵农夫，而农夫贱矣。法律贱商人，而商人贵矣。”

商业文化的变迁最终要落在实处，“师夷长技以自强”成为近代中国社会商业中最适合的代表性口号。从最早的轮船招商局开始，中国以政府为先导，率先推出了“官督商办”企业。虽然存在各种各样的问题，但是在商业文化上首先说明了国家对西方经营文化的认可，其次国家发挥了积极示范作用。在经营理念的本土化改造中，经历了太多尝试。官商合营也是对近代中国公司治理的最初探索，最终都是因为监督机制的不完善，无法继续运作，而导致体系崩溃。这些为后来民族资本家的崛起提供了经验教训。尽管清政府推行的《公司律》将公司一词以法律形式载入典籍，但是最终还是不能成为大规模企业发展的参照条例。民国时期先后两次推出公司法，才真正将公司制度在律法层面上可行化。在采用公司法的同时，民族资本家还注意与我国国情的匹配，最终找到一套符合中国国情的经营管理制度。公司管理制度的路径依赖性既表现出了公司制在我国发展前期的不适应性，也为中国现代化管理制度的更新换代起到借鉴作用。

以上三方面可以视为近代外来商业文化影响本土商业变迁的基本路径。本书立足于外来商业文化对中国本土商业文化变迁的影响，对外来商业思想梳理的同时还总结出三条影响我国近代化发展的路径，有助于深刻把握和理解近代外来商业文化扩张的运行机制及近代中国社会现代化改造与历史特质。感悟历史，感应时代，希望通过对历史的回顾与梳理，进行若干理性思考，为在21世纪我国发扬民族优秀传统文化与实现中华民族伟大复兴提供一些有价值的史鉴。

参考文献

一、著作类

［1］白光．商标理论与实务［M］．北京：企业管理出版社，1997：8.

［2］白吉尔．中国资产阶级的黄金时代［M］．张富强，许世芬，译．上海：上海人民出版社，1994：157.

［3］蔡贱，王爱民．中华人文知识全书［M］．北京：海湖出版社，2012：54.

［4］曹曾祥．重庆亚细亚公司概况［M］//中国人民政治协商会议上海市委员会文史资料委员会．旧上海的外商与买办．上海：上海人民出版社，1987：57-58.

［5］陈翰笙．产业资本与中国农民［M］．上海：上海别发洋行，1939.

［6］陈培爱．中外广告史：站在当代视角的全面回顾［M］．2 版．北京：中国物价出版社，2002：37.

［7］陈旭麓．近代中国社会的新陈代谢［M］．上海：上海社会科学院出版社，2005.

［8］陈真，姚洛．中国近代工业史资料：第二辑［M］．北京：生活·读书·新知三联书店，1958：148.

［9］大生系统企业史编写组．大生系统企业史［M］．南京：江苏古籍出版社，1990：121.

［10］豆建民．中国公司制思想研究［M］．上海：上海财经大学出版社，1999：16.

［11］杜恂诚．民族资本主义与旧中国政府（1840—1937）［M］．上海：上海社会科学院出版社，1991：29-31.

［12］杜恂诚．中国金融通史：第三卷［M］．北京：中国金融出版社，2002：139.

［13］范心田．我所知道的美孚公司［M］// 中国人民政治协商会议全国委员会，文史资料研究委员会．工商经济史料丛刊：第四辑．北京：文史资料出版社，1984：48-50.

［14］福柯．规训与惩罚［M］．刘北成，杨远婴，译．北京：生活·读书·新知三联书店，2003.

［15］高家龙．大公司与关系网：中国境内的西方、日本和华商大企业［M］．程麟荪，译．上海：上海社会科学院出版社，2002：12-13，28-36，79，123.

［16］根岸佶．清国商业综览：第四卷［M］．东京：丸善株式会社，1908：412.

［17］龚会莲．变迁中的民国工业（1912—1936）［M］．西安：陕西人民出版社，2009：33-34.

［18］广东省社会科学院历史研究所．廖仲恺集［M］．北京：中华书局，2011.

［19］广州市地方志编纂委员会办公室，广州海关志编纂委员会．近代广州口岸经济社会概况：粤海关报告汇集［M］．广州：暨南大学出版社，1995：857.

［20］郭庠林，张立英．近代中国市场经济研究［M］．上海：上海财经大学出版社，1998.

［21］郝延平．十九世纪的中国买办：东西间桥梁［M］．李荣昌，沈祖炜，杜恂诚，译．上海：上海社会科学院出版社，1988：20，24-25.

［22］郝延平．中国近代商业革命［M］．陈潮，陈任，译．上海：上海人民出版社，1991.

［23］何炳棣．1368-1953 中国人口研究［M］．上海：上海古籍出版社，1989.

［24］何启，胡礼垣．新政真诠［M］．沈阳：辽宁人民出版社，1994：205.

［25］洪葭管．中国金融史［M］．成都：西南财经大学出版社，2001：125，226.

［26］洪尼格：《姐妹们与陌生人：上海棉纱厂女工，1919～1949》，韩慈，译．南京：江苏人民出版社，2011：205.

［27］胡寄窗．中国经济思想史：上［M］．上海：上海人民出版社，1962：281.

［28］黄绍伦．移民企业家：香港的上海工业家［M］．张秀莉，译．上海：上海古籍出版社，2003：154.

［29］黄苇，夏林根．近代上海地方志经济史选辑［M］．上海：上海人民出版社，1984：343.

［30］黄逸平．中国近代经济史论文选集：二［G］．上海：上海师范大学历史系，1979：849.

［31］江苏省博物馆．江苏省明清以来碑刻资料选集［M］．北京：生活·读书·新知三联书店，1959：161.

［32］孔宪易．如梦录［M］．郑州：中州古籍出版社，1984：34.

［33］兰陵忧患生．京华百二竹枝词［M］//杨米人，孔尚任，得硕亭等．清代北京竹枝词．路工，编选．北京：北京古籍出版社，1982：131.

［34］兰日旭．中国近代银行制度变迁及绩效研究［M］．北京：中国人民大学出版社，2013：20.

［35］蓝鼎元．鹿洲全集［M］．厦门：厦门大学出版社，1995.

［36］雷丁．华人资本主义精神［M］．谢婉莹，译．上海：格致出版社，2009：10.

［37］李必樟．上海近代贸易经济发展概况［M］．上海：上海社会科学院出版社，1993.

［38］李维清．上海乡土志［M］．上海：上海古籍出版社，1989：4.

［39］李文海．民国时期社会调查丛编：城市（劳工）生活卷［M］．福州：福建教育出版社，2005.

［40］梁启超．梁启超全集：第四册［M］．北京：北京出版社，1999：1975.

［41］梁启超．饮冰室合集：第一卷［M］．北京：中华书局，2015.

［42］刘广京．英美航运势力在华的竞争（1862—1874）［M］．上海：

上海社会科学院出版社，1988.

[43] 卢作孚．卢作孚文集［M］．北京：北京大学出版社，1999：413.

[44] 陆费逵．实业家之修养［M］．上海：中华书局，1929：6.

[45] 马伯煌．中国近代经济思想史：下册［M］．上海：上海社会科学院出版社，1992：148-149.

[46] 马鸿谟．民呼、民吁、民立报选辑：一［M］．郑州：河南人民出版社，1982：195-196.

[47] 马克思．资本论：第一卷［M］．北京：人民出版社，2004.

[48] 马敏．官商之间：社会剧变中的近代绅商［M］．天津：天津人民出版社，1995.

[49] 马若孟．中国农民经济［M］．南京：江苏人民出版社，2002.

[50] 毛里斯，柯立斯．汇丰—香港上海银行：汇丰银行百年史［M］．李周英，甘培根，白鸿，等译．北京：中华书局，1979：6.

[51] 毛祖棠．百年浙商［M］．贵阳：贵州人民出版社，2012：126.

[52] 民建上海市委会，上海市工商联．帝国主义石油侵华简述［M］//中国人民政治协商会议全国委员会，文史资料研究委员会．工商经济史料丛刊：第四辑．北京：文史资料出版社，1984：26.

[53] 穆藕初．穆藕初文集［M］．北京：北京大学出版社，1995：219-220.

[54] 聂宝璋，朱荫贵．中国近代航运史资料（1895-1927）：第二辑［M］．北京：中国社会科学出版社，2002.

[55] 聂宝璋．中国近代航运史资料：第一辑下册［M］．上海：上海人民出版社，1983：755.

[56] 聂宝璋．中国买办资产阶级的发生［M］．北京：中国社会科学出版社，1979：527-528.

[57] 潘强恩，吴申元，童丽，等．被历史“遗忘的角落”：梁启超的新民学说与经济思想［M］．北京：新华出版社，1999.

[58] 钱德勒．看得见的手：美国企业的管理革命［M］．重武，译．北京：商务印书馆，2001：10.

［59］秦辉祖．烟草刍议［M］．上海：上海文明书局，1909：2.

［60］容闳．西学东渐记［M］．长沙：岳麓书社，1985：111.

［61］桑润生．简明近代金融史［M］．上海：立信会计出版社，1995：83-84.

［62］山西票号史料编写组．山西票号史料：增订本［M］．太原：山西经济出版社，2002：7.

［63］上海社会科学院经济研究所．英美烟公司在华企业资料汇编［M］．北京：中华书局，1983.

［64］沈祖炜．近代中国企业：制度和发展［M］．上海：上海社会科学院出版社，1999：181.

［65］史全生．中华民国经济史［M］．南京：江苏人民出版社，1989：237-238.

［66］司马光．资治通鉴：第198卷［M］．北京：中华书局，1956.

［67］司马迁．史记·货殖列传［M］．北京：中华书局，2011.

［68］孙大刚，周丽婷，刘付．品牌形象设计［M］．济南：山东教育出版社，2012：1.

［69］天津城市科学研究会，天津社会科学院历史研究所．城市史研究：第七辑［M］．天津：天津教育出版社，1992.

［70］汪敬虞．十九世纪西方资本主义对中国的经济侵略［M］．北京：人民出版社，1983：7，83，483.

［71］汪敬虞．外国资本在近代中国的金融活动［M］．北京：人民出版社，1999：17，39.

［72］王敏．近代洋货进口与中国社会变迁［M］．北京：文化发展出版社，2016：88.

［73］王强．近代外国在华企业本土化研究：以英美烟公司为中心的考察［M］．上海：上海人民出版社，2012：193.

［74］王韬．弢园尺牍：卷七［M］．北京：朝华出版社，2017.

［75］王铁崖．中外旧约章汇编：第一册［M］．北京：生活·读书·新知三联书店，1957：52.

［76］韦伯．新教伦理与资本主义精神［M］．于晓，陈维纲，译．北京：生活·读书·新知三联书店，1987.

［77］魏源．海国图志：上［M］．长沙：岳麓书社，1998：38.

［78］吴承明．中国资本主义的发展述略［M］//中华书局编辑部．中华学术论文集．北京：中华书局，1981：313.

［79］吴承明：中国资本主义与国内市场［M］．北京：中国社会科学出版社，1985：13.

［80］吴翎君．美孚石油公司在中国：1870—1933［M］．上海：上海人民出版社，2017：87-91.

［81］伍廷芳等．大清新编法典·商律［M］．台北：文海出版社，1966：9-10.

［82］夏东元．郑观应集：上册［M］．上海：上海人民出版社，1982.

［83］夏东元．郑观应集：下册［M］．上海：上海人民出版社，1988.

［84］徐敦楷．民国时期企业经营管理思想史［M］．武汉：武汉大学出版社，2014：6，174.

［85］许涤新，吴承明．中国资本主义发展史［M］．北京：人民出版社，2005.

［86］许檀．明清时期山东商品经济的发展［M］．北京：中央民族大学出版社，2000：25.

［87］薛顺生，娄承浩．老上海工业旧址遗迹［M］．上海：同济大学出版社，2004：72.

［88］杨勇．近代中国公司治理：思想演变与制度变迁［M］．上海：上海世纪出版集团，2007：110.

［89］姚贤镐．中国近代对外贸易史资料 1840-1895：第一册［M］．北京：中华书局，1962：256-257，511.

［90］余英时．儒家伦理与商人精神［M］．桂林：广西师范大学出版社，2004.

［91］虞和平．商会与中国早期现代化［M］．上海：上海人民出版社，1993：27.

［92］张国辉．洋务运动与中国近代企业［M］．北京：中国社会科学出版社，1979：14.

［93］张国辉．中国金融通史：第二卷［M］．北京：中国金融出版社，2003：160.

［94］张謇．张謇全集：第3册［M］．上海：上海辞书出版社，2012.

［95］张忠民．艰难的变迁：近代中国公司制度研究［M］．上海：上海社会科学院出版社，2002：102-103，119.

［96］张仲礼．近代上海城市研究［M］．上海：上海人民出版社，1990：15.

［97］张仲礼．中国绅士的收入［M］．费成康，王寅通，译．上海：上海社会科学院出版社，2001.

［98］章宗元，徐沧水．中国货币史研究二种［M］．北京：知识产权出版社，2013.

［99］赵晋卿．英美烟公司与中国卷烟市场［M］//全国政协文史委员会．文史资料存稿选编（经济）：下．北京：中国文史出版社，2002：57.

［100］郑炳华．广州美商德士谷公司内幕简述［M］//中国人民政治协商会议广东省委员会，文史资料研究委员会．广州文史资料：第22辑．广东人民出版社，1987：109.

［101］郑观应．盛世危言［M］．上海：上海人民出版社，1982：679.

［102］中国近代经济史丛书编委会．中国近代经济史研究资料：第八辑［M］．上海：上海社会科学院出版社，1987：129-162.

［103］中国科学院上海经济研究所，上海社会科学院经济研究所．南洋兄弟烟草公司史料［M］．上海：上海人民出版社，1958：66-73，440.

［104］中国人民政治协商会议全国委员会文史资料研究委员会．文史资料选辑：第二十五辑［M］．北京：文史资料出版社，1962.

［105］中国史学会．戊戌变法：Ⅱ［M］．上海：神州国光社，1953：146，178.

［106］中华书局编辑部．魏源集：上册；下册［M］．北京：中华书局，1983.

［107］钟祥财．中国近代民族企业家经济思想史［M］．上海：上海社会科学院出版社，1992：436.

［108］周建波．洋务运动与中国早期现代化思想［M］．济南：山东人民出版社，2001：144.

［109］周武，吴桂龙．上海通史·晚清社会［M］．上海：上海人民出版社，1999：167.

［110］周作斌，刘凡，周子雯．知识产权基本理论研究［M］．北京：企业管理出版社，1997：7.

［111］朱荫贵．中国近代股份制企业研究［M］．上海：上海财经大学出版社，2008：112.

［112］邹依．旧上海人口变迁研究［M］．上海：上海人民出版社，1980：15.

［113］左丘明．国语·齐语［M］．上海师范大学古籍整理研究所，点校．上海：上海古籍出版社，1998.

［114］ALLEN G C，DONNITHORNE A G. Western enterprise in far eastern economic development：China and Japan［M］．London：George Allen&Unwin Ltd，1954：103-107.

［115］KING F H H. The history of the Hongkong and Shanghai banking corportation［M］．Cambridge：Cambridge University Press，1987：54，74.

二、期刊报纸类

［116］李 B Y. 日本在中国棉纺织业的影响［J］．中国每日评论，1925，31（6）：159.

［117］鲍成志．试论新式公共交通兴起与近代中国城市发展［J］．四川大学学报（哲学社会科学版），2009（2）：129-135.

［118］蔡可成．航运之发展与航权收回之必要［J］．交通杂志，1933，1（5）：107.

［119］仇华飞．近代外国在华银行研究［J］．世界历史，1998（1）：39-47.

［120］丁日初．试谈上海成为近代中国经济中心的条件［N］．解放日报，1988-06-22.

［121］樊卫国．论进口替代与近代国货市场［J］．上海社会科学院学术季刊，1995（3）：41-49.

［122］高超群．中国近代企业史的研究范式及其转型［J］．清华大学学报（哲学社会科学版），2015（6）：143-155.

［123］郭复初．中西方近代财务管理的发展与启迪［J］．四川会计，1997（7）：3-7.

［124］郭立珍．近代外商在华价格策略及其现代启示［J］．江苏商论，2009（4）：32-34.

［125］郭孝义．三十年代镇扬地区的英美石油公司［J］．民国档案，1985（2）：9-89.

［126］洪振强．清末民初（1902—1927）商会网络结构探析［J］．华中师范大学学报（人文社会科学版），2002（4）：80-86.

［127］皇甫秋实．“网络视野”中的中国企业史研究评述［J］．史林，2010（1）：167-174.

［128］姜伟．论股份有限公司制度在清末民初的演进［J］．南京师大学报（社会科学版），2000（1）：36-43.

［129］姜云．论美孚等石油公司在旧中国的经营及影响［J］．武陵学刊，2014（4）：73-77.

［130］金晓晨．欧美商会制度比较及对我国的启示［J］．管理世界，2003（1）：139-140.

［131］孔祥毅．中国银行业的先驱：钱铺钱庄银号［J］．中国金融，2010（12）：92-93.

［132］李新春，苏琦，董文卓．公司治理与企业家精神［J］．经济研究，2006（2）：57-68.

［133］林毅夫，蔡昉，李周．现代企业制度的内涵与国有企业改革方向［J］．经济研究，1997（3）：3-10.

［134］刘承涛．社会资本理论的展开和应用：兼论对我国商会立法的启

示［J］．江西社会科学，2011（9）：229-233.

［135］刘秋根，王晔，任欢欢，等．论题：封建主义问题、资本主义萌芽与金融问题［J］．历史教学问题，2012（4）：47-52.

［136］刘志成，吴能全．中国企业家行为过程研究：来自近代中国企业家的考察［J］．管理世界，2012（6）：109-123.

［137］卢泰宏，刘世雄．区域差异的消费行为研究：路径与方法［J］．中山大学学报（社会科学版），2004（2）：18-23.

［138］罗志田．传教士与近代中西文化竞争［J］．历史研究，1996（6）：77-94.

［139］马爱东．英美烟公司与山东烤烟产销体系的形成：以20世纪20、30年代为中心［J］．中国海洋大学学报（社会科学版），2008（2）：94-96.

［140］马敏．晚清绅商与近代经济发展［J］．中国经济史研究，1996（3）：52-64.

［141］庞菊爱．中国近代西方商品品牌文化建构策略：以《申报》跨文化广告为研究样本［J］．新闻界，2013（22）：46-50.

［142］彭泗清，李兰，潘建成，等．经济转型与创新：认识、问题与对策——2013·中国企业家成长与发展专题调查报告［J］．管理世界，2013（9）：9-20.

［143］戚志刚．上海霓虹史话［J］．中国广告，1983（1）.

［144］阮萌．公共物品非营利组织供给研究［J］．开放导报，2009（1）：97-102.

［145］孙永祥．所有权、融资结构与公司治理机制［J］．经济研究，2001（1）：45-53.

［146］田彤．民国时期劳资关系史研究的回顾与思考［J］．历史研究，2011（1）：172-188.

［147］汪敬虞．19世纪末叶外国在华银行的投资活动［J］．近代史研究，1997（4）：60-81.

［148］汪敬虞．十九世纪外国侵华企业中的华商附股活动［J］．历史研究，1965（4）.

［149］汪戎．论近代中国的商品运动［J］．思想战线，1985（3）．

［150］汪熙．从英美烟公司看帝国主义的经济侵略［J］．历史研究，1976（4）．

［151］卫挺生．清代中国流行之货币及其沿革［J］．清华学报，1924（2）：154.

［152］吴承明．我国半殖民地半封建的国内市场［J］．历史研究，1984（2）．

［153］吴承明．中国民族资本的特点［J］．经济研究，1956（6）．

［154］谢亮．试论近代中国的商品价格结构变动及其市场发展之近代化命题：以华北市场“粮棉”价格为例［J］．中国经济史研究，2012（2）：96-106.

［155］徐静，赵静，吴慈生．企业家文化资本与企业家精神［J］．管理世界，2016（3）：180-181.

［156］燕红忠．试论近代中国金融业的发展：路径与结构［J］．山东大学学报（哲学社会科学版），2013（1）：87-99.

［157］杨典．公司治理与企业绩效：基于中国经验的社会学分析［J］．中国社会科学，2013（1）：72-94.

［158］叶德珠，连玉君，黄有光，等．消费文化、认知偏差与消费行为偏差［J］．经济研究，2012（2）：80-92.

［159］张梦霞．象征型购买行为的儒家文化价值观诠释：概念界定、度量、建模和营销策略建议［J］．中国工业经济，2005（3）：106-112.

［160］张维迎．所有制、治理结构及委托-代理关系：兼评崔之元和周其仁的一些观点［J］．经济研究，1996（9）：3-15.

［161］张小莉．英美烟公司在华促销策略初探［J］．北京师范大学学报（社会科学版），2001（2）：134-141.

［162］赵向阳，李海，孙川．中国区域文化地图：“大一统”抑或“多元化”［J］．管理世界，2015（2）：101-119.

［163］周武．晚清上海市政演进与新旧冲突：城市照明系统和供水网络个案分析［J］．近代中国，1999（1）：255-273.

[164] 朱英 . 近代中国广告的产生发展及其影响 [J] . 近代史研究，2000（4）：87-115.

[165] 朱英 . 近代中国商会选举制度之再考察：以清末民初的上海商会为例 [J] . 中国社会科学，2007（1）：192-204.

[166] BIAN M L. Interpreting enterprise，state，and society：a critical review of the literature in modern Chinese business history，1978-2008 [J] . Frontiers of history in China，2011，6（3）：423-462.

[167] COASE R H. The nature of the firm [J] . Economics（New Series），1937，1（4）：386-405.

[168] SCHMITT B. Who is the Chinese consumer [J] . European mangement journal，1997，5（2）.

三、学位论文类

[169] 郝继涛 . 唐至清（鸦片战争以前）的商业经营管理思想 [D] . 北京：北京大学，2004.

[170] 纪彦彬 . 中国的银行体系变迁研究（1840-1937） [D] . 北京：中央财经大学，2016.

[171] 孙智君 . 民国时期产业经济思想研究 [D] . 武汉：武汉大学，2006.

[172] 王奎 . 清末商部与社会经济转型研究 [D] . 武汉：华中师范大学，2006.

[173] 王强 . 近代外国在华企业本土化研究：以英美烟公司为中心的考察 [D] . 上海：复旦大学，2008.

[174] 线文 . 晚清重商思想研究 [D] . 西安：西北大学，2008.

[175] 严亚明 . 晚晴企业制度思想与实践的历史考察 [D] . 武汉：华中师范大学，2003.

[176] 杨志勇 . 近代中国金融机构变迁研究 [D] . 太原：山西财经大学，2014.

[177] 张国超 . 南洋简氏兄弟 [D] . 武汉：华中师范大学，2006.

［178］赵吉林．中国消费文化变迁研究［D］．成都：西南财经大学，2009.

［179］GILLAMS J T，Jr. The standard oil company in China，1863－1930［D］. Columbus：The Ohio States University，1987.